权威·前沿·原创

皮书系列为
"十二五""十三五""十四五"时期国家重点出版物出版专项规划项目

BLUE BOOK

智 库 成 果 出 版 与 传 播 平 台

金融科技蓝皮书
BLUE BOOK OF FINTECH

中国金融科技发展报告（2022）

ANNUAL REPORT ON FINTECH DEVELOPMENT IN CHINA (2022)

北京金融科技产业联盟 / 研　创

社会科学文献出版社
SOCIAL SCIENCES ACADEMIC PRESS (CHINA)

图书在版编目（CIP）数据

中国金融科技发展报告.2022／北京金融科技产业
联盟研创.--北京：社会科学文献出版社，2022.10
（金融科技蓝皮书）
ISBN 978-7-5228-0708-9

Ⅰ.①中… Ⅱ.①北… Ⅲ.①金融-科技发展-研究
报告-中国-2022 Ⅳ.①F832

中国版本图书馆 CIP 数据核字（2022）第 170544 号

金融科技蓝皮书

中国金融科技发展报告（2022）

研　　创／北京金融科技产业联盟

出 版 人／王利民
责任编辑／高　雁
文稿编辑／张　爽
责任印制／王京美

出　　版／社会科学文献出版社·经济与管理分社（010）59367226
　　　　　地址：北京市北三环中路甲 29 号院华龙大厦　邮编：100029
　　　　　网址：www.ssap.com.cn
发　　行／社会科学文献出版社（010）59367028
印　　装／天津千鹤文化传播有限公司

规　　格／开　本：787mm×1092mm　1/16
　　　　　印　张：22.25　插　页：0.5　字　数：328 千字
版　　次／2022 年 10 月第 1 版　2022 年 10 月第 1 次印刷
书　　号／ISBN 978-7-5228-0708-9
定　　价／158.00 元

读者服务电话：4008918866

李　晶　李　凯　李　力　李明凯　李　娜
李佩芳　李盛群　李　伟　李　欣　李　鑫（建行）
李　鑫（农行）　李奕涛　李益杰　李玉剑
李耘平　李志华　励　胜　林冠峰　刘宏剑
刘华琦　刘　森　刘　巍　刘元龙　刘　运
陆　俊　吕　远　马　剑　门小骅　孟　辰
穆长春　欧中洪　秦开江　饶　倩　任　妍
申　燕　沈蓓瑾　施　瑀　时　代　时朋泉
宋美娜　苏　琳　汤　泉　唐　亮　滕　竹
王佳庆　王健肃　王　磊　王　亮　王湃涵
王　青　王素雅　王　鑫　王延清　王　哲
隗　樊　闻膺杰　吴　旭　吴盈盈　吴玉虎
吴仲阳　习　辉　夏　铭　夏雯君　夏知渊
肖郑进　徐　芳　徐雯昕　徐晓宇　徐　旭
许海金　许永帆　闫丽娜　闫玉华　阎　蓉
杨　骅　杨　生　杨　涛　杨懿剑　杨玉明
杨子砚　姚文韬　叶馥郁　于　鳃　余学山
袁　芳　袁瞳阳　曾菊儒　张嘉熙　张力引
张明欣　张庆国　张伟超　张晓光　张新军
张　勇　章立强　赵　海　赵怀衡　赵建勋
赵一薇　郑　华　周蓓杰　周道许　周李龙
周瑞坤　朱颖茵　祖立军

支持单位

中国金融电子化集团有限公司
中国工商银行股份有限公司

中国农业银行股份有限公司

中国银行股份有限公司

中国建设银行股份有限公司

中国邮政储蓄银行股份有限公司

华泰证券股份有限公司

中国光大银行股份有限公司

兴业银行股份有限公司

平安银行股份有限公司

上海浦东发展银行股份有限公司

中国民生银行股份有限公司

浙商银行股份有限公司

中国人民银行清算总中心

中国人民银行数字货币研究所

中国银联股份有限公司

网联清算有限公司

上海票据交易所股份有限公司

深圳市腾讯计算机系统有限公司

华为技术有限公司

神州数码信息服务股份有限公司

北京中科金财科技股份有限公司

曙光信息产业（北京）有限公司

北京国家金融科技认证中心有限公司

阿里云计算有限公司

拉卡拉支付股份有限公司

度小满科技（北京）有限公司

华控清交信息科技（北京）有限公司

中国联合网络通信有限公司

北京金融信息化研究所

北京国家金融标准化研究所

国家金融科技测评中心（银行卡检测中心）

金电信息科技（北京）有限责任公司

科大国盾量子技术股份有限公司

同盾科技有限公司

北京容联易通信息技术有限公司

北京天时信业软件科技有限公司

深圳致星科技有限公司

北京偶数科技有限公司

链城数字科技有限公司

国家工业信息安全发展研究中心

清华大学五道口金融学院金融安全研究中心

北京邮电大学计算机学院

华东师范大学

北京区块链技术应用协会

北京立言金融与发展研究院

深圳市未来金融监管科技研究院

深圳市信息无障碍研究会

深圳金融稳定发展研究院

宁波标准区块链产业发展研究院

北京市竞天公诚律师事务所

主要编撰者简介

潘润红 博士研究生学历、工学博士学位，教授级高级工程师。中国金融电子化集团有限公司党委委员、副总经理，北京金融科技产业联盟秘书长、北京国家金融科技认证中心执行董事、重庆国家金融科技认证中心董事长。曾任中国人民银行科技司信息化发展研究室主任、标准化与规划处处长、银行卡与电子支付技术管理处处长。主要从事人民银行信息系统建设、金融标准化、金融科技创新应用等工作。在《清华金融评论》《金融电子化》《中国防伪报道》《电子科学学刊》等期刊上发表文章80余篇。

朱烨东 北京大学经济学院金融硕士、北京大学政治经济学博士，清华大学五道口金融学院EMBA，北京中科金财科技股份有限公司董事长、创始人。北京区块链技术应用协会会长、中国上市公司十大创业领袖人物、中国软件和信息服务业十大领军人物、新三板企业家委员会首席区块链专家、2018中国区块链行业十大领军人物、2018中国新经济产业百人、2017年度中国金融科技最具影响力人物，《中国金融科技发展报告》《中国区块链发展报告》《中国资产证券化发展报告》执行主编，清华五道口全球创业领袖项目导师。

摘　要

《中国金融科技发展报告（2022）》由北京金融科技产业联盟组织编写，旨在系统分析国内外金融科技应用情况，充分把握国内外金融科技领域从技术应用、业态创新到风险监管的发展动态和最新趋势，提出相应的对策建议，不断完善金融科技相关理论基础、实践案例与研究方法。

本书由六部分组成。一是总报告，概述2021~2022年中国金融科技发展总体情况，既回顾了《金融科技（FinTech）发展规划（2019—2021年）》出台三年我国金融科技取得的成就，又对新出台的《金融科技发展规划（2022—2025年）》进行了阐析，并对新规划出台第一年的发展情况进行了客观描述与分析，对下一步的发展提出建议。二是治理与数据篇，分析了我国金融业数字化转型的典型实践、金融科技治理体系现状与对策、金融科技伦理建设实践与探索、金融数据要素共享与综合应用以及金融业数据要素治理与安全保护等方面存在的问题。三是基础设施与技术篇，全面分析了绿色高可用数据中心建设、安全泛在的金融网络架设、先进高效的算力体系、金融科技关键技术进展与应用情况。四是运营服务篇，分别就金融敏捷化创新体系建设、金融一体化运营中台建设、金融数智化风控与营销、金融服务流程智慧再造、金融服务多元化渠道建设、数字金融服务和金融无障碍服务等实践进行探索。五是监管法治篇，系统研究了监管科技发展与应用实践、监管科技能力建设路径、金融科技法规制度与标准建设以及金融科技人才培养的典型探索。六是附录，对2021~2022年金融科技行业类型、分布与典型企业进行地图索引式描述，供金融科技行业人士与其他感兴趣的人士参考借鉴。本书致力于为金融科技相关监管部门、自律组织等提供重要的决策参考，为从业人员和机构开展金融科技工作提供文献素材，为金融科技爱好者提供了解该领域的资料案例，为推动我国金融科技高质量发展提供有效支撑。

关键词： 金融科技　监管科技　数据治理　绿色金融

目 录 ⟍⟩

Ⅰ 总报告

Ⅱ 治理与数据篇

Ⅲ 基础设施与技术篇

VI　附　录

皮书数据库阅读**使用指南**

总 报 告

General Report

B.1
中国金融科技发展回顾与前瞻[*]

潘润红[**]

摘 要： 2022 年是《金融科技发展规划（2022—2025 年）》开局之年，以更主动的姿态做好金融科技工作、迈好新阶段发展规划第一步至关重要。2021 年，科技赋能理念更加深入人心，金融业数字化转型进一步加速，新技术、新场景、新业务层出不穷，为金融服务实体经济提供源源不断的能量。《金融科技发展规划（2022—2025 年）》对金融科技进行了统筹布局，为金融科技发展指明方向，"数字驱动、智慧为民、绿色低碳、公平普惠"成为金融科技新的发展主题。本报告通过系统梳理金融科技政策、治理、技术以及应用情况，分析当前金融科技发展面临的挑战，从治理体系构建、金融数字化转型、关键核心技术攻关、金融科技监管、金融网络安全、服务国家战略等方面展望未来行业发展趋势。新规划开局第一步要迈准迈稳，前进道路上，要凝聚共识

---

[*] 本报告仅代表个人学术观点，不代表所在机构意见。

[**] 潘润红，北京金融科技产业联盟。

勇往直前，在数字时代创造新的成绩。

关键词： 金融科技　金融监管　数字化转型

面对百年未有之大变局和新冠肺炎疫情相互叠加的复杂局面，我国经济发展环境的复杂性、严峻性、不确定性上升，在以习近平同志为核心的党中央坚强领导下，全国上下统筹疫情防控和经济社会发展，在开启全面建设社会主义现代化国家新征程的关键节点上，迈出了坚定的一步。2021年12月，中国人民银行印发《金融科技发展规划（2022—2025年）》（以下简称《规划》）。新阶段《规划》立足于金融科技整体水平与核心竞争力跨越式提升，着重解决金融科技发展不平衡不充分的问题，重点任务更加明确，发展方向更为清晰，实施保障愈加牢固，为我国金融科技开拓了更广阔的发展空间。金融业积极贯彻落实新阶段《规划》要求，以更主动的姿态攻坚克难，把《规划》中的任务落实落细，实现全行业数字化转型的战略目标。站在新阶段《规划》开端的特殊时间节点，相信通过系统梳理金融科技政策、治理体系以及金融技术应用的总体情况，凝聚全行业共识，一定可以走出一条具有中国特色且与国际接轨的金融数字化之路，迎接数字经济新时代的到来。

一　中国金融科技发展的总体情况

（一）金融科技战略稳妥推进

一是准确把握整体战略部署，全面推进《规划》实施。全行业深刻领会《规划》的重要意义，认真做好《规划》的政策宣传工作。金融机构贯彻新发展理念、明确发展方向、转变发展方式、制定发展战略，围绕《规划》重点任务开展相关工作，基于"守正创新、安全可控、普惠民生、开放共赢"原则制定符合自身特点的金融科技发展规划。全国性银行均已提出科技强行的战略部署。社会团体持续发挥行业桥梁作用，及时面向全行业宣传《规划》内容，营造良好的金融数字化发展环境。北京金融科技产业联盟积极完善金融数据库与信息基础设施，成立 5G 专委会，搭建行业联合创新平台，促进新技术在金融领域的融合应用。二是落实落细重点任务，推动《规划》布局落地。在《规划》的指导下，金融机构持续加大金融科技投入力度，有效整合金融科技资源，打造核心竞争力。组织架构方面，金融机构在完善顶层设计方面持续发力，优化组织架构，为金融科技治理提供机制保障。根据《金融业数据能力建设指引》，加强机构内部数据治理，实现数据要素供给标准化、规范化，促进数据要素高效配置。打造绿色、安全、高效的新型基础设施，夯实数字化转型基础。以应用场景为牵引推动关键核心技术持续迭代完善，从应用需求出发做好技术选型，构建稳健高效的金融应用供给体系。深入实施金融科技赋能乡村振兴示范工程，采用科技手段优化资源配置，创新金融产品，优化金融服务，提升农业现代化水平、农村金融承载能力和农民金融服务可得性。截至 2021 年底，9 个省市累计推出 279个示范项目，打造多项惠农利民金融产品与服务。三是全方位提供政策保障，推进《规划》落细落实。截至 2021 年底，全国共发布金融科技相关规划、实施方案及扶持政策文件超过 350 项[①]，北京、上海、广州和深圳等地发挥资源优势，通过财政资金扶持金融科技发展，其中北京市"科创十条"政策累计兑现支持资金 2.3 亿元。[②] 在扶持政策带动下，金融基础设施项目加速培育，金融机构快速集聚，头部金融科技公司快速成长。金融机构成功探索出一条高质量发展新路径。金融机构吸纳更多高层次金融科技人才，同时培育一批拥有科研创新能力、科技成果转化能力和创业潜力的高水平工程师、实验技术人才和高技能人才队伍。

---

① 有关数据为自主调研统计。

② 《西城区"科创十条"首轮政策全部兑现》，北京市人民政府网站，2022 年 4 月 12 日，http：//www. beijing. gov. cn/ywdt/gqrd/202204/t20220412_ 2673969. html。

（二）技术应用范围不断拓展

一是大数据释放业务潜能。随着《中华人民共和国数据安全法》《中华人民共和国个人信息保护法》等的颁布，我国数据合规框架正逐步形成，为数据要素合规应用提供了坚实的保障。2021 年，中国人民银行印发《金融业数据能力建设指引》，引导行业深挖数据要素潜能，全面提升数据应用水平。在北京等 14 个地区开展金融数据综合应用试点，实现跨层级、跨机构、跨行业数据融合应用，有效疏解银政企多方信息孤岛问题。金融机构积极落实人民银行数据治理要求，提升数据治理能力，加快释放数据作为基础性战略资源的核心价值。搭建以大数据平台为支撑的企业级数据治理体系，实现数据采集、清洗、加工、挖掘和应用全流程管理，有力支撑应用与前中后台各项业务开展。二是云计算助力数字化转型。在中国人民银行统筹规划与标准引领下，金融机构稳步推进金融云建设，全面构建云化核心业务系统，打造企业内外部、金融服务对象的云上数字化协同生态，不断提高资源要素配置效率和管理智能化水平。基于不同的金融场景，形成了 IaaS、PaaS、SaaS 等形式多样的应用模式。截至 2021 年末，根据 212 家银行的调研数据①，上云（包含私有云和团体云）系统数量超过 20000 个，远超业务系统建设数量；云计算服务器和容器总量分别达到 61.21 万节点和 79.38 万个，为消费者提供了多样化的金融产品和服务。三是区块链与业务加速融合。区块链底层架构目前已趋于稳定，金融业技术创新保持活跃态势，已经形成了以信息存证、交易溯源、数据共享、数字资产为核心的应用模式。同时，区块链的应用广度和深度不断拓展和加深，与云计算、隐私计算融合应用，推动跨境贸易、跨境支付、智能合约等复杂业务场景加速落地，实现信息的高效流转与共享。四是人工智能应用场景不断丰富。2021 年，中国人民银行发布《人工智能算法金融应用评价规范》，引导人工智能算法在金融

---

① 本报告共调研 212 家银行，包括国有商业银行 6 家、股份制银行 12 家、城商银行 126 家、农商银行 24 家、民营银行 19 家、农信社 24 家、直销银行 1 家。以下统称"全国主要商业银行"。

领域规范应用，促进行业自主创新，推动行业健康发展。针对金融领域业务规模大、流程标准化程度高、重复劳动多等特点，人工智能在获取客户增量、降低风险成本、改善客户服务、提升运营效率等方面起到了积极的作用。2021年，全国主要商业银行采用以生物识别、机器学习、计算机视觉为代表的人工智能技术，为身份识别、风险防控和客户服务。将人工智技术应用到这3个场景的银行数量分别达到141家、122家和111家。人工智能技术成熟度的提升及其在金融领域的广泛应用，实现了降本增效向价值再造的升级迭代。

（三）金融服务能力稳步提升①

一是打造快捷高效的智慧服务流程。随着数字技术的广泛应用，金融科技成为拓展业务规模、提升服务水平的重要手段，场景智能化有效支撑了服务流程优化。融合机器学习、知识图谱等技术构建的智能投顾模型，提供了个性化的营销服务。综合身份识别、机器人流程自动化、智能客服等技术的客户服务，能够在有限人工服务的环境下，实现更多客户需求，提升用户满意度。在后台风控场景中，智能风控为反洗钱、反诈骗等环节提供支撑，大大提升了审核效率。二是积极拓展多元化服务渠道。全球新冠肺炎疫情肆虐，对中国的宏观经济、微观主体都造成了一定的压力。在此背景下，我国数字金融也迎来新的发展机遇，金融数字化转型加速，人们的工作和生活方式发生了改变。金融机构利用金融科技积极探索各类非接触式金融服务渠道，截至2021年末，全国主要商业银行线上用户数合计72.60亿户，线上渠道交易量达7878.67亿笔。其中，国有大行在线上转型中发挥"头雁"作用，2021年线上用户均值达6.93亿户，线上渠道交易量均值达4982.23亿笔，"零接触"线上服务的重要性凸显，更多人体会到了线上数字化服务的便利性、安全性和友好性。三是加速普及金融无障碍服务。中国人民银行始终践行金融为民理念，心系老年人、残疾人等特殊群体，高度重视数字鸿

---

① 本节数据均通过自主调研收集信息并进行统计得出。

沟问题。2021 年 3 月，发布《移动金融客户端应用软件无障碍服务建设方案》，对移动金融客户端应用软件各方面的无障碍服务能力提出了要求。移动金融客户端作为金融服务客户的重要渠道，通过无障碍改造工作，在改善软件功能的同时优化障碍人群的使用体验，提升金融服务在移动金融客户端的可得性、易用性和安全性。截至 2021 年末，在全国主要商业银行中，已上线无障碍手机 App 的银行数量达 171 家，其中 18 家全国性银行已全部上线无障碍手机 App，为老年人等特殊群体提供更有温度的金融产品和服务。

（四）风险防控能力显著增强

一是监管力度不断加大，坚持风险防范化解和长效机制建设并重。中国人民银行始终把主动防范化解系统性金融风险放在重要的位置，早识别、早预警、早发现、早处置，通过创新监管工具，着力完善金融安全防线和风险应急处置机制。截至 2021 年末，中国人民银行创新监管工具已覆盖银行、证券、保险等各类金融机构，采取事前严格把关、事中实时监控、事后全面评估等措施，对创新应用实施全链条穿透式监管，积极落实各项监管政策。实时监测创新应用测试情况，及时出台差异化、针对性规则和要求，引导各类金融科技创新行为，实现动态监管，增强监管时效性、专业性和精准性。二是顺应业务需求，风控能力进一步提升。服务实体经济是金融的使命，在新的发展阶段，第一、第二和第三产业都产生了新的业态，风险防控需要适应不同产业不同业态的发展特点，在把握业务本质的同时，多维度获取并识别风险信息，满足个性化、差异化的用户需求。同时，随着监管合规要求的提高，金融机构不断加大风险防控创新投入，扭转重前台轻后台的局面，建立更加立体的风控体系。三是深度分析把握风险重点，技防能力显著提升。随着区块链、人工智能、卫星遥感等新技术应用于风控领域，技防手段不断演进。新技术的应用使金融机构对用户数据的采集变得更加便捷，同时数据挖掘、人工智能技术将海量数据进行整合，为风险识别提供重要保障。例如，卫星遥感技术能够及时提供农牧业、建筑业等领域数据信息，为金融机构辨别风险提供参考。

（五）审慎监管更具弹性

一是坚持监管规范和促进发展两手并重。中国人民银行充分借鉴成熟经验，结合我国金融科技发展现状，系统梳理现行监管规则，加强金融科技监管顶层设计，针对不同类型技术的特点，制定基础性、通用性、普适性监管规则，以适应新形势下金融科技监管体制，加强隐藏在金融科技背后的违法违规行为监管。金融机构应强化底线思维，注重补短板、堵漏洞，下好"先手棋"、打好"主动仗"，有效防范化解各类风险，守住安全底线，推动形成统一开放、竞争有序、合规发展的多层次立体化监管体系。二是监管数字化能力稳步提升。中国人民银行深入开展"数字央行"建设，提升金融监管能力，加强科技支撑，利用大数据、机器学习、模式识别等技术，在反洗钱、金融市场监管、货币政策、支付财税等领域应用监管科技，提升金融监管的穿透性和风险技防能力。搭建金融信息基础设施管理平台，汇聚金融机构信息基础设施运行信息，保障金融安全。中国人民银行探索建设数据湖，归集、存储和处理金融活动产生的数据，为数据集中管理、安全共享夯实基础。同时，中国人民银行人工智能服务中台结合数据湖，实现业务数据与算法、算力的融合，形成高效的数据分析挖掘能力，为业务人员提供便捷易用、功能丰富的智能工具，弥合技术与业务间的鸿沟。三是深化运用金融科技创新监管工具。中国人民银行在完成北京、上海、深圳等9地试点基础上，面向全国推广实施金融科技创新监管工具，通过验证测试等方式加大技术漏洞和风险隐患排查，全面提升创新应用安全性，确保金融科技安全应用于金融领域。此外，中国人民银行还加大信息透明度，建立风险补偿机制，准确把握创新实质，杜绝伪创新，切实保障用户资金和数据安全，坚决守住不发生系统性金融风险底线。截至2021年12月底，在中国人民银行推出的44批共150余项金融科技创新应用中，已有多项创新应用顺利"出盒"。

（六）基础支撑成效持续显现

一是搭建跨行业合作平台。联合攻关成为打通跨学科、跨行业壁垒，破解金融科技发展面临的共性技术难题的重要手段。行业形成了以北京金融科技产业联盟为代表的合作平台，依托专委会开展关键技术的联合攻关，积极统筹资源、牵线搭桥，通过"揭榜挂帅""难题招标"等组织方式，助力会员对接需求"最初一公里"，打通成果转化"最后一公里"，形成良好的联盟生态，实现金融机构技术需求与厂商有效供给的"无缝对接"，为金融机构数字化转型打造强劲的发展引擎。二是稳步推进金融科技标准建设。"国家标准保底线，行业标准设门槛，团标企标促发展"的标准发展环境逐渐形成，多项金融科技相关的国家标准、行业标准、团体标准制定发布并面向行业推行。金融领域企业标准"领跑者"活动持续开展，助力高标准市场体系建设，金融业整体服务质量和水平显著提升。金融科技产品的国推认证工作进一步深化，已经拓展到 14 个领域，搭建起金融科技产品认证管理平台，实现检测认证过程可追溯、结果可核查，有效防范金融科技产品质量缺陷可能引发的各类风险。三是切实保护金融消费者合法权益。加快金融科技伦理指引规则制定，鼓励金融科技社会组织形成具有约束效力的自律公约，在金融科技伦理风险预警、跟踪研判和敏捷治理方面加大探索力度，建立起多方协同的伦理治理体系。完善金融机构生僻字服务提供指引，组织编制《金融服务生僻字处理指南》和《银行营业网点生僻字客户服务指南》，组织多地金融机构开展生僻字客户服务提升行动，强化生态共建，推动金融业生僻字开源项目建设，提升金融领域科技服务能力。不断推进无障碍金融服务体系建设，引导金融机构开发大字版、语音版、民族语言版、简洁版等无障碍功能，1000 多家金融机构改善用户体验，陆续发布无障碍 App，有效弥合"数字鸿沟"。

二　中国金融科技发展面临的挑战

（一）伦理风险防范需要重视

金融科技发展日新月异，融入金融活动各个层面，与群众生活息息相关，随之产生了一系列如算法黑箱、监管套利等新型问题，金融科技发展背后隐藏的伦理道德问题必须加以重视。一是智能算法难辨善恶风险，违规推荐层出不穷。算法通过分析用户行为，为用户量身定制信息服务，商家能够更精准地触达客户，使个人需求被捕捉并与之匹配，催生了一批高效贴心的金融信息服务产品，但金融与科技交织在一起也产生了更为复杂的伦理问题。个别金融机构将用户信息转化为自身生态数据，时刻收集并分析用户产生的各类数据，使用户陷入杀熟欺生、过度消费、网络沉溺、信息茧房等算法困境中。算法技术在数字经济发展中引发一系列负面效应，对市场竞争秩序和管理秩序造成冲击，对维护市场公平竞争、消费者合法权益乃至金融安全带来诸多挑战。二是存算设施能耗居高不下，资源闲置屡见不鲜。在金融机构线上业务飞速扩张的背景下，对运算能力和数据规模等基础设施的要求显著提高，伴随而来的是海量数据传输和存储，以及急剧攀升的能源消耗。为达到峰值负载需要，部分金融机构通常会超前堆叠算力和存储，配置过高标准服务和存储硬件、空调以及不间断电源（Uninterruptible Power Supply，UPS）等设备，造成"供给过剩"。目前，部分商业银行数据中心的电源使用效率（Power Usage Effectiveness，PUE）高于绿色数据中心标准，能耗成本超过数据中心总体运营成本的50%，存在高能耗、低利用率及高 PUE 值的现象。数据中心能效没有得到充分利用，与高效、低碳、集约、循环的绿色要求存在一定差距。三是平台经营失范行为频出，责任意识有待加强。部分互联网平台以"开放、共享"为价值，通过技术手段，打破行业壁垒，实现供需的高效匹配，连续多年亮丽业绩背后，是日益加剧的个人信息泄露风险、强迫用户实施"二选一"的行为、广受诟病的"一家独大、赢者通吃"现象以及不断增加的涉及垄断与不正当竞争的纠纷与诉讼。互联网平台在促进数字经济发展方面发挥了巨大作用，但随着各大互联网平台用户数量增长触顶，平台红利逐渐消失，部分平台企业在经济利益驱使下，违背金融科技服务实体经济的要求，滥用市场优势地位，限制竞争、价格歧视、损害员工和消费者权益，甚至漠视侵害群众利益，破坏市场竞争秩序。

（二）发展失衡情况依旧存在

近年来，大型金融机构在人财物方面密集投入，科技赋能成效明显，但受限于客观因素，机构间和区域间发展不平衡的问题始终存在。一是金融科技投入不均衡。与大型银行相比，中小银行科技投入严重不足。据 2021 年各银行发布的年度报告①，工商银行、建设银行、农业银行和中国银行金融科技的投入分别高达 259.87 亿元、235.76 亿元、205 亿元和 186.18 亿元，与 2020 年相比，金融机构在金融科技领域投入进一步加大。股份制银行中，招商银行金融科技投入 132.91 亿元，平安银行金融科技投入 73.83 亿元，兴业银行金融科技投入 63.64 亿元。北京银行、上海银行和南京银行金融科技投入分别为 21.86 亿元、15.49 亿元和 8.64 亿元，位列区域性银行前三。区域性银行在金融科技领域投入占营业收入比例普遍不足 3%。国有大行与股份制银行、区域性银行相比，金融科技投入遥遥领先。二是人才供需不均衡。在金融业数字化、智能化加速转型升级的背景下，行业跃迁迫切需要寻求劳动力支点，金融机构对科技人才求贤若渴。尽管金融业在数字化转型方面一直走在前列，但人才群体在数量、能力上的"适配性"压力却依旧存在。有数据表明，2021 年金融业对科技岗位的需求同比增长 50%以上。人才需求高速增长加剧了金融机构对科技人才的争夺。三是技术应用能力不均衡。当前金融科技在金融业的渗透率不断提升，一些金融机构受客观因素制约，创新能力难以适应高质量发展要求，金融科技发展基础不牢固，不同机构、不同区域间技术能力差距较大，用户需求把握不准确，技术开发还有弱项，数据治理存在短板。这些问题归结起来就是发展不平衡不充分。发展不平衡，主要是机构间发展金融科技存在失衡现象，这制约了整体发展水平的提升；发展不充分，主要是金融业数字化转型还有相当长的路要走，金融科技的发展任重道远。

---

① 数据来源为各银行发布的年度报告。

（三）关键核心技术亟须突破

近年来，金融科技取得飞速发展，创新能力显著提升，但金融科技发展水平特别是关键核心技术创新能力仍有待提升。一是部分关键核心技术仍需重点突破。关键核心技术是国之重器，对金融安全具有重要战略意义，掌握关键核心技术对提升金融科技水平及我国金融竞争力话语权具有重要作用。金融科技发展多年来，我国金融科技领域取得了显著成就，但一些深层次矛盾和问题的解决需要时间。其中，关键核心技术的创新不足，已经成为金融科技高质量发展的重要障碍。二是关键核心技术转化能力不强。虽然金融业务为金融科技提供了丰富的应用场景，但往往业务需求难以有效助推关键核心技术研发。金融业对技术的可靠性和稳定性有着更高的要求，一些未经长期验证的产品不利于自主研发产品的市场迭代。三是供应链安全面临挑战。金融科技领域"卡脖子"问题主要表现在产业链的部分关键技术还未实现突破，供应链、产业链面临断链风险。在金融科技底层，多年营造的固化市场生态，使得金融机构普遍"重应用、轻研发"，倾向"拿来主义"，造成关键核心技术不稳、不牢、不安全。四是产品与业务创新有待加强。从创新的方向和周期角度看，由于金融业涉及经济领域各个方面，行业间互相渗透使得金融科技内涵不断丰富，导致创新的方向多面，创新的重点难以突出。未来金融科技创新发展需汇聚不同学科共同解决重要问题，在广泛倾听学科前沿意见的基础上突出重点，然后不断地在试错中实现快速迭代，通过竞相探索，以"快周期螺旋式发展"加快金融科技创新突破。

（四）数据应用面临诸多壁垒

金融业是数据密集型行业，如何做好数据应用、充分激发数据要素价值，是行业健康有序发展不可回避的重要课题。一是数据能力建设落后于数据增长。一方面，伴随着新一代信息技术加速迭代升级和融合应用，金融业数据规模持续快速增长，数据从助力经济发展的辅助工具转变为引领经济发展的核心引擎，成为推动金融业发展的新动力。另一方面，由于缺乏涵盖数据全生命周期的数据治理体系，当前金融业整体数据质量不高，在数据采集、存储、处理等环节仍然存在不科学、不规范等问题，无法确保数据的完整性、准确性和一致性，给数据深入挖掘与高效应用带来困难。二是数据共享存在阻碍。数据价值的实现关键在于数据流通，而数据作为一种新型的生产要素，具有与土地等传统生产要素完全不同的属性，如非排他性、可再生性、负外部性等。数据流通的形式不能是简单的明文传递，数据安全流通难题有待突破。同时考虑到数据对企业自身的重要价值，并受限于数据权属不清晰、利益分配机制不明确、技术能力不足等因素，企业与企业之间甚至同一企业内部不同部门之间存在"数据孤岛""信任鸿沟"等问题，导致企业"不敢""不愿""不会"共享数据。三是数据综合应用广度深度不足。一方面，金融数据与社保、工商、电力等领域数据的融合应用，因各部门的管理机制、审批流程等不同而存在一定差异。数据共享平台建设方面，存在金融机构与其他部门或主体多头建设、分散建设的问题，导致跨机构、跨市场、跨领域的数据流通存在阻力。另一方面，金融数据综合应用涉及多行业、多领域，应用场景丰富，与人民生活、企业生产、社会发展等关系紧密，这对数据的治理能力提出了新挑战。四是数据需要全方位保护。随着国际形势越发复杂，新兴技术应用范围更加广泛，金融服务渠道在数字技术推动下正加速脱离实体媒介，金融消费者通过非接触式服务方式获取便捷多样的金融产品已成为常态。这导致用户资金和敏感信息更多地暴露在网络中，使消费者成为电信欺诈、网络攻击的直接对象，数据安全潜在的风险影响面和危害性进一步扩大。

三　中国金融科技发展展望与建议

（一）新阶段，推动科技治理体系日臻完善

"十四五"时期是金融科技发展的新阶段，建立健全治理体系，提高治理能力是爬坡过坎的基本保障，也是落实国家治理体系和实现治理能力现

代化的必然要求。第一，构建符合金融业特点的科技伦理体系。坚持促进创新与防范风险相统一、制度规范与自我约束相结合的治理原则，聚焦当下科技伦理突出问题，加快制定金融领域科技伦理标准和自律公约，建立伦理审查、信息披露等常态化的工作机制，将金融伦理培训纳入培训体系，加强科技伦理教育和宣传，塑造科技向善的理念。第二，不断深化创新管理体制机制改革。鼓励金融机构构建新的科技创新组织模式和管理方式，健全研发投入支持机制，推动行业重点实验室等重大创新平台建设，发挥金融科技产业联盟在联合创新、成果推广方面的作用，加强金融科技领域的国际合作，打通优秀科技成果转化断点、堵点。第三，持续提升数字能力。金融机构要结合自身业务特点，从战略角度出发构建驱动业务发展的整体技术架构，抓住技术和数据两项关键能力，通过组合技术、数据、人才等关键要素，构建支撑数字能力发展的科技体系。以数字化驱动可持续发展，以智能化实现业务流程再造，以个性化改善金融服务，高质量推进金融数字化转型。

（二）新理念，引领金融数字化转型蹄疾步稳

在《规划》引导下，我国金融机构数字化转型成效显著，但面对日新月异的信息技术变革，金融业未来转型之路依然任重道远。"十四五"规划中明确提出"稳妥发展金融科技，加快金融机构数字化转型"，金融机构要深入贯彻新发展理念，发挥科技赋能创新优势，加快数字化转型步伐。第一，注重基础数据能力建设，充分挖掘和激发数据要素价值。建立包括数据权属、角色、工具等在内的数据治理规则体系，推进数据标准化建设，统一内外部数据采集标准，提升数据质量，丰富数据维度，加大技术中台、数据中台和业务中台建设力度，打破数据壁垒，建立跨部门、跨机构、跨行业的数据融合应用机制，用好、用活数据资源。第二，筑牢金融服务数字底座，推动业务模式智慧升级。打造灵活可靠的数字底座，设计开发合理的云平台技术架构逻辑模型，稳妥推动集中式数据库向分布式数据库演进，实现系统资源的弹性部署、敏捷利用和灵活调度。积极运用人工智能、大数据等技术，优化业务流程，全方位提升业务处理的自动化水平。运用5G、虚拟现

实等技术，丰富客户触达渠道，打造不同种类的服务渠道，为不同客户群体提供全方位、多层次的优质金融服务。第三，努力实现更平衡更充分的发展，加快推进中小金融机构数字化转型。数字化转型涉及战略、管理、技术和生态等内外部多方面因素，是一项系统性工程。大型金融机构要坚持创新引领，利用信息技术优势、数据优势和场景优势形成对业务的全面支撑，要赋能传统金融业转型升级，催生更多的新业态新模式，壮大经济发展新引擎。中小金融机构要发挥决策敏捷优势，有针对性地进行要素资源投入，选取细分领域精耕细作，立足特色数字化转型之路，围绕地区特色搭建金融场景，破解金融科技应用转型步伐慢、技术落地难、对外依赖强的症结，结合自身的资源禀赋和市场发展趋势，充分考量自身能力，以数字化转型驱动行业管理模式、经营模式和服务模式变革。

（三）新实践，打好关键核心技术应用攻坚战

树立关键技术自主可控意识，加大对业务经营有重大影响的关键平台、关键组件以及关键信息基础设施研发投入。基础条件较好的金融机构，要积极面向未来，开展前沿技术研究，培育核心技术创新生态。第一，健全金融科技研发组织形式。"揭榜挂帅""赛马制""联合攻关"等新型组织形式在关键核心技术攻关中激发了各创新主体创新热情。健全金融科技攻关新型组织形式，强化金融科技关键核心技术攻关，需要着力优化创新环境，激发创新合力，积极引导和支持金融机构与科技企业加强合作，锻造产业链供应链长板。第二，提高研发投入比例。加强基础研究是提高原始创新能力的重要基础。根据上市公司年报数据，商业银行信息科技投入占营收的比例继续提高，部分大行达到近3%的水平，中小银行普遍低于3%，与一些以研发驱动的创新型企业5%的投入水平相比仍有差距。[①] 金融业需要持续完善科技体制，提高基础研究投入比例，提升经费使用效率和研究水平。引导鼓励金融科技企业增强自主创新能力，在关键核心技术上不断取得突破，掌握更

---

① 数据来源为各银行发布的年度报告。

多具有自主知识产权的关键核心技术。第三，发挥科技人才的作用。一方面，科技人才是推动企业创新发展的关键，要为科技人才营造良好的创新环境。同时，培养造就一批具有国际水平的战略科技人才、科技领军人才、创新团队。另一方面，实施更加开放的人才政策，实现"聚天下英才而用之"，让包括关键核心技术攻关在内的创新创造活力充分迸发。

（四）新局面，促进金融科技监管包容审慎

2021 年金融科技创新监管试点项目蓬勃开展，诸多金融机构及科技公司通过试点项目，见证了包容审慎的金融科技创新监管新方法、新路径、新实践。展望新阶段，金融科技创新监管将变得更加智能化、精细化、体系化。一方面，金融科技创新监管工具进一步完善，这将大幅提高金融机构风险防控能力。数据要素充分赋能金融监管，构建不同行业信息共享交换机制，监管机构间协作更加高效，交叉性金融风险识别更加敏捷，系统性风险防火墙更加牢固。特别是将互联网金融平台纳入监管，打破信息垄断，为构建富有弹性、包容审慎的监管体系夯实基础，有效平衡金融创新与风险防控。另一方面，金融科技创新将开展更多有益探索，推动金融数字化转型升级。金融科技创新监管试点由点及面大规模应用推广，运用新一代信息技术优化金融产品形态、拓展服务渠道、改善经营模式和业务流程，助力金融服务提质增效、降低成本，切实加快金融数字化转型和提升核心竞争力。

（五）新手段，筑牢我国金融网络安全屏障

面对复杂的网络安全形势，从金融数据安全保护到关键信息基础设施安全防护都有待加强。强化网络安全顶层设计和总体布局要从以下几方面着手。第一，持续优化金融网络安全顶层设计与统筹规划，加强金融网络安全保障体系建设。建立健全国家网络安全法律法规和制度标准，加大网络安全管理力度，强化重要领域数据资源、重要网络和信息系统安全保障，落实网络安全等级保护制度，强化金融业关键软硬件信息基础设施的安全规划与安全防护。第二，增强风险识别能力，持续强化网络安全态势感知。建立健全

金融网络安全风险识别采集机制，用好金融网络安全态势感知平台，综合采用系统监测、安全检查、机构报送等方式，汇总金融网络安全面临的各种威胁，提升网络安全威胁发现、监测预警、应急指挥、攻击溯源能力。第三，开展风险联防共治，推进金融网络风险整体安全可控。坚持科技赋能，充分发挥金融业各机构技术、人才、数据等资源优势，构建风险联防联控机制，强化跨领域网络安全信息共享和工作协同，形成从日常安全防护到风险应急处置的工作合力，确保金融网络安全风险整体可控。

（六）新技术，服务国家重大战略落实落细

金融科技要发挥渗透力强的作用，加大对战略新兴产业、数字经济、小微企业等各类市场主体的金融支持力度，提供差异化金融服务，强化产业链供应链金融支持。第一，精准服务实体经济。金融科技要服务实体经济，从增强民生福祉、促进经济发展和推动产融结合等方面着手，巩固实体经济根基，服务国内国际双循环，推动数字经济建设，切实提高金融科技服务实体经济的效率和精度。第二，全面赋能普惠金融。统筹推进"线上+线下"普惠金融业务，优化服务流程，满足不同金融消费者多元化需求，破除数字鸿沟带来的负面影响。继续推进基础公共数据库建设，通过精准画像为中小微企业提供普惠支撑，增强政策信贷传导，创新信贷服务，提高中小微企业信贷可得性。第三，创新助力乡村振兴。聚焦场景化建设、渠道平台拓展，创新服务模式，优化线上线下服务渠道，打通农村金融服务的"最后一公里"，优化客户体验，让金融服务覆盖农村地区，为乡村振兴注入金融力量。第四，精心打造适老化服务。针对老年人日常高频金融场景，深度挖掘人工智能、大数据等技术优势，优化界面交互、操作提示、内容朗读等功能，打造大字版、语音版、简洁版的金融 App，提供"关怀模式""长辈模式"等贴合老年人需求的金融产品和服务。在线下，通过完善银行实体网点、农村普惠金融服务站，切实提升老年人面对面金融服务的获得感和幸福感。第五，大力支持"双碳"目标。碳达峰碳中和目标的提出，为绿色金融和金融科技的融合发展带来新机遇。金融科技作为绿色金融体系建设的重

要支撑，深入挖掘绿色信贷、绿色基金、绿色债券等业务场景需求，夯实应对气候变化的数据与计量基础，开展环境效益数据的采集、溯源、处理和分析，促进更多绿色金融科技产品和服务纳入金融科技创新监管测试项目，助力我国绿色金融科技产业快速健康发展。

《金融科技发展规划（2022—2025 年）》给出了到 2025 年我国金融科技发展的目标和愿景。金融科技作为金融创新与科技创新叠加融合形成的一种高级形态，不但有利于构建现代化金融体系，塑造金融创新发展新格局，更有利于构建数字经济创新生态。未来一个阶段，金融科技发展面临的机遇与挑战并存，应充分释放数字化转型带来的发展红利，实现第二增长曲线已成为普遍共识，也成为推动金融科技创新成果服务经济发展的必然选择。金融科技发展要增强系统观念，遵循市场化原则，守住不发生系统性风险的底线，奋力谱写金融科技发展新篇章。

治理与数据篇
Governance and Data

B.2
金融业数字化转型的典型实践

陈钰芳 等*

摘　要： 数字化转型已明确纳入"十四五"规划，并写入《金融科技发展规划（2022—2025 年）》，如何找准关键因素提升数字化能力并用数字化赋能业务发展变得愈加重要。本报告充分参考国内外数字化转型研究成果，基于金融业发展现状和调研数据，从金融业特征属性出发，完善金融业数字化转型治理体系，选取中国银联云闪付网络支付平台建设、中国农业银行数字化风控中心"烽火平台"建设、华泰证券基于数字化平台为企业提供云路演服务三个典型案例进行分析。研究表明，完善数字化基础设施、提升数据应用水平、构建面向客户的生态服务体系是金融业数字化能力提升的关键。

关键词： 金融业　数字化转型　数据应用　数字化风控

---

* 执笔人：陈钰芳、韩阳、周李龙、从平平、叶馥郁、王佳庆。陈钰芳、韩阳、周李龙，中国银联股份有限公司；从平平，金融信息化研究所；叶馥郁，中国农业银行股份有限公司；王佳庆，华泰证券股份有限公司。

一 金融业数字化转型现状

随着数字经济上升为国家战略，金融科技驱动金融业数字化转型取得了长足进展，赋能金融创新，推动金融业高质量发展。金融业数字化转型持续深入推进，技术、业务、数据进一步深度融合，业务与科技双轮驱动成效显著。从金融机构实践看，数字化转型涉及战略规划和顶层设计，组织架构优化，金融科技投入，人才队伍建设，云计算、大数据、人工智能、区块链等新技术创新应用，金融信息基础设施迭代升级，网络安全保障体系完善等多个环节，涵盖了金融业治理能力提升和治理体系完善的方方面面。

（一）不断完善数字化转型治理体系

金融机构普遍制定了适合自身的金融科技发展、数字化转型战略规划。组织架构方面，在设置最高层分管领导、信息科技管理委员会进行信息化管理决策的基础上，部分金融机构由一把手亲自抓金融科技创新、数字化转型工作。此外，部分金融机构设置首席信息官、首席技术官、首席信息安全官、首席数据官等关键高管岗位，成立金融科技创新研究院、创新实验室、金融科技子公司支撑数字化转型。个别金融机构设置了数字化转型办公室，统筹推进数字化转型工作。

持续加大科技投入，加强人才队伍建设。金融机构对科技的投入持续加大，科技投入占营收的比例不断提高。虽然科技人才数量稳步增加，但是金融机构普遍缺乏既了解金融业务又兼具数据分析能力的复合型人才。2020年科技领域投入占总营收的比例如图1所示。

（二）持续加大新技术应用创新

金融业云计算普及率已达到较高水准。部分金融机构的云化率超过了80%，其他机构也加快上云步伐。已经有多家机构开展云原生应用，涉及

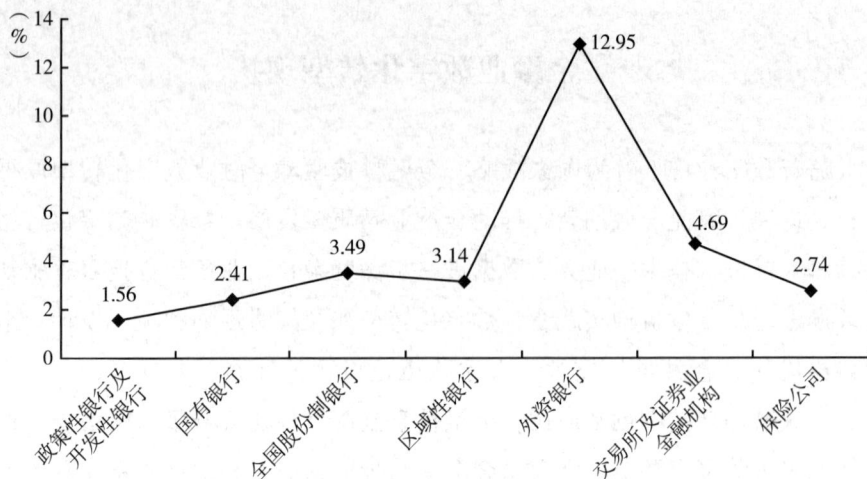

图 1　2020 年金融机构科技领域投入占总营收的比例

DevOps、容器、微服务、服务网格、Serverless 等主流的云原生技术，覆盖计算、开发、架构、数据及安全等多个领域。金融机构将大数据、人工智能等技术广泛应用于风控、精准营销、反欺诈、信息系统运维和经营管理决策等多个领域。同时，有多家机构建设了企业级统一大数据管理平台，设立专门的大数据管理部门，形成数据驱动的业务模式。此外，区块链技术在金融业进行了大量的应用探索。金融机构将区块链技术应用于供应链金融、贸易金融、支付清算、资金管理、数字资产、电子存证、信息披露、监管报送、产品溯源等多个场景。

（三）优化升级金融信息基础设施

金融数据中心加快绿色化、智能化发展。金融数据中心电力和制冷资源的平均利用率为 51.4% 和 56.2%，达到较高水平。年均 PUE 值从 2019 年的 1.81，降至 2020 年的 1.74，为达到 2025 年普遍不超过 1.5 的目标奠定基础。

主要金融机构逐步推动 SDN、SRv6 在网络建设中的应用，推进金融网络转型与创新发展。接近 40% 的金融机构进行规划和试点应用，超过 10% 的金融机构实现了 SDN 的全面应用。全行业有 20% 的机构部署了 SRv6。在国有银行中，SRv6 的部署率已达到 100%，并开展了 5G 和量子通信应用试点和探索。

此外，主要金融机构都采用了"两地三中心"的布局，核心信息系统灾备覆盖率达到 100%，实现核心系统的灾备全覆盖。目前，部分金融机构开始探索多地多活部署架构，为未来承载云原生、分布式架构转型提供基础架构支撑。

（四）不断完善网络安全保障体系

金融机构网络安全保障正逐步向积极主动的安全防御体系转型。目前，已有多家金融机构建成和配备诱捕、溯源、反制等主动安全防御系统和工具。已有多家金融机构建成态势感知平台，并接入中国人民银行的态势感知平台。同时，已有金融机构基于 SoC、态势感知平台等统一安全管理运行平台，构建安全运营体系。此外，还有少量金融机构开展零信任规划，制定产品及服务配置计划，并实现部分零信任场景多地应用。

二　金融业数字化转型目标及转型路径

（一）数字化转型目标

数字化转型本质上是"数据化转型"，即以数据为核心，通过云计算、大数据、人工智能、5G、物联网、区块链等新一代信息技术，构建线上化、自动化、智能化的业务处理和管理运营体系，实现高效运行、智慧洞察、精准决策，以及经营模式、商业模式的升级。

（二）数字化转型框架

金融机构进行数字化转型，首先需要明晰数字化转型的具体内容。本部分从转型共识、转型治理、技术支撑、数据治理、应用创新、生态构建和风险防范七个方面给出金融机构数字化转型的框架体系，并进一步细化每个方面的具体转型内容，从而明确金融机构数字化转型工作任务。金融机构数字化转型框架体系如图2所示。

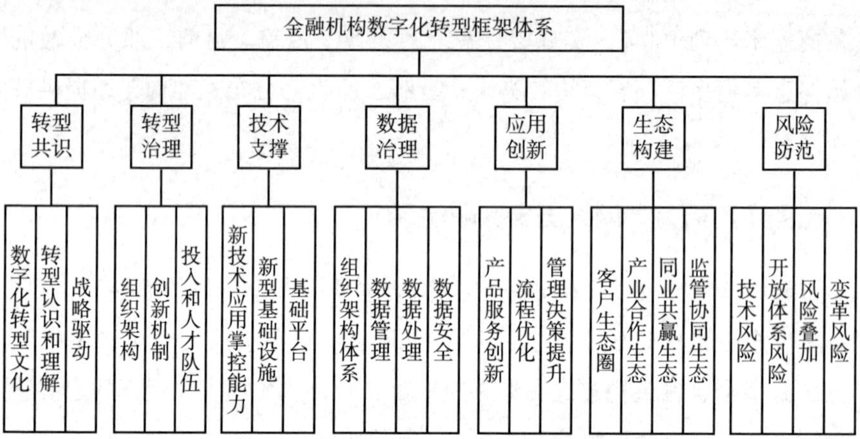

图2　金融机构数字化转型框架体系

（三）实施路径

由于数字化转型是涉及金融机构方方面面的系统工程，选择合理的实施路径有利于金融机构加快转型进度。为此，本报告根据数字化转型工作的一般规律，提出通用数字化转型实施路径。

1. 现状评估

金融机构通过进行深入、全面的信息化、数字化发展评估，可充分认识和理解自身数字化转型所具备的优势，面临的主要问题、短板，从而为后续有针对性地实施转型提供基础。

2. 战略规划

数字化转型是涉及企业治理、技术能力、业务变革的系统工程，牵一发而动全身，需要从战略层面加强顶层设计，制定企业级数字化转型战略规划。企业只有明确转型目标、重点任务、实施策略和路径，才能实现战略驱动。

3. 治理先行

灵活的组织架构、充足的资金投入、配套的创新机制是开展数字化转型的前提。因此，金融机构需要重视数字化转型治理所需的各项工作，为数字化转型提供保障。

4. 重点突破

数字化转型是一项长期持续创新变革的过程，周期长、投入大，长时间没有效果容易引发动力不足、反弹等问题，甚至引发人们的质疑。为此，金融机构可根据评估结果，集中资源、重点突破，加快数字化转型的步伐，取得管理运营的效果，树立转型标杆，取得各方认可和支持。

5. 深入推进

在前期工作的基础上，金融机构可深入推进数字化转型，对体制机制进行全面优化，对渠道、业务、运营、管理、人员等进行全面数字化，通过将"一切"数字化，实现产品服务、经营模式的升级换代。

6. 自我改进

数字化转型是一个长期持续发展的过程，金融机构实施深入的数字化转型后，具备了基本的数字化能力，即可迈入自我改进、自我成长的发展阶段。数字化转型发展已成为企业自发、自觉的行为，可以帮助企业实现自我成长，适应政策、市场、技术的发展变化。

以上的数字化转型路径是一般意义上的通用转型路径，因不同金融机构目前的数字化转型进展情况差异较大，具体实施过程和计划可根据自身实际情况进行调整，包括调整各阶段、各方面的资源投入、时间安排等。

三　金融业优秀转型实践

（一）中国银联云闪付网络支付平台建设

数字经济背景下，为顺应产业发展趋势，响应监管机构反垄断政策，推动大型互联网公司开放封闭场景，构建以卡组织为核心的网络支付四方模式，中国银联启动了云闪付网络支付平台建设工作。联合产业各方构建互联互通、协同发展的数字化转接网络，形成开放、合作、资源共享的良性生态体系。

云闪付网络支付平台以优化银行服务、改善用户体验、提高品牌价值为目标，对银联各项能力进行整合升级，打造网络支付"核心"组件、账户"载体"。通过支撑网络支付组件嵌入银行 App，银行 App 与云闪付 App 共享统一的底层能力系统，中国银联把云闪付网络支付平台建设成银行的重要组成部分，有效提升银行 App 的用户经营及跨场景服务能力。

1. 打造标准统一、体验一致的移动支付产品

云闪付网络支付平台遵循"开放、灵活、融合"的建设原则，构建银行业网络支付能力的核心载体，向商业银行提供标准化、规范化的统一移动支付模块，实现主被扫、远程支付等多种支付形式的整合输出，支持"线上+线下、有卡+无卡、境内+境外"全场景受理。同时，云闪付网络支付平台通过统一受理标识、统一支付流程、统一用户卡库，向用户提供统一、顺畅、高效的网络支付体验，有效减少用户切换使用不同银行 App 进行支付时的学习成本，形成用户对银行业支付的统一认知。

2. 构建高效封装、灵活集成的功能服务模块

云闪付网络支付平台按照"轻量化、原子化、开放化"的建设思路，拆分用户、支付等核心功能及内容场景、营销经营、账户管理等增值服务，实现各项功能服务模块组件化，支持商业银行结合行内自有 App 的发展及经营现状进行自主选择、灵活定制。同时，支持商业银行对云闪付网络支付组件进行灵活组合与封装，生成银行专属、技术面最优的 SDK 版本，为商业银行提供高效、灵活、科学的接入服务。

3. 夯实互联互通、共建共享的底层能力基石

云闪付网络支付平台分阶段、多层次打造支付、用户、内容、营销等核心支撑能力及清算、商户、风控、运营、数据等关键配套能力，与银行自身系统和生态形成一个有机整体，实现各银行 App 共享统一的底层能力系统，有效提升商业银行对用户经营的主导权与掌控力，为银行节省了大量开发成

本与资源投入，推动银行业支付的整体性数字化转型和移动端迁移。

4. 采用分布式、微服务的系统架构模式

云闪付网络支付平台具有高可用、高性能、高安全、易扩展等技术特性，具备超过亿级用户的并发授权及海量交易处理能力。平台多中心同时提供服务，保证服务不中断；平台具备业务跨中心、跨地域部署能力；平台采用先进的内存工作流模式，简化读写卡逻辑并提升处理性能；平台各个节点包括应用、数据库、缓存、消息队列等都具备可扩展性，可根据业务负荷要求进行弹性伸缩。系统架构优化及创新技术应用，为云闪付网络支付平台的规模化推广和服务稳定性奠定坚实基础。

云闪付网络支付平台采用试点优先、质量优先的推广策略，有序推动全国性银行及区域性银行的对接上线。截至 2022 年 6 月，已沉淀 153 万自然人、1026 万银行卡用户数据，累计交易 153.27 万笔，累计清算交易金额 3.76 亿元。试点期间，银行 App 交易笔数较面客前提升 193%，交易金额提升 73%，支付日活用户数提升 190%，有效提升了银行 App 的用户经营及跨场景服务能力。[①] 随着云闪付网络支付平台推广逐步深入，角色定位清晰、规则标准明确、业务发展规范、市场竞争公平的网络支付四方模式将逐步形成，银行业支付的数字化水平将进一步提升。

（二）中国农业银行数字化风控中心"烽火平台"建设[②]

中国农业银行采取"整体规划、急用先行、先易后难、快速见效、逐步扩展"的策略，分阶段统筹推进全行信贷中台风控中心（以下简称"烽火平台"）建设。"烽火平台"已初步建立起集约化监控与集中化作业相融合的新模式，形成了第一阶段生产力，补齐了中国农业银行线上信贷业务风控的短板。

随着"农银 e 贷"规模不断扩大，以经营行客户经理为主体的传统贷

---

① 中国银联内部统计数据。

② 本节数据均来自中国农业银行"烽火平台"运营数据。

后管理模式，已难以适应信贷业务发展的新形势，采用数字化方式创新贷后风控模式已势在必行。在数字化风控领域，系统和模型是信贷风险精准识别的基础及核心，须以数字化的思维和方式重构管理流程和管理模式，打磨关键环节，充分发挥系统和模型功效。

1. 找准业务发力的重点

对于量大面广的小额信贷业务，合规使用贷款资金是信用风险及相关操作风险管控的难点，也是近年来外部监管检查要求银行整改的重点。"烽火平台"以问题为导向，首批确定了 28 个监测模型，配置了 42 项监测规则，重点监测信贷资金流入房市、股市、理财及购买贵金属等场景，将风险线索生成和发布时间由以前的 2~4 天，缩短至目前的 25 秒左右，实现了贷款资金流向的实时预警和秒级核查。模型规则通过大量的实际应用进行检验和优化，并催生新的模型研发需求。

2. 强化"业技数融合"的工作机制

加强组织协调，充分利用数据中台整理的标准化数据资产，开展数据分析、模型研发和孵化。通过"烽火平台"开展模型应用，从业务运行中生成新的风控数据并同步至数据中台，形成新的风控数据源，实现数据共享。在"烽火平台"首批 28 个监测模型研发阶段，累计调用 106 万笔贷款凭证，56 亿条交易流水，涉及大数据报表 40 张；在模型结果验证阶段，对模型识别的风险信号进行了线下核实验证，最大限度保证监测模型的质量。

3. 利用科技手段开展集中核查

在大型银行中，中国农业银行首创集约化监控和集中化作业相融合的信贷风险监控模式，风控中心成为信贷风险监控新的关键节点。2021 年，数字化风控中心共集中核查风险线索 9.2 万笔，集中核查率超过 70%。针对每一个监测模型规则制定核查标准和话术，不断更新优化，提高风险线索核查阶段的精准度。个人客户风险线索核查属实率从风控中心投产时的 34.16%提高到 47.21%，法人客户风险线索核查属实率从 15.21%提高到 25.62%。

4. 加强风险信号的属地处置

属地行是信贷风险处置的最后一个环节。一方面，系统和模型精准定位为属地行快速有效处置风险创造了条件；另一方面，属地行对风险信号开展规范、准确和高效的处置，可以提高监测模型规则的准确性。2021 年，利用"烽火平台"中国农业银行提前收回风险贷款 2.5 万笔，合计 50.9 亿元。同时，在贷前环节对系统标识高风险客户进行精准拦截，涉及贷款申请 1.7 万笔，合计 37.0 亿元。

5. 采用快速迭代的工作模式

中国农业银行从多种渠道收集监测模型运行数据，建立快速迭代机制，持续提高监测精准度。2021 年末，"烽火平台"共实施 25 批次系统优化、14 批次模型优化，涉及 200 多个功能点，实现周周有进展，月月见成效。"烽火平台"采用实时流计算技术，部署 11 项信贷资金流向实时监测模型，秒级触发预警，风险客户承诺还款率提升 8 个百分点；开展 8 项法人模型优化，剔除原模型 42% 的无效线索，监测精准度提高 12 个百分点。

依托"烽火平台"发布的信贷业务监测模型，中国农业银行的风险精准识别能力持续提升。截至 2021 年末，"烽火平台"已搭建风险监测模型 40 个，配置个贷、农户、普惠、线下法人监测规则 86 项，基本完成各条线同类模型的整合；累计生成风险线索 12.73 万条，核查属实线索 4.26 万条，属实率达 34.79%，处置完成率达 94.28%。"烽火平台"在信贷风险防控中发挥了重要作用。

（三）华泰证券基于数字化平台"行知"为企业提供云路演服务

一直以来，华泰证券把服务实体经济作为业务开展的出发点和落脚点，致力于以科技提升金融服务能力，为企业提供优质的金融服务。新冠肺炎疫情发生以来，上市公司业绩发布会等线下活动大面积暂停，企业与全球投资者、领域专家的沟通受到极大影响，进而影响了企业的投融资。华泰证券基于数字化平台"行知"为企业提供云路演服务，实现企业、领域专家与投资者的轻松连接和在线高效沟通，帮助企业与领域专家和投资者进行深入交流，用科技的力量为企业的投融资发展提供支持。

"行知"为企业提供了多领域、多主题的直播模式，使企业获得了良好的沟通体验。"行知"为企业提供了全面的解决方案，支持图文展示、"图文展示+真人出镜"、闭门路演、定制组合等多种服务模式。比较常见的模式为"图文展示+真人出镜"，上市公司高管可以出镜播放 PPT，讲解公司业绩，与会者可以通过"行知"观看并在线提问，或通过电话会议收听和提问。考虑到不少上市公司多地上市和管理层多地分布的情况，"行知"还支持观众全球接入观看和多地同时接入直播。此外，"行知"也支持闭门路演、双语直播、宣传片播放等各类定制化的组合搭配。

在提供多样化路演解决方案的同时，"行知"也为企业提供更加精准的内容触达服务和更具特色的直播服务。内容触达方面，"行知"通过首页广告位重点曝光、千人千面推荐流、机构服务经理微信群同步宣发、直播预告等方式，实现企业路演的精准推荐。特色功能方面，"行知"提供了沉浸式的互动服务功能，打造了评论、连麦、点赞等丰富的互动模式，拉近了主讲人、参会人之间的距离。此外，"行知"还支持直播预告、回放智能查找、会前主动提醒、私密会议防录屏等功能，提升路演参与各方的体验。

截至 2021 年，"行知"已为 208 家公司举办 212 场线上路演，吸引了近3000 家机构观看，路演企业中总市值超过 1000 亿元的上市公司占比 9%，总市值小于 300 亿元的上市公司占比达 76%，[①] 有效满足了各类型企业的投融资沟通需求。"行知"提供的远不止云路演服务，华泰证券还将更多的机构业务流和工作流加载到"行知"上，使其提供研究、融资、圈子活动等多维度服务，为企业客户和机构客户提供一站式的综合性金融服务。

四 展望未来

（一）金融机构数字化治理体系将不断完善

在金融管理机构与业务实际需求的双重推进下，金融机构将进一步深

---

① 由华泰证券"行知"平台运营数据统计得到。

化数字化治理体系，巩固数字化部门在公司整体治理体系中的指导地位，加大资源投入，科技研发投入的占比将进一步向外部机构看齐，同时更加重视金融科技人才的培养工作，培养兼具业务知识与数据分析能力的复合型人才。

（二）数字化转型加快创新技术的运用

云原生技术的运用水平将进一步提高；通过中台体系的构建完善数字化转型架构体系与运营模式；区块链技术的运用将成为金融机构业务创新与经营效率提升的重要方向，新技术、新产品的迭代与运用速度将进一步加快。

（三）金融机构数据平台搭建与运用进入深化阶段

金融机构将进一步加强数据采集、数据治理与数据运用，提升数据处理能力，通过数据运用赋能业务发展；同时在新的数据监管政策背景下，金融机构将更加重视用户数据的保护，规避因数据采集、应用带来的合规风险。

（四）数字化转型助力金融机构提升服务水平

金融机构的数字化转型，将使越来越多的技术运用于风控、运营等环节，提升公司内部的治理水平。同时，也将为金融机构提升自身的服务水平提供更多工具，为客户提供智能化、可视化、移动化的金融服务。

B.3
我国金融科技治理体系现状分析
与对策研究

陈琦伟 等*

摘　要: 在政策、企业、技术的合力下,我国金融科技迅速发展,并为金融安全带来新的挑战,放大了金融系统原本的脆弱性,新型金融风险变得更加错综复杂,治理问题大量暴露。我国金融科技治理体系是对旧的金融治理体系的传承和发展,治理主体的多元化和协调合作特征变得更加明显。政府监管和企业自治是其中两个主要力量,投入巨大且发展迅速,但金融科技治理理论和治理体系尚不完善。鉴于我国金融业的强监管性,本报告建议建立统一完善的监管框架体系,处理好新旧治理体系的关系,促进协同共治,建立健全金融信息安全体系,推进数据标准化体系建设,推动监管科技发展,加大非法金融科技活动的监管力度,健全金融科技评估机制,加快金融科技领域立法。

关键词: 金融科技　金融安全　监管科技

---

  * 执笔人:陈琦伟、李奕涛、闻膺杰、徐芳、杨懿剑、周瑞坤、陈榕、李晶。陈琦伟、李奕涛、闻膺杰,华东师范大学;徐芳、杨懿剑,国家工业信息安全发展研究中心;周瑞坤、陈榕,拉卡拉支付股份有限公司;李晶,北京立言金融与发展研究院。

一 金融科技治理体系现状

（一）金融科技治理的背景

1. 政策有力支撑金融科技发展

近年来，我国金融科技发展迅猛，金融科技支持政策频出，持续助推金融业和实体经济的数字化转型升级。其中，《"十四五"数字经济发展规划》明确数字经济占 GDP 比重到 2025 年要达到 10%，《金融科技发展规划（2022—2025 年）》进一步指明了我国金融科技纵深发展的方向。

2. 金融企业亟须转型

近年来，随着金融企业客户的生活水平逐渐提高，其对金融企业服务的质量要求也逐渐提高，加之金融企业面对的市场竞争越发激烈，导致金融企业提升核心竞争力的需求十分迫切。在金融科技创新模式多样化及各领域企业业务融合化的大背景下，大量传统金融机构、互联网公司和基于供应链及消费金融的企业选择数字化转型。一方面，金融业依托其客户基础庞大且业务类型广泛的优势，为大数据、云计算、人工智能的发展提供原材料。另一方面，实体经济通过与金融机构的合作，为客户提供数字化便利服务；通过金融业与实体经济的深度融合，数据得以跨领域顺畅流通，更好地服务于实体经济。

3. 金融技术蓬勃发展

提升金融科技能力是大力推进金融科技发展、提升金融服务效率的基础。得益于各金融机构长时间的经验与数据积累，基于海量基础数据的金融科技应运而生，当下被广泛运用的技术包括但不限于人工智能、大数据、云计算、区块链、隐私计算、物联网、虚拟现实、5G 等。

以互联网公司为代表的金融技术提供商，一方面通过成熟的信息技术提升自身业务能力、完善系统化管理；另一方面也为其他金融机构提供更加成熟高效的金融科技支持，使金融科技创新模式日渐多样化，各领域企业技术交叉融合，不同领域的企业互相渗透至彼此业务领域，实现合作共赢。比如，阿里、腾讯、京东等在发展金融科技提升自身业务水平的同时，将大数据平台等金融科技与银行、证券、保险、第三方支付机构等进行技术对接，将业务范围扩展至金融领域。在证券行业中常被提及的量化投资、智能投顾等人工智能技术，在降低人力成本的同时，为客户提供更智能的投资服务，满足客户定制化的金融服务需求。

4. 金融科技创新给金融安全带来新挑战

以新一代信息技术为核心的金融科技的广泛应用，使金融服务在客户范围、产品类别、工具种类、场景、时空等方面的外延有所扩张，同时使全球金融业愈加紧密地联系在一起。这在大幅提升金融市场资源配置效率的同时，也增加了金融系统风险来源，并加速了金融风险的扩散，具有一定的社会破坏性，这给新阶段的金融安全提出了挑战。

（二）金融科技治理体系的现状

1. 传承与发展，协同共治特征明显

我国的金融科技治理体系是建立在原有金融治理体系之上的，包含政府监管、市场自律、行业自律、企业自律、民众自律、舆论监督在内的，多组织和个人参与的，针对金融科技应用衍生出的金融安全防控社会共治体系。治理主体的多元化和协调合作是构建金融科技治理体系的关键。目前，政府和企业是我国金融科技治理体系中两支走在前列的治理力量。

2. 监管政策越来越具体，可操作性越来越强

中国金融业的监管主要由中国人民银行和中国银保监会负责，近年来两个部门出台了数个重大相关政策。

中国人民银行方面，《金融科技（FinTech）发展规划（2019—2021年）》与《金融科技发展规划（2022—2025年）》指明了金融科技监管的工作方向。

中国银保监会方面，《保险科技"十四五"发展规划》明确金融科技新的发展目标以及工作重点。《关于银行业保险业数字化转型的指导意见》从机制、方法等角度对银行业保险业数字化转型予以规范和指导。《关于印发银行保险机构信息科技外包风险监管办法的通知》明确了分级分类标准，要求针对不同类型外包活动建立相应的管理和风险策略，对重要外包和一般外包采取差异化的管控措施。《银行业金融机构监管数据标准化规范（2021版）》从监管需求与银行业务出发重新设计，从中国银保监会全局视角出发提出数据表、数据项、报送口径、报送逻辑、核验规则整体保持一致的要求。

3. 治理工作与科技深度融合，资源协调整合能力提升

随着金融科技治理相关技术和市场发展演化，新技术的成本逐渐下降。金融科技治理逻辑逐渐向治理工作与科技深度融合发展，其关键在于提升金融机构的资源整合能力，包括软件、硬件、人才、合作伙伴、业务流程、组织架构等，而不仅是新技术的突破。

4. 金融科技治理相关投入巨大且增长迅速

金融科技治理的主要力量来自企业和监管机构。企业对金融科技治理的投入，一方面是企业对运用金融科技提升自身竞争力产生的风险进行防控的必然选择，另一方面良好的金融科技治理也会为企业带来较高的市场回报。

根据中信证券《金融产业：金融科技持续加码，长远革新挑战仍存》，2020年中国银行业和证券业的金融科技投入增速在20%以上，投入总额在2000亿元以上。鉴于中国巨大的金融资产总量和金融市场规模，展望未来，国内金融业对金融科技治理的投入仍将迅速增长。

对监管机构而言，其在金融科技治理方面的投入可以满足人民群众对金融安全防控的需求。因此，监管机构在金融科技治理中的投入呈现持续增长的趋势。

二　金融科技治理中遇到的问题

各类前沿信息技术与金融服务深度融合，降低了交易成本，提升了行业效率，增加了社会福利，不仅为金融业带来新的经营模式与运作方式，也为金融业增添了诸多风险和不确定性。

（一）金融科技放大了金融系统原本的脆弱性

从金融科技发展实际情况看，传统金融风险在科技"引擎"驱动下进一步扩大。

1. 信息不对称问题在运用金融科技手段的金融交易活动中频发

一方面，在运用金融科技手段的金融交易活动中，交易双方对彼此的了解在一定程度上缓解了信息不对称。互联网的匿名性和不可知性促使交易发生在大量未知的参与主体之间，削减了用户对金融科技参与金融交易的信任程度。

另一方面，在金融科技创新发展的助力和现实需求下，传统金融业不愿涉足的小额借贷业务逐渐兴起。从实践方面看，近年来发生了多起 P2P 爆雷事件、上市公司商誉大减事件。以 P2P 爆雷事件为例，近年来在金融科技创新发展的助力和现实需求下，传统金融业不愿涉足的小额借贷业务先逐渐兴起，后由于我国社会信用评级体系尚未完善以及信用违约成本低等因素，发生多起 P2P 爆雷事件。而 P2P 网贷中存在的信用风险主要源于信息不对称，投资方处于信息劣势从而无法充分掌握有效信息判断借款方的实际情况。

2. 传统金融业的系统性风险随金融科技发展而增加

金融科技企业仍然存在传统借贷模式具有的市场风险、信用风险、道德风险。金融产品和服务依托技术和模式的创新，金融科技涉及领域众多，覆盖行业范围广，同时与传统金融相互交错，具有极强的关联性，一旦某个环节出现问题，极易引发大面积金融风险。

（二）金融科技带来的新型金融风险更加错综复杂

从金融科技实际应用看，金融科技带来的新型金融风险更加错综复杂。信息技术已成为金融机构降本增效的重要手段，然而信息技术引起的风险跨界传染和技术依赖使金融业的安全风险与法律风险与日俱增。

以开源技术应用为例，近年来金融业已成为开源技术最为活跃的应用领域。主要是开源技术在支撑金融科技创新和数字化转型方面发挥着重要作用。开源技术具备产品选型丰富、采购成本低、便于二次开发等优势，成为金融业构建信息系统的首选技术。金融机构通过引入开源技术，能够有效避免技术垄断，深耕金融场景，打磨产品。

然而，开源技术应用和推广带来的风险问题值得关注。

一是开源技术供应链安全风险威胁金融业安全。不法分子一旦利用开源技术暴露的系统漏洞来监视或攻击金融业的信息网络，就会造成金融客户信息泄露以及巨额财产损失等，严重的甚至会危及人身安全。同时，随着开源技术在云计算、大数据、人工智能、区块链等新兴技术领域的深入应用，开源技术供应链复杂程度逐步加深，供应链的每一个环节都可能存在安全风险隐患，相关风险沿着软件供应链的树状结构由上游向下游扩散，导致金融机构在使用开源技术过程中安全风险日益突出。

二是开源知识产权合规风险迫使金融业侵权事件频发。开源许可协议的复杂程度导致金融机构使用、治理开源技术面临巨大挑战。目前，全球范围内最常用的六大开源许可协议分别是 GPL、LGPL、BSD、MIT、Mozilla、Apache。开源许可协议涉及版权、专利等，各项开源协议对被许可人的授权类型、使用限制以及法律义务等均不相同，如果开源技术使用者未依照开源许可协议使用开源技术，则会面临侵权风险。就国内金融机构而言，如在使用分发开源技术过程中，存在错误混用不兼容的许可证，或未能将其代码进行开源均有可能涉及侵权。

（三）金融科技治理问题处于大量暴露阶段

金融科技治理问题是在相关技术发展中产生的，因此其发展状况与金融技术的成熟度息息相关。当下以技术应用为主导，以网络借贷平台、第三方支付机构为代表的互联网金融大潮退去，而技术和业务深度融合的金融科技浪潮方兴未艾。其中，多项技术已经得到广泛验证和市场认可，处于快速落地应用阶段。此外治理理论和治理体系的进化有其滞后性，由此带来的治理问题大量暴露。

（四）金融科技治理理论和治理体系尚不完善

一方面金融科技的应用实践迅速发展，另一方面理论来源于实践，需要在实践中检验理论。二者导致金融科技治理理论发展滞后，因此在此基础上建立的治理体系就更加滞后。此外，金融科技治理体系中治理主体呈现多元化的特点，而权责划分、组织协调等工作又加重了其滞后性。比如金融科技的系统性应用和战略规划所需的理论支撑不足，进而导致企业自治普遍不成熟，时常需要按照新的监管要求进行临时改进。风险控制是金融头部企业实现自治的关键所在。

三 金融科技治理的政策建议

金融业本身具有强监管性，目前我国尚未形成健全的金融科技监管政策体系。因此提升我国金融科技监管水平，完善金融科技监管体系建设是促进金融业高质量发展的必要条件。

（一）建立系统的金融科技监管框架体系

金融科技市场的有序发展离不开政府的有效治理。提高金融科技管理水平，明确管理内容，创建系统性的金融科技监管机制，建立创新激励机制，以柔性产业政策引导金融与科技深度融合。

（二）处理好新旧治理体系的关系，促进协同共治

金融科技治理体系的建立需要在现有的治理体系基础上进行创新优化。这是一项复杂的系统性工程，需要政府、市场和社会各方凝聚力量，通过多方参与、协同共治，为金融科技治理营造公平、开放、稳定的环境。在建立新治理体系的过程中，各级金融监管部门应进一步完善相关配套制度。

（三）建立健全金融信息安全体系

目前，国内针对金融领域的信息监测应用范围有限，金融业信息数据安

全问题未受到重视。因此，我国在推进金融数字化转型的同时，迫切需要各方协同创建符合新形势要求的金融信息安全体系，完善金融信息安全标准，促进金融信息有序利用，支持金融信息安全技术发展，提升金融信息安全管理水平。

（四）推进数据标准化体系建设

第一，各级监管部门应协助金融企业建设数据标准化体系，搭建数据自由流动的应用系统框架。第二，对在各业务运行过程中生成的数据进行专业甄别分类，将"个人金融信息"与《个人信息保护法》中的"个人信息"进行区分界定。第三，建立"个人金融信息"保障体系，完善"个人金融信息"使用规则以及适用范围，切实做到信息数据的安全、合理、合法、合规使用。

（五）推动监管科技发展

第一，各级监管部门应积极开展金融科技新技术研究，尤其是新的监管技术，为金融科技监管治理提供理论指导和实践指引。第二，运用多种方式促进监管科技的市场化发展。第三，加强监管科技领先的相关高校、企业、专家等组织和个人的沟通，促进监管科技的应用，提升现有监管系统的数字化、智能化水平。

（六）加大非法金融科技活动的监管力度

在金融科技快速发展的大背景下，加大非法金融科技活动的监管力度很有必要。如跨境支付等违法违规高发领域，区块链去中心化技术将更加容易扩散风险，造成的危害更大。其中，基于区块链技术开发的虚拟货币，可以完全绕开银行监管来实现洗钱以及各类资金周转中介服务，从而实现各类非法金融行为。这不单危及我国公民的财产安全，也对我国的市场秩序和信用体系造成冲击。

（七）健全金融科技评估机制

要创建适应新时代要求的金融科技评估机制，持续提升金融机构对金融技术、产品、服务等活动的认识水平，多角度审慎评估金融科技活动的社会影响，为金融科技活动的监管决策提供指引。

（八）完善金融科技领域的法律法规

第一，目前现有的《中国人民银行法》《银行业监督管理法》《商业银行法》《证券法》等法律依然是对行业发展和交易规范的总括性要求，是各级金融主管部门和监管部门等的基本参考依据。要从现有法律中提取出与金融科技相关的重要法律条文作为方向性、指导性的顶层设计思路。第二，由国务院及其各部委、地方政府制定的各类行政法规、部门规章、地方性法规与行业自律组织出台的行业规范、公约相配合，形成由规划指南到业务规范、由大类管理到专项约束、由高指导性到强执行性的中层与底层细化规范体系，使金融科技领域的法律法规更加完善。

B.4
金融科技伦理建设实践与探索

唐　亮　等[*]

摘　要： 近年来，涉及数据、算法等的金融科技伦理失范现象越发严重，引起了国家监管部门的高度重视。在金融领域，中国人民银行发布的《金融科技发展规划（2022—2025年）》将金融科技伦理建设作为新时期金融科技发展的重要任务之一。金融科技伦理建设正逐渐成为全行业共识，金融机构纷纷启动金融科技伦理研究和治理工作。本报告介绍了金融科技伦理的背景和内涵，提出了金融科技伦理的发展基础和治理原则，梳理了国内外与金融科技伦理相关的法律法规和国内治理工作取得的成效，分析了光大银行、平安银行等金融机构在数据安全、消费者权益保护方面的优秀实践案例，并从顶层设计、制度建设、监管措施、机构自律、监管科技、宣传引导六个方面对未来我国金融科技伦理建设提出建议。

关键词： 金融科技伦理　数据安全　消费者权益保护

---

* 执笔人：唐亮、许海金、王亮、富浩、李益杰、肖郑进、兰陌、闫丽娜、王哲、王磊、刘淼、刘巍。唐亮、许海金、王亮，平安银行股份有限公司；富浩、李益杰、肖郑进，浙商银行股份有限公司；兰陌、闫丽娜、王哲，中国联合网络通信有限公司研究院；王磊、刘淼、刘巍，光大银行股份有限公司。

一　金融科技伦理概述

（一）金融科技伦理的背景

当前，受惠于技术革命与金融创新的金融科技已成为驱动经济发展的重要引擎。金融科技蓬勃发展的同时，数据安全、大数据杀熟、算法歧视等伦理问题愈加明显，处在市场支配地位的大型企业利用科技手段开展无序竞争，例如泄露个人行为偏好等数据、过度营销诱导消费、利用算法黑箱实施差别定价等，使社会公众无法公平享有金融科技发展带来的成果。很显然，金融科技伦理失范问题已经严重影响了金融活动与社会发展，当前的法律监管机制难以解决伦理失范问题，急需兼具柔性和规范的金融科技伦理来弥补监管的不足。因此，开展金融科技伦理建设变得尤为重要。

（二）金融科技伦理的内涵

目前，金融科技伦理并无明确定义。学术界和产业界普遍认为，金融科技伦理是科技金融活动遵从的价值准则，是科技伦理和金融伦理的有机结合，具备跨学科、可延伸和多维度的特性。从宏观层面来看，金融科技伦理是科技手段运用在金融活动中产生的特殊伦理关系的体现，也是除法律法规与市场调节外的第三种价值准则。从微观层面来看，金融科技伦理是金融机构、金融科技企业从业人员等相关主体，在金融交易中需要遵循的符合金融市场规范的道德标准与行为方式。

（三）金融科技伦理失范问题

随着5G、云计算、大数据、人工智能、区块链等新一代信息技术在金融领域的深入运用，金融科技不断创新发展，但同时也衍生出复杂多样的伦理失范现象，给金融监管、金融稳定、金融安全带来新的挑战，引起监管机构的高度关注。与传统金融伦理失范行为相比，金融科技存在的伦理失范问题主要表现在数据与算法两个层面。

1. 数据伦理问题

在前沿信息技术驱动下，数据采集、数据使用、数据共享等方面的功能不断优化升级，数据要素逐渐成为新经济、新金融的关键生产要素，金融数据商业价值加速释放，与此同时也伴生了数据掠夺、隐私泄露、数据垄断、数据鸿沟、大数据杀熟等多种形式的伦理问题，对金融消费者隐私权、知情权以及自主选择权等造成侵害，甚至危害公共利益和国家安全。具体表现如下，一是数据掠夺方面，在未经用户同意的情况下，部分机构共享或售卖个人数据，并由此引发新的金融风险；二是数据安全和隐私泄露方面，部分机构超范围过度采集客户人脸、身份信息等个人敏感数据，缺乏妥善管理客户数据的意识和能力，产生不良交易、捆绑销售等不当行为；三是大数据杀熟方面，部分机构将大数据作为杀熟、过度营销、诱导消费的工具，侵害金融消费者合法权益；四是数据鸿沟方面，部分数字化的金融产品在进行数据采集和身份识别时，没有顾及老年人、残障人士等特殊群体的需求痛点，从而使其无法享受便利的数字化金融服务。

2. 算法伦理问题

在金融领域，算法广泛应用于客户营销、产品创新、风险控制、运行优化、证券交易、金融理财等方面，催生了一系列丰富、智能的金融产品。但算法的复杂性、不透明性等，也带来了算法歧视、算法控制等诸多复杂伦理问题，给个人和社会造成了不良影响。具体表现在：部分机构利用算法黑箱特性隐藏定价规则，将不同用户群体数据标签化，违背金融的公平性和普惠性；部分机构利用智能算法推荐等技术，强化对消费者行为的控制，使其无法做出自主的、符合意愿的选择。

（四）金融科技伦理建设的基础与治理原则

1. 金融科技伦理建设的基础

"十四五"规划提出要"健全科技伦理体系"。2021 年 12 月，中国人民银行印发《金融科技发展规划（2022—2025 年）》（以下简称《发展规划》），将"健全多方参与、协同共治的金融科技伦理规范体系"作为解决金融科技发展不平衡不充分等问题的重要抓手。建立健全金融科技伦理监管框架和制度规范已成为"强化金融科技治理"的重要议题，对规范金融活动、构建和谐社会具有深远意义。

2. 金融科技伦理的治理原则

人伦道德之理，是指人与人相处的各种道德准则。伦理的约束范围最大，是法律、法规、标准、制度的基础，一切社会主体的全部社会活动都需要遵守。因此，金融科技伦理建设需要坚持以下三点原则。

一是坚持"以人为本"原则。科技和金融的融合必然推动金融服务线上化、数字化、智能化发展，但这种升级进化要围绕满足人们对美好生活向往的需要，增进人类福祉，尊重人的基本权利，避免伤害公众利益。金融科技创新应坚持以客户为中心，注重金融产品及服务创新的普惠性、适应性，实现金融为民、科技为民。

二是坚持"普惠公平"原则。金融科技创新应用实践活动具有强烈的功利性特质，但金融除了具有经济属性，还要承担一定的社会职责。金融科技伦理的治理坚持"普惠公平"原则的目的，就是将金融科技自身的功利性转化为造福社会大众的功利性，确保金融科技发展为社会大众服务，彰显金融的社会属性。对于有悖于科学伦理、加剧不平等、拉大贫富差距以及可能导致偏见、歧视的金融科技产品和服务的开发和应用，应予以限制和禁止。

三是坚持"伦理自觉"原则。遵守伦理规范是人们自发、自觉的行为，应内化于心，外化于行，自觉置于监管和法律之前。只有强调伦理优先，才能更好地保障底线安全。为金融科技发展与应用设立底线原则，目的是不盲目追求发展，要确保金融科技的发展与应用符合广大消费者的根本利益，从而促进金融稳健发展。

二 金融科技伦理建设情况

（一）金融科技伦理建设探索与成效

1. 法规政策不断健全

《数据安全法》《个人信息保护法》相继施行，进一步完善了我国数据保护体系的顶层设计，也为金融科技创新发展提供了"最低道德标准"。科技部起草了《关于加强科技伦理治理的指导意见（征求意见稿）》，科学系统地对我国科技伦理建设做出顶层设计，是金融科技伦理建设的基本遵循。中国人民银行发布《发展规划》，将加强金融科技伦理建设作为重点任务进行部署，为金融业科技伦理实践指明了方向。国务院及各部委、地方政府制定各类行政法规、部门规章，囊括了金融科技活动的技术、业务、用户、监管等各方参与主体，既覆盖数据、算法等核心技术要素的规制，也涉及金融业务、产品的监管，构成金融科技伦理建设全方位的政策支撑体系。

2. 标准规范持续完善

在 2020 年发布个人金融信息保护、数据分级分类、多方安全计算、网络安全等级保护等标准的基础上，中国人民银行继续强化金融科技标准体系建设，批准发布了《金融数据安全　数据生命周期安全规范》《人工智能算法金融应用评价规范》。同时，《金融数据安全　数据安全评估规范》《金融领域科技伦理指引》① 两项标准正处于征求意见阶段。《移动终端金融安全身份认证规范》《中国金融移动支付　支付标记化技术规范》《互联网金融个人身份识别技术要求》等一批标准制定工作正稳步推进，将进一步丰富金融科技伦理建设的标准体系。

3. 专业组织逐渐成长

2020 年 12 月，深圳在国内率先成立金融科技伦理委员会，并提出了包含以人为本、公平公正、社会责任、安全隐私、严守底线、产品伦理、防范风险、伦理文化、可持续发展等九大伦理原则的《深圳市金融科技伦理宣言》。2021 年 3 月，浙江互联网联合会发起成立金融科技伦理（专业）委员会，宣布以人为本、创新发展、公平包容、开放共赢、安全审慎、尊重伦理、社会责任等 7 条金融科技伦理倡议。两地金融科技伦理领域专业委员会的相继成立，对国内其他地区金融科技伦理建设具有重要的实践参考和示范意义。

---

① 《金融领域科技伦理指引》目前正在制定中，暂时无法通过公开文件查到。

4. 研究交流日益频繁

随着金融科技伦理热度上升，业内研究交流明显活跃，社会舆论环境快速形成，政产学研用多方共治的局面加速形成。如北京前沿金融监管科技研究院等主办的"金融领域科技伦理治理体系建设"研讨会、浙江金融科技伦理委员会等组织的跨界闭门会、北大汇丰金融学院等主办的"信息安全与金融科技伦理"研讨会等业界交流活动相继开展，对金融科技伦理相关议题进行了深入探讨。同时，监管、智库、高校院所等机构发布了多份报告，这些报告涉及人工智能伦理、算法伦理、金融信息保护等内容，为后续金融科技伦理理论与应用体系研究做了铺垫。如中国人民银行金融消费权益保护局课题组发布的《大型互联网平台消费者金融信息保护问题研究》与清华大学数据治理研究中心发布的《人工智能伦理与治理报告》。

5. 企业实践更加丰富

金融科技相关企业积极探索企业级金融科技伦理建设，如完善组织架构和机制体制，加强技术管控和人员保障，提升数据安全和个人信息保护水平等；强化面向老年人、残障群体等的特色技术产品和服务供给，推动金融普惠，弥合金融数字鸿沟；拓展外部合作，共建研究平台，共同推动金融科技伦理建设。中国信息通信研究院等30余家机构发起"数据安全推进计划"；以消费者权益保护为导向，制定金融科技自律准则，如《蚂蚁集团数字金融平台自律准则》。

（二）金融科技伦理建设的难点

1. 基础研究和实践探讨相对滞后

从基础理论来看，金融科技伦理具有跨学科的显著特点，需要超越分门别类的传统方式开展整体性和综合性研究。当前研究主要是关于金融科技应用和创新业务风险监管（包括监管规则、机制、工具、模式等）问题的探讨，或是集中讨论科技伦理、金融伦理等单一主题下的问题，针对金融科技伦理基础理论框架的研究尚处于起步阶段。从治理实践看，当前研究偏重金融科技伦理的治理意义、监管规则、自律原则等理论层面，对审计、评估、监督等方面的研究较少。

2. 科技快速迭代增加治理难度

当前，互联网、云计算、大数据、人工智能、区块链等新一代信息技术仍处于快速发展阶段，发展模式尚未完全固定。这一特点给金融科技伦理问题带来极大不确定性，增加了技术伦理风险治理对象选择的难度。同时，场景感知、增强现实、混合现实、元宇宙等新兴技术加速创新迭代，并不断在金融领域渗透融合，对金融科技伦理治理提出新的挑战。而相关治理措施仍处于摸索阶段，全球金融界和监管机构都缺乏足够的治理知识和经验，构建适合的治理框架仍需要较长的时间。

3. 伦理原则不一致影响政策落地

尽管金融科技伦理建设已成为全球共识，但是不同的治理主体发布的伦理原则各有侧重。以人工智能伦理为例，欧盟《可信赖的人工智能伦理准则》指出尊重人类自主性、预防伤害等4个原则，日本"以人类为中心的人工智能社会原则"提出人类中心、教育应用等7项伦理原则，我国《新一代人工智能治理原则——发展负责任的人工智能》则提出和谐友好、公平公正等8条治理原则。此外，深圳和浙江金融科技伦理委员会分别发布的《深圳市金融科技伦理宣言》和《浙江金融科技伦理七倡议》，包含的伦理原则也有较大不同。伦理原则的"政出多门"使金融科技活动参与者选择应遵循的原则时较为困难，影响伦理原则的落地实践。

4. 行业主动建设意识有待提高

在伦理建设的认识方面，国内金融科技活动相关企事业单位尚有不足，"重科技、轻伦理，重发展、轻治理"的问题依然突出，被动应对数据安全、个人信息保护、消费者权益保护等监管要求的现象普遍存在。在响应国家大力倡导的普惠金融等方面，金融机构主动开展金融科技伦理建设，将金融科技伦理纳入企业发展战略，探索设立企业级金融科技伦理专业机构，建立金融科技伦理审查、评估、考核、培训等常态化工作机制。但行业整体金融科技伦理意识仍须提高，更多的实践尝试有待开展。

三　金融科技伦理治理典型案例分析

目前，国内金融机构对金融科技伦理治理集中在治理体系的优化上，注重探索和完善数字技术在金融服务领域合法、合规、合理的应用，在业务开展和系统建设过程中注重解决特定领域科技伦理存在的难点和痛点，如消费者权益保护、数据安全。尽管体系化、系统化的金融科技伦理实践较少，但金融科技伦理建设工作在国内已经取得了良好的开端。

（一）平安银行构建智能消保平台，保障消费者权益

平安银行推进金融科技伦理建设工作，将消费者权益保护纳入数字化转型的具体应用场景，打造智能消费者权益保护平台（以下简称"智能消保平台"）。该平台是业内通过数字化转型解决消保业务领域金融科技伦理问题的有益实践探索。

平安银行秉承"全留痕全质检"理念，建立了软硬件一体化的智能消保平台，对事前、事中、事后客户触点全流程数据进行留存与融通，通过人工智能技术实现端到端的全流程检验，从而及时发现问题、提前预警、提前干预，实现消保工作的体系化、标准化。

1. 基于"全留痕"理念，构建"三高三全"消保数据体系

智能消保平台整合消保重点关注数据，搭建"三高三全"消保数据体系，探索非结构化数据应用，快速定位问题并挖掘原因，助力快速解决消保问题，提升客户满意度。

第一，打造"三高"标准的消保数据集市。消保数据集市底层采用离线计算、实时计算、数据仓库，融合各类结构化和非结构化数据，打造多主题域的消保数据集市，实现数据"高聚合"。数据采集、计算任务自动化监控，持续保证数据"高质量"。降低数据交织层依赖，提高作业时效，保证数据"高时效"。

第二，实现消保数字化运营"三全"。智能消保平台采用智能监控技

术、意图检测模型与相似度检测、亢奋度检测等多模型融合的智能质检技术，实现触客数据"全留痕"，薄弱环节"全监控"，消保问题自动化"全预警"的"三全"运营。

第三，数据挖掘应用取得突破。消保服务过程产生了大量的结构化和非结构化留痕数据，是问题发现、问题回溯的关键素材。项目对结构化数据使用 Sqoop（一种异构数据源批量数据迁移工具）、Flume（一种实时日志收集工具）、DataX（一种异构数据源离线同步工具）、Canal（一种数据库实时同步工具）等技术进行采集，对文本、图片、音频、视频等类型的非结构化数据使用 OCR、ASR、NLP 等技术进行结构化处理，然后同步到消保数据集市中进行统一加工。同时，智能消保平台集成元数据管理、数据治理、数据质量监控和数据安全保障等功能，使业务部门高效接入数据，快速解决消保投诉问题，提升客户满意度。

2. 结合"全质检"理念，实现全流程检验及数智化运营

智能消保平台通过构建 MLOps 平台，建立了一套标准化的模型开发、部署与运营流程，实现人工智能应用全生命周期管理。项目开发了智能模型、流程自动化引擎、文本机器人、语音机器人、App 智能扫等平台和工具，并将其应用到消保服务、营销、双录、催收等环节。其中，自主研发的中文 NLP 模型使用 Transformer 深度神经网络架构，创新性地融合图像、语音、文本等多模态信息，建设友善度识别模型。

3. 软硬件一体化自主可控

智能消保平台使用了国产 Altlas500 服务器建设网点边缘计算节点，实现对网点数据的就近计算和快速响应，解决网点带宽不足和中心云算力不足的问题，满足业务实时性需求。基于 KubeEdge 等云原生技术建设"云边端"一体化管理平台，实现灵活调度、弹性部署。通过银行网点设备国产化替代、中心云国产化适配、办公环境国产化覆盖，实现软硬件自主可控，保障业务可持续发展。

项目上线以来，累计接入内外部系统超过 50 个。智能消保平台可以实现事前对产品和服务的消保审查；事中自动扫描营销短信和银行企微聊天记

录，识别重大风险、惩处违规事件；事后为客户提供敏捷高效的线上服务，全方位为银行客户的消费者权益保驾护航。项目通过自动化运营平台、人工智能技术的大规模应用，实现质检范围 100% 覆盖，质检效率提高 186 倍，节约运营成本数亿元。[①] 在疫情反复的背景下，项目保证了消费者权益保护工作的持续开展，NPS 净推荐值提升 16%[②]，打破金融消保领域"业务可持续发展""客户满意度提升""运营成本下降"的"不可能三角"，引导数据和算法遵循负责任、安全、向善、普惠的基本原则。

（二）中国光大银行构建数据风险管理体系，保护数据主体权益

光大银行积极探索、勇于尝试，探索出了一套符合自身实际、以保护数据主体权益为核心目标的数据风险管理体系，从数据安全治理角度建立金融科技伦理企业级规制模式，培养全员数据安全合规意识与"数据向善"价值观，不断推动企业级金融科技伦理建设。一是搭建以《数据政策》为指导纲领的政策、管理办法、实施细则与技术规范三层制度框架体系，发布了《数据安全管理办法》《个人信息保护实施细则》《个人信息保护技术规范》等文件。[③] 二是创建个人信息保护影响评估（PIA）与 300+ 评估要点库，并于 2022 年 1 月实现 EAPS 线上化流程，在零售、数金条线 40+ 系统中推广，对手机银行、阳光惠生活、云缴费等 7 个 App 进行专项评估，并逐步覆盖存量重点应用与系统。三是加速推进创新技术研究与工具开发进程，率先上线业内首家基于多方安全计算技术的数据共享融合基础设施平台，探索个人信息跨企业安全共享的可行路径。数据安全分级、数据安全监测审计、办公环境数据安全防护系统等技术工具建设作为重点项目正稳步推进，为有效防范内部人员违规导致的数据泄露与滥用风险提供技术支撑。

---

① 由平安银行智能消保平台运营数据统计得到。
② 由平安银行智能消保平台运营数据统计得到。
③ 《数据政策》《数据安全管理办法》《个人信息保护实施细则》《个人信息保护技术规范》等文件，均为光大银行内部制度文件。

四　金融科技伦理建设的相关建议

金融科技伦理作为金融科技实践必须遵守的价值准则和道德标准，在金融转型与创新发展中占据重要地位。探索适合我国的金融科技伦理治理框架与路径要依托国家科技伦理治理体系建设成果，健全完善统筹兼顾、目标明确、规范有序、措施有力、协调推进的金融科技伦理治理体系。

（一）贯彻国家规划，强化顶层设计

金融科技伦理治理要贯彻落实国家金融科技伦理整体规划，加强顶层设计，将金融科技伦理建设工作纳入金融发展规划，同时建立健全金融业统筹协调机制，完善金融科技伦理监管审查、责任追究、风险处置等具体事项的落地机制，明确中央与地方、中央与各金融监管机构之间的管理职责，强化管理职责的逐级传导与落实，健全金融科技伦理治理的组织领导体系。

（二）健全完善制度体系，强化法制约束

金融科技伦理治理必须坚持制度先行，构建系统完备、科学规范、运行有效的金融科技伦理制度与标准规范，及时将行业普遍公认的底线型伦理上升为法制约束，形成广覆盖、多层级的由法律法规、标准规范和政策等组成的制度体系，确保金融科技伦理治理有据可依。同时不断完善监管检查制度和工具，及时弥补"灰色地带"的管理漏洞，强化对金融科技制度与相关机制落实执行情况的监督检查，严惩违规机构与个人，增强制度的威慑力。

（三）优化监管措施，强化政策引导

金融科技监管部门作为金融科技伦理治理的标准规范制定者、实施监督者、效果评估者，决定金融科技伦理治理成效。一是进一步完善监管制度与规则，形成管理制度、监管制度与监管科技（工具）多层约束机制，将关

键伦理要求贯彻落实到具体监管条款中，强化对违反金融科技伦理要求有关行为的责任追究，增强监管红线和底线的刚性。二是加强监管引导，通过健全战略规划、制度规范、业绩评价标准和伦理意识等，引导金融科技参与主体将金融科技伦理治理渗透经营的方方面面。三是切实改进传统金融监管模式，试点实施创新测试环境、试错容错机制、监管沙箱等创新措施，全面协调金融科技创新与监管的关系，确保金融科技有序、可控、规范发展，切实保障社会公众权益。四是积极探索建立金融科技伦理听证制度、金融科技伦理风险评估机制、伦理危机应对机制等，充分发挥行业协会等第三方力量的监督引领作用。

（四）统筹各方力量，发挥行业自律作用

由行业主管部门牵头，整合各方力量，组建包括监管部门、行业自律组织、金融科技专业组织、金融机构、金融科技公司、金融技术提供商、学术团体、金融消费者等众多利益主体参与的金融科技伦理委员会及其分支机构，共同构建金融科技伦理框架，制定适用于我国的金融科技专业伦理准则和行业实践标准，为金融科技企业提供具体操作指南，呼吁行业自律，开展伦理审查和数据伦理问责。同时积极推动并参与金融科技领域的全球伦理治理，参与国际标准、规则制定，共同探索构建大数据、人工智能等技术研发与应用的全球共同伦理框架，确保金融科技能持续造福于全人类。

（五）深化监管科技应用，发挥数字化工具作用

金融科技伦理伴随金融科技发展而产生，因此金融科技伦理治理不能脱离监管科技的应用，要持续健全完善金融科技伦理监管的技术平台与工具，以此将相关监管法规与要求"翻译"成数字化监管指令，为金融机构提供各种监管应用程序接口，自动完成数据统计报送和报告生成等任务，实现数据监测采集的标准化、自动化与实时性，有效提高监管效率，促进金融科技伦理监管法规的落地实施。

（六）加强宣传引导，营造伦理向善的深厚氛围

通过国家引导、企业培训、社会宣传、全民讨论等方式，引导科技从业人员积极主动学习金融科技伦理知识，增强金融科技伦理意识，自觉践行金融科技伦理原则，自觉遵守金融科技伦理要求，主动抵制违背金融科技伦理原则的行为。通过对金融科技伦理的宣传，引导社会公众特别是金融消费者加强对金融权益与金融科技伦理的关注和理解，主动对金融科技活动进行监督，最终在金融科技领域乃至金融业和全社会形成坚守底线、尊重隐私、维护社会公平正义的伦理观及道德原则。

参考文献

李伦：《数据伦理与算法伦理》，科学出版社，2019。

王晓青、许成安：《金融科技伦理的内涵、规制方法与研究前景》，《江汉论坛》2021 年第 10 期。

汪小亚等：《数据伦理建设在金融科技发展中不可或缺》，《清华金融评论》2020 年第 1 期。

刘培、池忠军：《算法的伦理问题及其解决进路》，《东北大学学报》（社会科学版）2019 年第 2 期。

车宁：《金融科技伦理治理体系的构建》，《中国银行业》2021 年第 11 期。

《构建金融科技伦理治理体系》，中国伦理在线，2022 年 4 月 19 日，http://ethics. ruc. edu. cn/xs/da8631ae875948a2ba5eeccd13591203. htm。

《建立健全金融科技伦理监管框架和制度规范》，中国证券报·中证网，2022 年 3 月 23 日，https://www.cs. com. cn/xwzx/hg/202203/t20220323_ 6253066. html。

B.5
金融数据要素共享与综合应用

滕　竹等*

摘　要： 金融数据带来的价值已逐渐凸显，金融数据要素将成为金融业数字化转型的关键支撑力和重要驱动力。本报告描述了近年来金融数据要素在有序共享和综合应用方面的行业现状和特点，详细介绍了基于密码学安全的多方安全计算，基于统计学安全的联邦学习和基于硬件安全的可信执行环境等目前主流的隐私保护计算技术。通过金融反诈应用、集团高净值客户资产总额联合探查应用、教培资金监管应用、政务金融数据共享联合风控实践等数据融合的优秀案例和成果，阐述如何利用数据和技术手段强化金融与公共服务领域数据综合应用，赋能金融业务高质量发展。本报告还分析了当前金融数据要素共享和应用遇到的"不敢""不愿""不会"三方面难点，并提出应对策略，展望金融数据要素共享与综合应用的发展方向。

关键词： 数据有序共享　数据综合应用　隐私保护计算　数据融合

一　金融数据要素共享与综合应用现状

（一）金融数据要素应用现状

1. 数据要素在金融科技发展中的重要地位已凸显

《"十四五"数字经济发展规划》明确提出以数据为关键要素，以数字

---

* 执笔人：滕竹、李鑫、袁芳、隗樊、时代、张嘉熙。滕竹、李鑫、袁芳，中国农业银行股份有限公司；隗樊、时代、张嘉熙，华控清交信息科技（北京）有限公司。

技术与实体经济深度融合为主线，加强数字基础设施建设，完善数字经济治理体系。数据要素成为金融业高效发展的重要驱动力。近年来，监管机构发布的多份文件均提及金融数据要素，表明其在社会经济及金融业中的地位日益凸显，为推进数字化转型、更好地服务实体经济提供重要支撑。在此影响下，数据要素的应用将更加深入。在促进金融科技健康、可持续发展的同时，为数字经济高质量发展打下坚实基础。

2. 隐私保护计算技术的突破使跨领域数据融合成为可能

近年来，在政策及市场的推动下，中国加快产业数字化转型，金融、政务、医疗、工业生产等诸多领域开启了数字化转型之路。伴随着数据量和需求场景的增多，人们对数据安全的关注日渐增加，特别是在金融领域，数据涉及个人隐私和企业战略。因此无论是站在法律法规的角度，还是站在金融机构自身的角度，都不允许或不愿意使自有数据脱离管控。经过技术发展及实践积累，隐私保护计算技术已越来越成熟，在金融、政务等领域的应用相继落地，尤其是在金融领域，获得了发展，使数据融合成为可能并可预见地占领市场。

3. 中国人民银行开展金融数据处理综合应用试点

2021年中国人民银行发布《中国人民银行办公厅关于组织开展金融数据综合应用试点工作的通知》，拟通过试点，探索大数据、人工智能、物联网等新一代信息技术，加快金融业数据能力建设，推进数据分级分类、有效治理、安全共享，实现跨领域数据融合与应用，促进先进技术与金融服务的深度融合。试点重点在两方面着力，一是加强数据能力建设，建立健全数据全生命周期管理机制，建设支持数据资产整合、分析挖掘、建模处理的企业级数据中台，增强数据的易用性，提高数据的安全性；二是促进金融数据的规范共享，运用隐私保护计算等信息技术实现不同主体间的数据共享。

（二）特点和发展趋势

1. 数据成为提升金融竞争力的核心要素

数据作为新生代的生产要素，为数字经济发展提供动力，是银行的核心

"资产"。金融机构积累了大量的数据，包括客户、交易数据等，具备数字化转型的先天优势。在风险防控、精准营销、智慧运营、信贷风险评估、供应链金融、智能投顾等众多领域的具体业务中，数据得到非常广泛的应用。基于海量大数据的分析能力正成为银行业发展的核心竞争力。通过提高数据治理能力、强化数据资产概念、增强数字化经营能力，以及借助数据资产化、资产业务化、业务价值化的"三化"形成的数据流动闭环，有效提升数据资产的变现能力。这对银行业加快数字化转型，增强市场竞争力具有重要意义。

2. 数据的融合、共享和开放成为趋势

银行业传统的数据应用，高度依赖自身数据积累，而不同的机构、不同的组织、不同的系统之间，数据共享开放程度普遍较低，由此带来的信息孤岛问题较为突出，海量的数据相互阻隔，难以进一步融合释放潜在价值。机构之间数据孤立、数据特征维度的单调对金融机构使用数据驱动业务产生限制。一方面，金融机构之间的数据割裂给了不法之徒可乘之机，例如多头借贷问题；另一方面，金融机构融合了金融数据之外的"替代数据"，如运营商数据、零售电商数据、政务数据等，以便对客户进行了更全面的了解和评估，对客户进行全面的、多维度的人物画像，从而进一步推断客户的信用状况和金融需求，便于金融机构更好地将金融数据应用于营销与风控领域。可见，数据要素开放与共享已成为发展趋势。

3. 数据安全越来越受到重视

数据要素开放与共享是未来发展趋势，同时与开放共享构成双刃剑的数据安全也将被摆在同等重要的位置。近几年，数据安全问题受到广泛重视，2016年欧盟出台了《通用数据保护条例》，我国也陆续出台了一系列的法律法规来监管数据安全。从早期的《网络安全法》到2021年的《数据安全法》，在完善监管的同时，对企业的数据合规治理也提出了更高的要求。

（三）隐私保护计算流派与数据使用安全

以安全信任基础为切入点，可按照图1所示的方法对隐私保护计算技术进行分类。

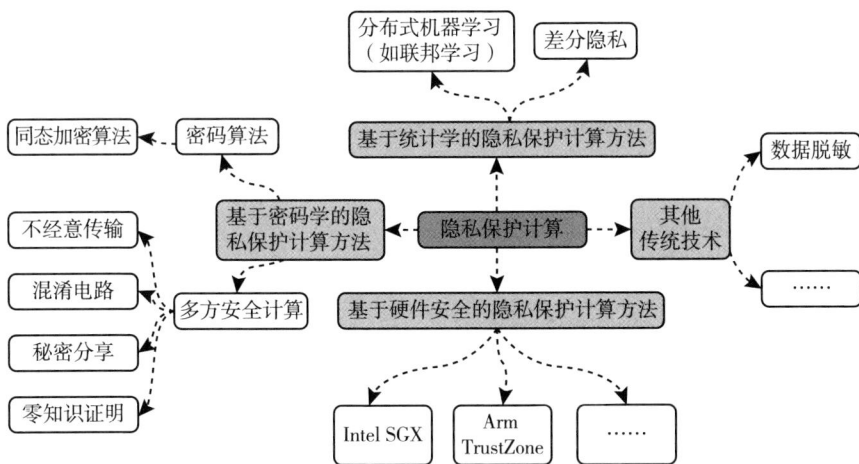

图1 隐私保护计算技术流派

1. 基于密码学的隐私保护计算方法

该类技术的安全性基于对密码学的信任，具有密码学领域的严格证明，可细分为密码算法技术和密码协议技术，前者典型代表为同态加密算法，后者典型代表为多方安全计算。多方安全计算一般采用一系列基础密码技术，包括不经意传输、混淆电路、私密分享和零知识证明等。

基于密码学的隐私保护计算方法能够真正实现金融业数据要素共享"可用不可见"和"使用可控可计量"。"可用"体现在数据要素计算价值的无损性方面，即具有与原始明文数据相同的计算价值和效果；"不可见"体现在其具有严格的密码学安全证明，保证原始数据不被泄露和复制。同时，此类技术在数据"可用不可见"基础上，还辅以计算合约精确控制数据的具体使用目的、方式和次数，达到金融数据"使用可控可计量"的效果。

2. 基于统计学的隐私保护计算方法

该类技术的安全性基于对统计学的信任，即通过统计学方法对原始数据进行转化，仅共享转化后的数据以达到保护原始数据隐私的目的。代表性技术为分布式机器学习和差分隐私。前者通过增加"噪音"隐藏原始数据。后者的典型应用为联邦学习，即各参与方在本地将原始数据转化为基于统计信息的中间参数，并交换该中间参数迭代模型实现多方联合建模。

在实际应用中，基于统计学的方法面临准确性和安全性等挑战。基于对统计信息学转化不可逆的信任，该类方法打造了直觉上的安全性。差分隐私的"噪音"降低了数据准确性。此外，添加"噪音"后的明文数据须交付接收方，后续数据处理不受控制，存在一定安全隐患。联邦学习等分布式机器学习技术存在利用中间参数逆推原始数据的可能性，其安全性面临一定挑战。因此，基于统计学的隐私保护计算方法一般与其他技术组合使用。例如，联邦学习的参数传递采用差分隐私或密码学隐私保护计算方法，辅以人工智能算法控制数据的具体用途。

3.基于硬件安全的隐私保护计算方法

此类技术的安全性基于对硬件提供方及其工程实现的信任。此类技术的典型代表是可信执行环境，其基于软硬件方法构建一个安全区域，由主处理器来保护区域访问权限。这种硬件隔离保证了环境内部的明文数据安全性以及计算结果准确性，但计算性能因受到容量限制并经历数据加解密过程而有一定损耗。

可信执行环境的技术安全信任主要建立在对硬件提供商的信任基础上。但硬件提供商能否被信任，取决于具体的情况。目前，我国一些科技厂商的隐私保护计算产品采用了可信执行环境，但相关技术均由境外企业提供（主要是美国英特尔公司（Intel）的 SGX 和英国安谋公司（Arm）的 TrustZone），因此值得高度重视。

4.其他传统技术

其他常用传统隐私保护计算技术包括数据脱敏、个人信息匿名化处理等。数据脱敏技术通过一定规则对原始数据进行变形、屏蔽或仿真处理，消除其在原始环境中的敏感信息后交付数据接收方使用。匿名化一般指个人信息经过处理无法识别特定自然人且不能复原的过程。该技术使数据使用方无法重新识别个人主体，以保证主体隐私安全。

5.数据用途可控可计量保障数据使用安全

值得注意的是，仅用技术做到"数据可用不可见"，但不控制数据的使用次数或应用场景，仍会导致原始数据的泄露。因此，保障数据安全本质上需要控制数据的具体使用目的、方式和次数，而"数据可用不可见"是实现这一目标的手段之一。在上述技术中，基于密码学方法的技术能够真正实现数据"可用不可见"。在此基础上，此类技术结合计算合约机制，能够在事前让参与方就数据的具体使用目的、方式和次数达成一致，在事中对数据的计算过程进行存证，事后可对数据实际使用情况进行追溯、审计，从而保障金融数据使用的"可控可计量"。

二　金融数据要素共享与综合应用的难点

（一）"不敢"共享，主要是由于数据权属和法律责任问题

数据确权问题可以简单地从"权"和"属"两方面来看。目前，我国与数据"权利"相关的法律，都没有明确界定数据"权利"在法律上是什么类型，数据所有权及其相关的使用权、受益权和处置权的定义与含义在法律上也并未明确。在这种情况下，数据"权利"属于谁也很难界定。具体到金融业，客户在办理存贷汇业务时产生的数据（如贷款记录、转账记录）及对这些数据融合计算产生的数据（如资产总额、风险偏好等），个人能在什么范围内处置这些数据，金融机构能否共享这些数据，共享场景的合规性如何判定等问题目前尚不明晰。这影响着金融数据持有方（控制方）对数据共享责任的认识。

（二）"不愿"共享，主要是由于经济利益问题

目前国家数据要素市场建设尚处于早期，相关的数据定价和流通机制还不完善，金融数据持有方（控制方）对自己持有数据的价值还缺乏清晰认识和判断。加上目前数据要素市场的主要流通和交易形态还是以明文数据为主，明文数据可被无限复制和传播且速度极快，这会导致数据持有方（控制方）产生数据资源流失的顾虑。数据作为战略性资源和关键生产要素，在缺乏明确的利益补偿机制的情况下，金融数据持有方主观上缺乏共享数据的动力，不愿意共享数据。

（三）"不会"共享，主要是由于技术能力问题

在共享之前需要先对原始数据进行高质量的清洗、整理、打标签等技术处理，使之"可机读"，之后还需要对数据进行脱敏、去标识、隐匿化等处理，或运用"数据可用不可见"和"使用可控可计量"等技术，使数据可以安全合规地进行共享应用。但很多金融机构尤其是中小机构，尚不具备这种能力或条件。此外，当前整个金融业的数据挖掘应用能力还有待提升，这导致金融机构难以获取共享数据所蕴含的价值信息，不利于业务创新发展。

三 金融数据要素共享与综合应用的典型案例场景

（一）苏州多方安全数据分析平台与金融反诈应用

案例背景：为严厉打击新型网络犯罪，提高金融风控能力，响应中国人民银行、公安部、工信部、中国银保监会等关于组织开展打击治理电信网络新型违法犯罪专项行动，加强跨机构、跨行业风险信息规范共享和系统互联互通，掌握风险来源、分布和变化趋势，提高基于高频大数据精准动态监测的预测预警水平，提高风险多渠道态势感知、综合性分析评估和差异化处置能力。

应用场景：平台基于多方安全计算、联邦学习、联盟区块链等新一代信息技术，遵循"数据可用不可见""数据不动价值动"原则，构建跨机构数据合规流通与融合使用的新型信息基础设施。在保障各方数据隐私安全的前提下，促进各家商业数据的合规融合与使用，实现涉诈线索的精准识别、事中阻诈等，以新一代信息技术保障人民群众财产安全，并取得显著效果。系统具体功能模块分为隐私保护计算平台、区块链平台和反诈业务系统三部分。隐私保护计算平台以可用不可见的方式实现数据隐私安全的联合计算，具体包含隐私查询、可信数据分析和联合建模功能。隐私查询在不泄露查询条件的情况下获取查询结果；可信数据分析提供了四则运算、逻辑运算等基

础算子及其组合计算；联合建模提供了聚类、回归模型、树模型、神经网络等丰富的算法类型。区块链平台的定位是对联合计算产生的任务数据请求、授权、使用、计算等环节进行存证，保证隐私保护计算任务全流程可追溯、可验证，确保数据使用的合法合规。反诈业务系统通过建设数据综合应用平台，为用户提供黑灰名单匿名查询、潜在风险识别预警、风险排查处置管理、反洗钱调查等功能（见图2）。

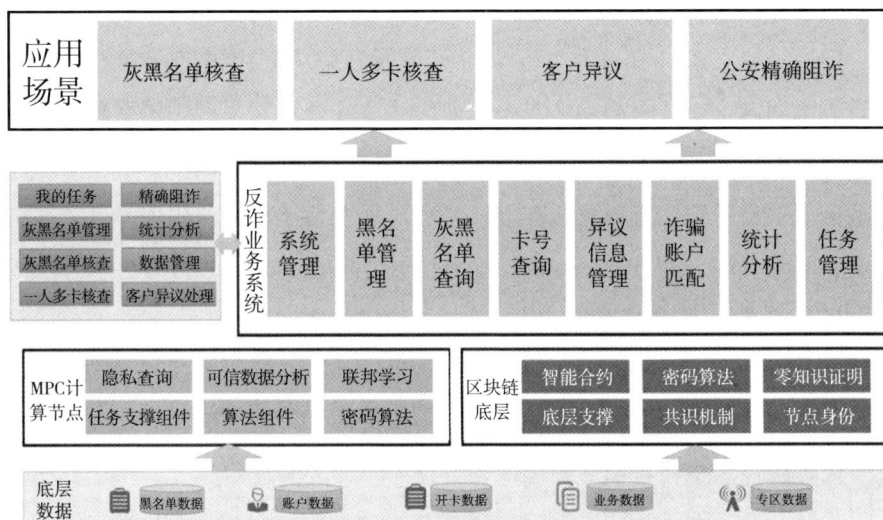

图2 苏州多方安全数据分析平台与金融反诈应用总体架构

应用成效：项目构建的多方数据分析联合实验室平台覆盖中国人民银行、公安部门及苏州市30余家商业银行，运营商的接入使系统规模进一步扩大。这也是目前国内规模最大的"区块链+隐私保护计算"技术的生产级应用案例，在全国具有首创性与先进性。项目的成功实施也为行业大数据"走出去"提供了参考。基于联盟区块链、安全多方计算与联邦学习并搭载高效通用数据的隐私算法，可以有效解决多方数据归集模式下的数据隐私违规问题，可服务于信贷风控的联合建模、大数据隐私查询、基于多源数据的征信评价、精准营销用户画像等在内的诸多数据融通场景。

（二）光大银行基于多方安全计算的数据共享融合基础设施及集团高净值客户资产总额联合探查应用

案例背景：把建设世界一流金融控股集团作为战略目标，光大银行提出 E-SBU 协同战略。其中，数据共享融合是光大银行实现数字化生态协同的重要基础。但在实践中，光大银行内外部数据共享融合应用面临明文获取困难、数据保护实施困难、数据共享利益分配难等棘手问题。

应用场景：2021 年 8 月，光大银行为探索解决集团内部金融数据安全共享应用问题，上线了金融业首个企业级多方安全计算平台。该平台由华控清交信息科技（北京）有限公司开发，定位于企业级数据共享融合基础设施平台。平台适配银行容器云环境，采取同城双活架构、跨机房部署，支持企业间匿踪查询、两方通用计算、联合统计、联合建模、多方评分卡算法等多个场景功能，且具备统一接入能力，成功对接了集团子公司，支持与 MySQL、Oracle、Hadoop 等数据源对接。此外，平台还具备安全审核能力，针对不同的接入企业进行权限管理、流程审批、监控告警等，适用于客户营销、风险防控、统一授信、合规运营等众多领域（见图 3）。

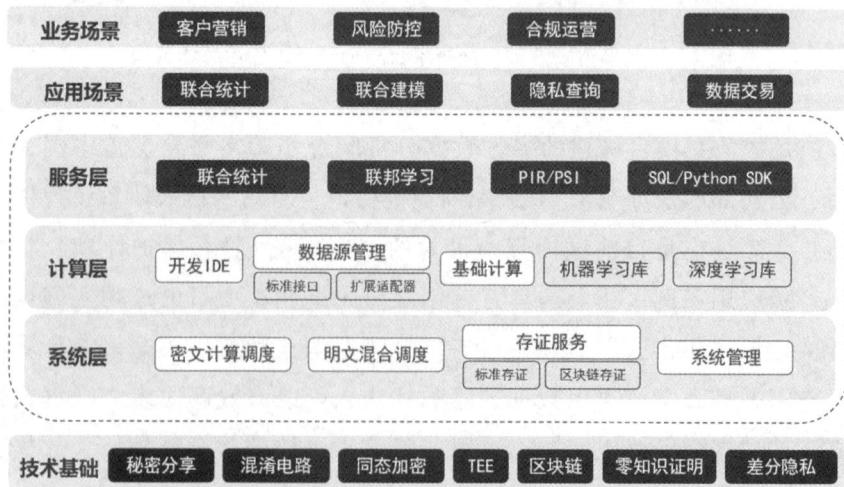

图 3　光大银行企业级多方安全计算平台整体架构

应用成效：通过该平台，在光大银行的数据共享应用过程中，没有任何一方可取得明文数据。该平台只暴露融合计算后的、不包含敏感数据的结果信息，消除因数据泄露与滥用等情况造成的额外损失。目前，该平台实现了集团内银行、信托、保险等共同客户的统一探查，客户资产管理规模（Asset Under Management，AUM）探查超百亿元，大大降低了引入高净值客户的成本，探索建立了数据安全融合驱动的精准营销新模式，节省的营销成本高达数百万元。

（三）工商银行基于多方安全计算的教培资金监管应用

案例背景：2021年4月，教育部发布的《民办教育促进法实施条例》正式要求对教育培训机构的资金进行严格监管。在传统资金监管模式下，资金受托银行、教育培训机构、主管部门间数据割裂，仅可依托人工方式开展资金监管，致使监管流程烦琐、客户体验差、监管成本高。在此背景下，如何通过数字化监管方式提高教培资金监管效率值得各方探索。

应用场景：为充分探索教育培训机构资金监管新模式，珠海市政务服务数据管理局与工商银行软件开发中心共同联合珠海市交警部门、工商银行珠海分行积极探索多方安全计算技术应用。依托工商银行和珠海市政务服务数据管理局共建的多方安全计算平台，建设了安全便捷的珠海驾校资金托管系统，实现珠海市驾考资金数字化全流程管理（见图4）。

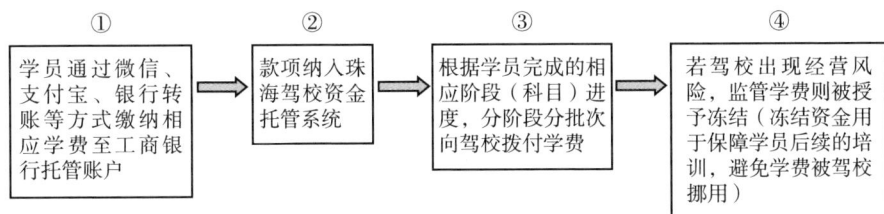

图4 珠海驾校资金托管系统业务流程

实践过程中，多方安全计算平台驱动驾校资金数据密文计算，并输出计算结果供银行划拨资金使用。当驾校向工商银行发起驾考资金划转请求时，银行通过多方安全计算平台密文核验学员考试科目情况。系统自动对照珠海市政务服务数据管理局、珠海市交通运输局、工商银行、驾校四方事前签订的计算合约，请求使用数据。各方审核确认后，数据以密文形式进入多方安全计算平台进行安全联合统计计算。最后，系统将密文结果反馈至银行，银行据此判断是否向驾校划拨托管资金（见图5）。

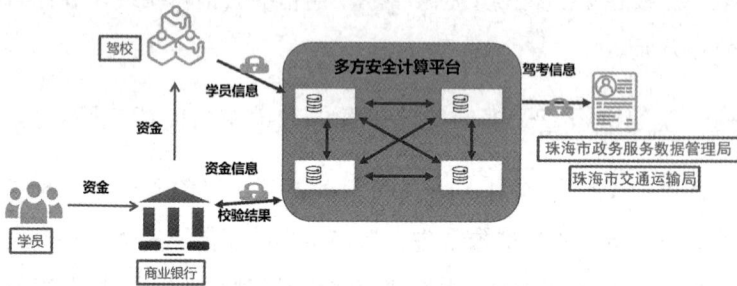

图5　基于多方安全计算的资金监管技术流程

应用成效：经评估，珠海驾校资金托管系统每年将有效支撑约6亿元驾校资金的有效监管。该系统依托多方安全计算平台，实现政务数据、金融数据与企业数据的安全共享，首创了隐私计算支撑的教育培训费用安全监管模式，切实保障了学员驾考资金的安全使用。

（四）北京国际大数据交易所的政务金融数据共享联合风控实践

案例背景：2020年新冠肺炎疫情突袭而至，某股份制商业银行北京分行为加大疫情防控金融支持力度，针对个人名下有房的客户群体推出无抵押消费贷新产品。为更精准控制贷款风险，该银行期望融合包括征信、房产、税务、公积金等在内的多维度客户信息。北京国际大数据交易所成立后，该行作为首期试用行参与试点，安全融合银行数据、北京国际大数据交易所政务数据，有效提升了该行的风控能力。

应用场景：首先，客户经由手机银行App申请借款。银行获得查询授权，在北京国际大数据交易所数据交易平台选择所需客户政务信息与算法。

之后，北京国际大数据交易所计算引擎调用该客户消费贷款中的房产风控数据，经密文计算后将结果反馈至银行风控系统。最终，银行依据结果判断客户是否准入，并结合客户征信报告、黑名单信息、个人信息、其他信息等，综合评估其信贷审批结果与授信额度（见图6）。

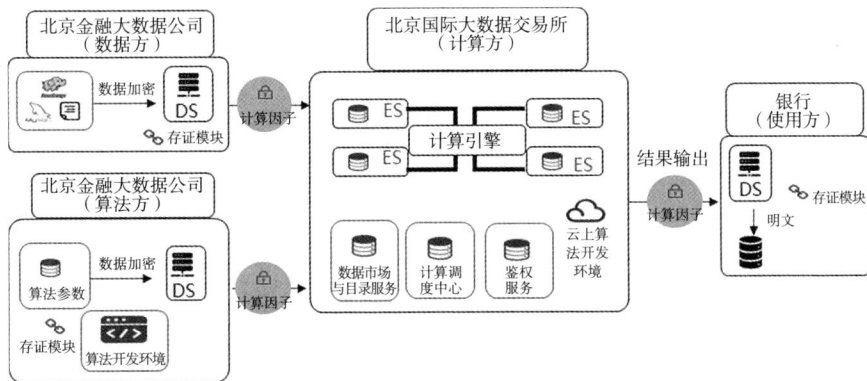

图6　基于多方安全计算的信贷审批业务流程

应用成效：多方安全计算技术保障了政务数据安全，推动金融机构开发利用高价值、高敏感房产数据，探索全新的政务数据商业化模式。银行方面，推动银行更好评估客户信用风险，提升该信贷产品的风控能力。客户方面，该方案升级线下服务为线上服务，大幅简化了信贷审批流程，节约了客户时间成本，有效提升客户体验。

四　金融数据要素共享与综合应用的前景展望

金融科技是数字经济产业的重要组成部分，金融业的数字化转型将有助于推动我国数字经济目标的实现，金融数据要素的重要地位已毋庸置疑。用好金融数据要素这种特殊的生产资料，积极推动解决数据的可持续、融合、高效、安全、开放、共享问题。一是数据要素共享的相关政策法规等仍须完善，并以此为依据建立友好的金融数据共享生态，促进开放共享的良性循环；二是仍须重点关注数据安全问题，在数据要素开放共享的基础上，始终将数据安全摆在至关重要的位置，共建金融业安全管理机制，加快推进适应性较高的数据安全工具的研发与应用；三是隐私保护计算等新兴技术因其具备保护数据安全、打破数据孤岛等优势，将加快推动金融数据要素共享与应用。隐私保护计算技术将实现数据价值的最大化，成为数据有序共享、深度综合应用的有力支撑。

B.6
金融业数据要素治理与安全保护

沈蓓瑾 等*

摘　要： 党的十九届四中全会首次提出将数据作为生产要素参与分配，"十四五"规划提出数字驱动与数字经济，中国人民银行发布的《金融科技发展规划（2022—2025 年）》指出应加强金融数据要素应用。金融业作为数据密集型行业，数据应用水平决定了其能否在整体经营与核心竞争力上实现跨越式提升，而数据应用水平有赖于数据治理与安全保护能力建设。本报告结合国家法律法规、行业监管与标准体系对数据质量、标准和安全等方面提出要求，介绍了近年来金融业在数据要素治理与安全保护方面的发展和实践情况，归纳总结数据要素在企业内部应用、外部流通方面面临的挑战。并提出通过借助隐私计算、构建数据中台、实施长效化数据治理、完善数据交易定价规则等多种手段，强化数据治理与安全体系建设的有益建议，为行业整体发展提供借鉴。

关键词： 数据要素　数据治理　数据安全　数据流通

一　金融业数据要素治理与安全保护发展概况

当前，数据要素正成为各国争相抢占的战略制高点，全球各国都在加快

---

* 执笔人：沈蓓瑾、夏雯君、武利娟、李耘平、王素雅、火雪挺、姜江、蒋秀峰。沈蓓瑾、夏雯君、武利娟，中国工商银行股份有限公司；李耘平、王素雅，网联清算有限公司；火雪挺、姜江，腾讯云计算（北京）有限责任公司；蒋秀峰，北京偶数科技有限公司。

推进数据要素治理和安全保护工作。金融业作为国家的核心关键行业，近年来在数据要素治理与安全保护领域快速发展，在立法监管、制度标准、场景应用、前沿技术等方面都取得了突破。

（一）国外金融业数据要素治理与安全保护发展概况

1. 世界主要经济体抢先布局数据要素治理国家战略

综观全球，各主要经济体均高度重视数据要素战略，持续深化数据治理、数据安全保护、数据要素流动等相关工作，从国家战略高度积极规划和布局。美国和欧盟分别主导和建立了全球最主要的两大数字经济治理体系。欧盟率先建立了以《通用数据保护条例》等多部法律法规为核心的数据立法框架和体系，助力欧盟建立单一数据市场。美国高度重视数字经济的发展，从联邦和州层面关注数据治理生态的营造，围绕数据开放共享、数据安全、国家安全保护等方面开展国家数据战略制定和立法工作。

2. 国外金融业数据要素治理与安全保护的趋势和启示

各主要经济体金融业数据治理和安全保护的道路虽然不尽相同，但是总体趋势和方向大体相近。一是模式转变，数据要素治理和安全保护的边界逐步从强化个体数据模式向全面关注个人信息保护、数据安全、数据主权、数据流通和市场自由竞争的数据治理生态新模式转变。二是立法趋严，金融机构违反数据安全等相关法律法规的情况将面临更严厉的处罚。三是寻求平衡，数据安全保护和数据价值释放并重，各国积极探索在安全可控的前提下实现数据价值最大化的路径。四是融合创新，各国普遍认可并鼓励金融机构开展数据共享、流通和应用，为其推进数字化转型提供支撑。

（二）我国金融数据要素治理与安全保护战略和顶层规划

1. 提升数据安全保障水平上升为国家战略

十九届四中全会以来，我国后发布各项政策文件，从国家战略、统一市场、产业发展三个层面对我国数据要素治理与安全保护工作谋篇布局。第一，我国把发挥数据要素价值和数据要素的安全治理放在重要的战略位置。

《"十四五"数字经济发展规划》明确提出要实现高质量数据要素供给，将强化数据全生命周期安全保护和治理作为重点推进任务。第二，我国加快培育统一的数据要素市场。建立健全数据安全、隐私保护、数据跨境传输、交易流通、数据共享、数据安全管理认证等基础制度和标准规范，推动数据资源开发利用。第三，我国大力发展大数据产业。《"十四五"大数据产业发展规划》强调要加强数据"高质量"治理，完善数据安全保障体系。

2. 金融业数据要素治理与安全保护的顶层规划

为了在"十四五"时期加快推进金融机构数字化转型，中国人民银行和中国银保监会根据我国新时期的发展战略，从顶层规划层面明确了金融业数据要素治理与安全保护方面的布局。一方面，数据要素潜能释放成为金融业的重点任务。中国人民银行发布的《金融科技发展规划（2022—2025年）》为金融业的数据要素治理与安全保护工作指明了方向，将充分释放数据要素潜能作为重要任务。另一方面，金融业数据治理范畴扩大。中国银保监会发布的《银行保险监管统计管理办法（征求意见稿）》明确要求银行保险机构将本单位监管统计工作纳入数据治理范畴。

（三）我国金融业数据要素治理与安全保护相关法律法规和监管体系

1. 相关法律法规逐步完善

目前，国家层面和地方层面都在加快完善数据治理和安全保护相关的法律法规。国家层面，形成由《网络安全法》《数据安全法》《个人信息保护法》《关键信息基础设施安全保护条例》《网络安全等级保护条例（征求意见稿）》《网络数据安全管理条例（征求意见稿）》构成的"三法三条例"体系，从国家法律层面建立健全数据要素安全保护的制度体系。地方层面，各省市结合地方实际发展情况，相继出台了地方数据条例，围绕公共数据开发利用、个人信息保护、数据安全等开展探索和先行先试。

2. 监管体系逐步完善

一是完善商业银行数据治理监管体系。中国银保监会发布《商业银行监管评级办法》，该办法将数据治理纳入商业银行监管评级要素，将数据真实性和准确性作为评判银行风险管理状况的基础性要素。二是提高数据安全和隐私保护监管要求。中国银保监会发布《关于银行业保险业数字化转型的指导意见》和《中国银保监会监管数据安全管理办法（试行）》，进一步突出和强调新时期金融业数据要素治理与安全保护的监管要求。三是突出消费者个人信息保护监管机制。《银行保险机构消费者权益保护管理办法（征求意见稿）》明确金融机构应当建立消费者个人信息保护机制，并将消费者权益保护考核纳入金融机构综合绩效考核体系。

（四）我国金融业数据要素治理与安全保护制度和标准

当前，随着我国数据要素市场进入快速发展阶段，国家正加快推进数据要素基础制度的建设。

1. 数据要素基础制度蓝图初步形成

数据要素基础制度建设成为破解数据要素"确权难、定价难、流通难、入场难、治理难"的关键。金融业从四个方面建立适用于金融机构的数据要素基础制度体系。一是建立数据确权机制，明确各参与主体的数据资产所有权、管理权、使用权等权属和职责。二是建立数据要素交易流通制度，推动金融机构在安全合规的前提下通过数据交易所开展场内数据交易。三是建立价值评估机制和利益分配机制，全面量化和激发数据要素的价值创造力和生产力。四是建立数据全生命周期的安全治理制度，保障数据全生命周期的安全治理工作。

2. 标准规范体系逐步完善

近年来，国家层面和金融业层面陆续出台了数据治理与安全保护相关的能力建设指引、评估模型和技术规范。一是强化数据治理能力建设。《金融业数据能力建设指引》等规范相继发布，为金融业开展相关工作指明方向。二是构建标准化评估模型。国家发布了以《数据管理能力成熟度评估模型》为代表的标准化评估模型，金融机构积极开展对标工作。

（五）我国金融业数据要素治理与安全保护需求和场景

1. 金融业数据要素流通场景多样化

数据在金融机构业务中发挥的作用日益重要，金融机构对数据的获取、存储、使用、管理等方式不断推陈出新，带来多样的数据要素流通场景。在对内场景方面，数据安全主要围绕数据采集、内部数据传输、数据存储、数据处理、数据销毁等全生命周期展开，保护重点在防止数据的丢失、篡改、泄露以及损坏等方面。在对外场景方面，数据要素跨业跨界合作日益增多，金融机构针对机构间联合建模、联合查询求交、联合统计分析等场景，构建数据要素价值释放的合作新模式。如何在原始数据不出域前提下，规范开展数据共享应用，实现"数据可用不可见""数据不动价值动"等目标成为重要课题。

2. 安全需求不断演化升级

传统数据安全主要包括应用安全、网络与平台安全、物理安全、终端安全、流程安全等，聚焦静态数据载体保护。相较于传统的静态数据安全，动态数据安全更关注数据流动过程的安全，需要在静态防护能力基础上扩展面向数据本身的分类分级动态防护能力。随着《数据安全法》《个人信息保护法》的出台，数据安全需求进一步升级，管理者须关注数据要素市场的主体权益保护，以数据伦理规范驱动数据处理，确保数据处于有效保护和合规利用的状态。

（六）我国金融业数据要素治理与安全保护前沿技术

1. 智能化治理技术成为数据价值释放的重要保障

随着大数据处理技术、人工智能技术的迅速发展和应用场景的不断拓展，金融业积极将人工智能技术应用于数据治理工作，实现智能化的数据分类目录构建、数据质量监控分析、元数据管控、数据安全标准贯标、数据血缘全链路分析。在大幅减少数据治理工作的人力投入的同时，有效提升治理成效，实现高质量、高价值数据要素的供给、融合和应用。

2. 隐私计算平台成为数据要素融合应用的新途径

根据《金融科技发展规划（2022—2025年）》的顶层部署，近年来金融业积极应用联邦学习、多方安全计算、区块链、差分隐私等技术，探索建立跨主体数据安全共享隐私计算平台，在保障原始数据不出域前提下，开展数据共享场景创新和应用，确保数据交互安全、范围可控、使用合规，实现"数据不动价值动"。

二　金融业数据要素治理和安全保护探索与实践

（一）网联清算有限公司基于标准化引领的数据治理实践

金融业作为数据密集型行业，开展数据治理能力建设是金融业数字化转型发展的必经之路。但由于系统复杂、业务数据繁多，金融机构数据治理能力亟待提升。金融机构数据治理能力的短板主要表现在数据标准不统一、数据质量有待提升、数据应用难落地、数据价值未充分释放等方面。在中国人民银行、国家标准化管理委员会和全国金融标准化技术委员会的指导下，网联清算有限公司（以下简称"网联"）贯彻"标准先行"理念，积极参与《个人金融信息保护技术规范》（以下简称《规范》）的建设工作，并参照《规范》要求，制定具有网联特色的数据分类分级管理办法，建立数据分类分级"2+7"业务模型。

第一个维度是"数据分类"。网联数据分类以数据的自然属性为分类基础，以业务属性为分类导向。业务部门作为数据分类的主责部门，遵循科学性、稳定性、实用性和扩展性的分类原则，将公司数据划分为经营管理、风险合规、技术运维、业务发展等数据大类。该分类原则在全面覆盖公司结构化和非结构化数据的同时，体现了数据类别间的逻辑关系，具有较强的概括性和包容性。

第二个维度是"数据分级"。网联数据分级遵循合法合规、可执行、差异性和客观性原则，综合评估数据对象影响范围和数据泄露影响程度，建立5级数据分级体系。全面覆盖公开数据、统计数据、公司商业秘密数据、国家秘密数据等不同重要性的数据；充分考虑数据加工处理、汇聚融合等场景下数据级别的动态调整；针对日常使用频次高、使用范围广的数据形成数据定级指引示例，构建可理解、可执行、可评价的数据分级管理机制。

网联通过实施标准化引领策略,进一步增强了数据治理能力,建立起以分级分类管理为核心的企业级数据全生命周期管理框架,为推动后续数据要素安全、合规、高效应用奠定坚实基础。

(二)中国工商银行基于科技赋能开展的数据安全保护实践①

中国工商银行对标《数据安全法》《个人信息保护法》,结合全行发展战略,为满足规模化用数、"普惠"用数、跨机构共享用数等日益旺盛的数据需求,持续提升数据保护治理能力,倾力打造技术平台,为数据要素价值的释放提供安全保障。

在行内安全用数赋能方面,为保障数据分析师用数安全,防止因数据泄露、非授权访问、被篡改等问题引发的数据安全风险,工商银行搭建数据安全技术平台,通过分类分级、数据控权、数据脱敏、触点管控、用户行为监控审计等,为基层分析师用数场景提供数据全生命周期安全保护解决方案。该方案保障了全行1.5万名分析师、全年500余万笔分析师用数场景的安全。

在跨行业实现数据要素融合方面,为响应国家号召、拓宽小微企业服务覆盖面、实现精准放贷,中国工商银行通过联邦学习等隐私计算技术,利用某重要外部合作方数据,赋能银行普惠信贷风控及获客场景。在各方数据不出库的情况下,实现数据联合建模,其中小微企业画像业务模型相比中国工商银行单方数据模型性能提升约20%,户均授信提高30%,有效降低获客成本,进一步满足小微企业融资发展需要。

中国工商银行通过打造技术平台提升企业级的数据安全防护能力,既确保了内部用数的安全,又能在数据不出域的情况下实现外部数据共享,为数据要素价值的释放提供安全保障。

(三)中信建投证券基于腾讯云的大数据平台应用

金融业信息化起步较早,随着数字化的发展,不可避免地会面对数据源

---

① 本节数据均来自中国工商银行内部经营数据。

多样异构、数据源孤岛等问题。证券行业内部有多种数据源需要统一集成到大数据平台，覆盖离线和实时接入等多应用场景，降低数据使用成本及运维管理复杂度。为此，中信建投证券（以下简称"中信建投"）的大数据平台基于腾讯云大数据平台，从编译环境搭建、部署适配、功能验证等多维度出发，深度满足自主可控需求，涵盖芯片、操作系统、服务器等领域，全面支持数据集成、数据存算、数据分析等多场景。

在数据采集方面，中信建投大数据平台搭载高效稳定的数据集成平台，具备复杂网络环境下丰富的异构数据源之间高速稳定的数据移动及同步能力。该平台可以通过快速连接和融合云上或云下自建的各种数据，解决数据平台构建、数据库迁移备份，以及业务升级、整合，数据访问加速、全文检索等多个场景的数据整合和同步问题。

在数据要素的信息价值探索方面，中信建投大数据平台搭载了全场景大数据存储、分析和管理工具，拥有优化的开源组件、腾讯云自研组件与工具。尤其在大规模关系数据的多维分析场景中，腾讯云的自研数据仓库引擎可以实现企业级数仓能力和万亿级关联查询秒级分析，同时升级海量数据汇聚能力，全面优化数仓构建和大数据湖仓一体方案。

中信建投大数据平台对各种不同数据源进行配置、管理以及元信息同步，通过离线任务及实时任务实现不同场景下的数据集成，构建企业级数据湖平台，对外提供数据接口供其他业务系统调用。

（四）偶数科技新一代监管数仓

当前数据应用类系统的工作特点是：基于统一数据治理的成果，结合数据应用需求特点，按需进行治理并应用（这里的统一数据治理成果特指数据仓库；按需治理特指在进行数据应用开发过程中的数据治理，包括数据模型的设计）。系统建设抽象流程见图 1。

1. 设计数据模型环节

实操中，应用层模型设计大多是形式，约等于监管要求的结构；基础层模型则是基于业务+数据调研的成果，在数据源结构之上，通过合并、降范

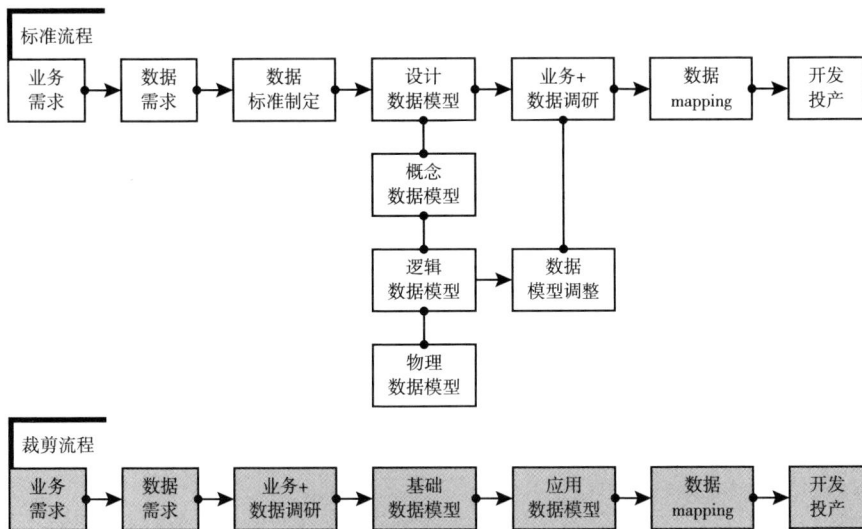

图1　系统建设抽象流程

等操作完成基础层数据模型设计。这种方式的价值更多体现在降低数据开发技术的难度上，但无法避免底层业务种类繁多导致的系统易用性差的问题。

2.业务+数据调研环节

监管精神已经很明确，即风险监控要看业务的本质。实操中，该环节涉及多方业务和技术角色，调研多采用自上而下的方式，由于主导方自身的业务知识局限以及该类项目的成本投入限制，不可避免出现两种情况：一种是挤牙膏式调研，另一种是监管精神理解差异引发的倒豆子式调研。以上两种情况受人员投入和项目周期两类因素影响，较难解决，因此亟须运用技术手段。

可以说，无论是业务口径偏差还是行为偏差，在系统建设层面，问题都体现在数据模型的设计上。由此，偶数科技提出了"基于业务本质进行数据治理"的方法并在监管领域进行实践（见图2）。

在实践中，偶数科技以EAST数据为基础，按照业务本质以及监管对业务的理解，对行业标准数据模型（ISD-LDM）进行扩展。经过扩展，该数据模型向下可以有效降低业务复杂度，提升数据易懂易用性；向上可以提升监管报送的准确性和一致性；横向可以提升金融机构内部数据应用效率，减少

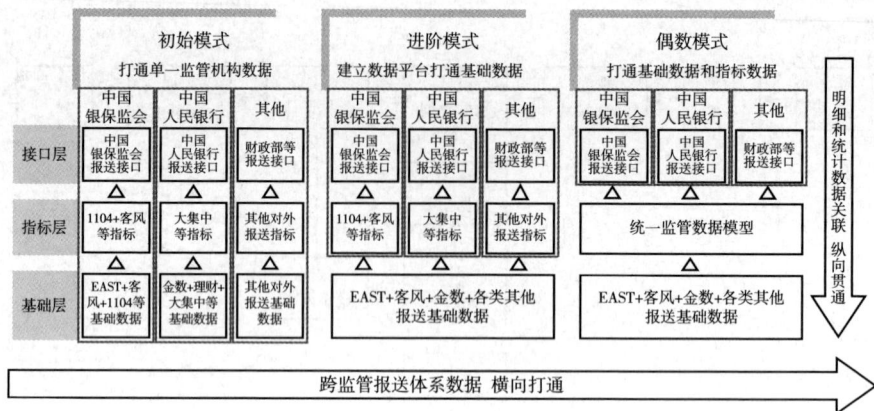

图 2　基于业务本质进行数据治理

数据冲突。同时，偶数科技采取自下而上的方式，运用技术手段，结合数据资产盘点的方法和成果，完成业务+数据调研，扩展调研覆盖面，以有效全面的业务解读支持后续数据分析工作。

偶数科技提供自研的数据工具配合"基于业务本质进行数据治理"方法的实施（见图3）。

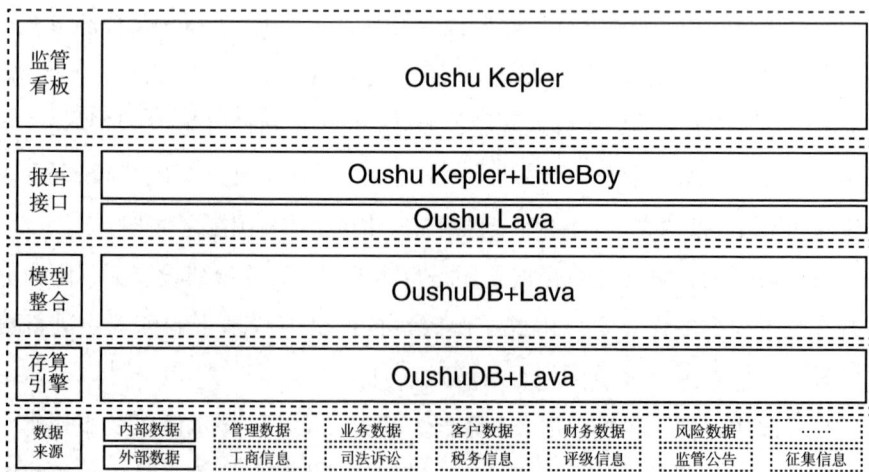

图 3　偶数科技产品对应模块

部分系统建设亮点如下。

（1）基于 OushuDB 特性，夯实监管数据治理的技术基础

根据监管政策要求，监管数据治理的对象是全行数据资产。

由于传统大数据技术不具备同时支持海量数据统一存储、高并发数据访问、灵活扩展计算和存储资源的能力，金融机构出现大量的物理数据孤岛和数据冗余，增加了数据治理工作的难度，严重影响了数据治理工作的效率和效果。为解决上述问题，提升数据治理的效率和效果，偶数科技自主研发了云原生数据库 OushuDB。

（2）基于 Omega 架构实现流批一体的全行统一数据处理框架

监管部门在要求金融机构进行数据治理及数据报送等工作的同时，还表达了基于监管数据治理成果提升金融机构数据能力的期望。所以数据治理需要面向全数据流程，包括实时/批量、内部运营/监管报送等各类数据应用场景。基于此，考虑到 Kappa 架构实际落地困难，Lambda 架构又难以保障数据的一致性，偶数科技设计研发了全实时流批一体 Omega 架构，同时满足实时流处理、实时按需分析和离线分析应用以及数据治理相关工作。

三　金融业数据要素治理与安全保护的挑战与对策

（一）金融业数据要素治理与安全保护面临的挑战

1.数据要素流通场景多样化的挑战

金融业数据要素流通场景具有多样化的特点。内部流通时，不同团队需要融合数据、分析数据来获取业务价值；外部流通时，会涉及数据共享、数据交易等流通场景，有时还会存在要求"数据不动计算动"的安全保护场景。

在使用数据工具分析数据的过程中，难免会发生误操作的情况。这种误操作可能造成严重的业务错误、数据丢失甚至是数据泄露。

此外，在数据联合使用的过程中，虽然采用传统手段可以实现联邦查

询，但难免会产生数据泄露的问题。因此，在联邦分析的过程中，如何保障各参与方既不会泄露各种数据，又能参与融合计算成为一种新的挑战。

2. 数据要素治理长效化的挑战

传统项目制的数据治理工作虽然有明确的工作边界、交付目标，但正是这种边界造成了治理工作缺乏常态化、长效化的成果。通常独立的数据治理项目是事后治理，且随着项目的结束治理工作也可能停止，这导致治理成效难以为继。因此亟须能支持金融业数据要素持续治理、持续见效的长效方法与工具。

3. 数据要素使用合规的挑战

2021年8月20日，十三届全国人大常委会第三十次会议正式表决通过《个人信息保护法》，并于2021年11月1日正式实施。《个人信息保护法》共设8个章节74个条款，针对个人信息的处理规则，个人信息主体的权利，个人信息处理者的义务、监管职责及方式以及法律责任做了全面的规定。

如何确保用户充分知情、如何保证数据处理活动合法合规、如何在最小范围内处理个人数据、如何对合作的第三方个人数据处理活动进行管理、如何保障用户行使个人数据相关权利等议题是在此新背景下亟须解决的新问题。

4. 数据要素市场化配置的挑战

确权困难与价值及成本无法被可靠地计量，是数据全面资产化和数据要素有效参与市场化配置面对的两大挑战。特别是从《会计法》和《审计法》的角度来看，不能被可靠计量的数据要素就无法进入金融企业的资产负债表，就不能作为真正的资产来看待，这也阻碍了数据要素的市场化配置。

数据要素的信息价值是通过信息的传递体现出来的。通常数据信息流通的范围越广、持续的时间越长、能解决的不确定性问题越多，那么其就越有价值。然而目前在实践中信息价值的量化体系尚不明确、标准尚不统一。数据要素的成本量化需全盘考虑整个生命周期中数据存储、计算、服务涉及的硬件、软件、人力、网络等成本开销，并在合理的账期内进行分摊处理。

（二）金融业数据要素治理与安全保护采取的对策

1.数据要素流通场景多样化的对策

首先，建议结合数据沙盒与监管沙盒的优势，构建数据要素监管沙盒，并采取事前、事中、事后的全链路数据保护手段，通过平台工具层、平台服务层与底层引擎层，提供针对数据操作的事前高危命令识别、事中高危操作阻断与事后数据恢复能力。

其次，结合"数据可用不可见"的隐私计算与"数据不动计算动"的联邦分析，形成面向隐私保护的数据隐私计算框架，解决跨数据源的安全联合数据分析问题。在联邦表连接场景下，不同的参与方通过在本地分别启动独立计算任务，共同完成联邦表连接。各个独立的计算任务之间只交互加密中间计算结果，并且利用这些中间计算结果不能反推对方的明细数据。

最后，可以打通区块链网络和隐私计算技术中的可信执行环境，充分发挥区块链网络和可信执行环境的优势。具体过程是在链上完成数据授权，数据提供方会把数据加密传入可信执行环境，数据计算结果在可信执行环境中完成，最终结果加密以后传出，全程不会暴露数据明文，最大限度实现"数据可用不可见"。

2.数据要素治理长效化的对策

在数据工程开始前，通过咨询、梳理等方式构建起金融企业级的数据治理体系，并将所需的治理内容、流程、管理机制等沉淀于线上的治理工具。

在数据工程实施的开发测试阶段，平台从链路源头开始落地数据治理成果，包括在落地层或贴源层建模时引用标准、在测试时配置质量任务、在查询时配置访问策略等；在投产阶段，对于需要提交到生产环境的所有数据任务除了代码测试外，也纳入标准对标与质量稽查任务的测试环节，只有三者都通过后才允许提交投产，若三者有一项未达标，则从流程上进行自动化阻塞，形成事中数据治理模式。

在数据工程实施结束后，启动事后治理工具进行整体复盘与复查，最终输出有关治理效果的报告文件。

由于整个过程一体化、线上化，无论是事前、事中还是事后发生的治理规范改动都可以借由平台工具自动反映到数据工程的各个环节与流程中，减少了冗余治理的成本、降低了"少检、漏检"的风险、避免了治理不到位给数据业务带来的负面影响，大大提升了数据要素治理的效率。

3. 数据要素使用合规的对策

首先，对个人信息处理情况进行全面梳理，绘制相应的数据地图，充分了解企业主体在数据采集、存算、使用、处理、传输、服务（含跨境流通服务）、公开、删除等个人信息处理环节涉及的个人信息的具体情况。

其次，进一步分析判断不同个人信息处理场景下对具体个人信息字段进行处理的合法性，评估其合规性并考虑是否需要优化。

再次，梳理目前是否具备对用户个人信息权利（如撤回权、拒绝权、删除权等）的响应能力，并基于梳理情况对 App 以及客服坐席等配套功能进行完善。根据《个人信息保护法》对照梳理各项有关个人信息保护措施是否存在缺失或不足（如制度文件是否缺失、个人信息安全影响评估制度是否建立等），并据此进行优化调整。从业务、产品、技术、合规等多个角度共同评估并制定具备可行性的优化方案。例如，停止不必要的个人信息处理活动，精简不必要的个人信息字段收集和对外提供，优化调整 App 页面交互设置逻辑，配置必要的"单独同意"界面。

最后，根据《个人信息保护法》的术语体系及合规要求更新 App 功能页面、隐私政策与各类授权文件，配置必要的"单独同意"授权书。值得注意的是，更新隐私政策与调整 App 功能界面，应当是合规自查及整改工作的终点，而不是起点。

4. 数据要素市场化配置的对策

（1）信息价值的量化对策

建议从以下八个方面入手，构建数据要素信息价值的量化评估体系。

一是数据关联度，数据与业务应用实现之间的关联匹配情况。

二是数据有效性，数据对业务应用场景的降本增效、价值变现起到的作用。

三是数据准确性，数据对被描述对象语义表述的确切程度。

四是数据真实性，数据反映被描述对象的真实情况的程度。

五是数据客观性，数据在处理过程中是否受到主观因素的影响及被影响的程度。

六是数据可靠性，数据在其生命周期内保持完整、一致与准确的程度。

七是数据时效性，数据的更新服务是否及时且满足服务需求。

八是数据独特性或称数据的稀有性，表示与其他数据提供者的差异化程度。

（2）构成成本的量化对策

建议尝试从以下三个方面入手，构建数据要素构成成本的量化评估体系。

一是建设成本，包含数据的规划、采集、存储、加工处理、建模与标签画像软件、硬件及人力成本。

二是运营成本，包含数据持续存储、持续融合汇聚、持续加工建模，数据算法优化，信息及洞察挖掘，数据资产维护，数据设备折旧及人力成本。

三是管理成本，在建设和运营期投入的直接或间接管理成本，包括人力成本，办公、水电、宽带、机房、物料等间接成本，风险成本，销售成本及市场活动的服务外包成本等。

四 金融业数据要素治理与安全保护的前景展望

数据要素治理与安全保护是系统性工程，需要国家立法部门、政策制定部门、监管部门引导和组织相关企业相互协作，合力应对数字经济时代的数据要素治理与安全保护风险和挑战，尽快为我国金融业建立和发展数据要素治理与安全保护生态体系，促进数字经济健康有序发展。

一是平衡发展与安全，加速建立数据要素治理与安全保护机制。以用户、企业、国家三方权益保护为目标，平衡发展与安全，加速建立更易落地、更易推广的数据要素治理与安全保护机制，包括组织建设、制度规范建设、管理流程等。

二是数据安全技术持续升级，赋能金融业内外部数据要素流通场景。一方面，根据企业安全管理需要优化数据安全基础技术。另一方面，发展隐私计算等新兴技术，促进金融数据的对外融合。

三是推动金融业标准化、智能化转型，提升数据安全治理评估与运营水平。随着企业加强和深化数据要素治理和安全保护，运营和管理成本在持续上升。企业可采用人工智能技术和自动化技术替代线下管理，例如自动化数据分类分级、智能客服机器人等。

基础设施与技术篇

Infrastructure and Technology

B.7

金融行业绿色高可用数据中心建设实践

龚慧钦 等*

摘　要： 在贯彻实施国家数字经济战略、助力实现"双碳"目标的前提下，高可用及绿色低碳可持续发展是金融机构数据中心建设运营的重要方向。本报告基于新基建数字底座、"双碳"目标、数字化转型等外部政策，结合近年来金融机构在数据中心"研究、建设、运营"全生命周期的实践，阐述金融行业绿色高可用数据中心的关键要素及最佳实践。综合业务需求并结合国家枢纽节点布局，统筹各类资源，在能源侧实现绿色降碳；搭建智能管控系统，显著降低制冷系统能耗，在机电侧实现绿色降碳；采用高算力、低能耗 IT 设备及技术，从 IT 设备源头进行绿色降碳；建立数字化运营管理体系，用数字赋能高效，用"智能"创造"绿色"；结合基础设施硬件生命周期，循环改造升级基础设施，持续提升绿色降碳能力。

---

* 执笔人：龚慧钦、陈庆、夏铭、杨生、秦开江、戴勇。龚慧钦、陈庆、夏铭，中国工商银行股份有限公司数据中心；杨生、秦开江、戴勇，泸州银行股份有限公司。

关键词： 高可用数据中心　金融行业　绿色发展

随着我国经济的腾飞，我国金融行业也得以高速发展。金融科技作为服务实体经济的重要引擎和支撑金融行业高速发展的关键基础设施，在金融发展的过程中一直起着至关重要的作用。金融数据中心作为金融科技的基础支撑和数字基座，为适应和满足金融业务高速发展的需要，其体量、规模、算力等方面均出现快速增长和提升。

习近平在联合国大会上向国际社会承诺"双碳"目标[①]，工信部印发的《新型数据中心发展三年行动计划（2021—2023 年）》提出未来数据中心 PUE 值降到 1.3 以下的目标，为我国数据中心的绿色发展指明了方向。[②] 中国人民银行印发的《金融科技发展规划（2022—2025 年）》提出新时期金融科技发展的方向，明确了金融数据中心数字化转型的总体思路。近年来，国家层面提出的绿色和数字化转型要求，正推动金融数据中心向着更绿色、更高效、更智能、更安全的方向发展。

新时期，伴随金融应用场景、业务流程、业务数据、业务规模等的不断演变和国家各层级政策要求、指引、任务、规范的逐步出台完善，"绿色低碳安全高效"理念贯穿数据中心"规建维优"全生命周期。通过高阶统筹规划、提升纵深防御，结合先进节能的制冷和配电技术、智能高效运维等手段，建设高可用、高安全、高能效、高算力的数据中心。

一　金融行业绿色高可用数据中心建设实践历程

金融行业在维持社会经济正常运转等方面发挥了极为关键的作用，安全

---

① 《习近平在第七十五届联合国大会一般性辩论上的讲话（全文）》，"新华网"百家号，2020 年 9 月 22 日，https://baijiahao.baidu.com/s? id=1678546728556033497&wfr=spider&for=pc。

② 《新型数据中心发展三年行动计划（2021-2023 年）解读》，知乎网，2021 年 8 月 5 日，https://zhuanlan.zhihu.com/p/396619341。

和高可用是其数据中心建设需要满足的基础要求。金融行业绿色高可用数据中心建设实践历程主要包括初期雏形阶段、治理转型阶段以及创新发展阶段。各个阶段在时间、特点、设计、技术、运维等方面有明显差异。

（一）初期雏形阶段（2000~2010年）

2000~2010年为初期雏形阶段，也是数据集中阶段。金融机构对分散在全国的网络信息系统进行集中化部署，建设统一的数据中心。如工商银行的"9991工程"。通过该工程，工商银行在北京、上海两地建立覆盖全国所有网点、所有业务的大规模数据处理中心，实现银行电子化系统由分散到集中、由机房差异化到统一管理的转变，奠定了金融信息化发展的基础。

在该阶段，国内高等级数据中心建设还未有明确的规范，主要通过借鉴国内外数据中心建设最佳实践经验，参照最高等级的冗余容错独立机房建设数据中心。大型高可用的专用服务器，很少或根本不使用虚拟化服务器，非常依赖物理硬件。考虑到保密的要求，机房区域要与办公区域分离，并使用专用变压器，引入进口大型UPS系统并机供电。机房制冷普遍采用风冷直膨精密空调冗余系统，整体耗能高。运维方面，由于对动力设备、网络设备等的监控覆盖不全面，数据中心通过专业运维团队采用人防加技防的监控管理措施保障数据中心整体运行安全，并逐渐建立起各类运维体系。

该阶段的主要特点是数据中心从分散走向集中，通过冗余容错设计在硬件层面实现高可用；从通用设备走向大型专用设备，运维体系初步建立，专注于安全高可用，对能耗敏感度较低。

（二）治理转型阶段（2011~2020年）

2011~2020年为治理转型阶段。数据集中部署到数据中心虽然使管理变得更加便捷，但也导致了风险的集中，各金融机构对风险越来越重视。在治理转型阶段，金融数据中心开始参照T4标准进行机房建设，网络架构逐步向"两地三中心"的模式发展，系统架构开始采用虚拟化、云等新技术。机房电气方面，设计容量大幅提升，引入双路独立110kV供电及高压发电机组，电力密度逐步提升，开展中高密度机房应用实践。机房制冷方面，引入能效水平更高的集中水冷冷源站，采用异构冷源等手段保障供冷安全和节能降耗。运维方面，引入 IT 最佳治理实践等标准化管理体系，结合数据中心基础设施管理系统（DCIM）、环境管理、运营维护、灾难备份、外包服务等，对数据中心进行全方面治理，提升数据中心容错容灾能力。

该阶段的主要特点为数据中心规模进一步扩大，机房容量、供电密度逐步提升，集中化管理的风险管控水平提高，运维管理体系逐渐完善。数据中心建设开始关注能耗水平，逐步引入绿色节能理念。

（三）创新发展阶段（2021年至今）

进入 21 世纪 20 年代，金融数据中心在"双碳""数字化转型"的顶层设计指引下进入创新发展阶段，开始向着高技术、高算力、高能效、高安全的绿色、高可用方向发展。

金融数据中心设计建造方面，在国标 A 级机房的基础上，通过预制化、模块化、平台化等手段，缩短建造周期并对建造活动进行灵活部署。系统方面，分布式、云化的全面推进，逐步形成多地多中心的物理布局理念。机房电气方面，引入能效水平更优，扩展性、灵活性更高的 UPS，以及高压直流、智能母线技术。机房制冷方面，液冷、自然冷却、高水温、近端供冷等丰富多样的节能提效技术逐步推广。运维方面，随着 DCIM 的智能化，智能巡检技术、计算流体力学（CFD）技术等手段的应用，使金融数据中心管理实现了"先知、先觉、先行"，金融数据中心运维能力得到提升。

在创新发展阶段，金融数据中心朝着全面云化、多地多中心方向演进，电气、制冷、运维等各领域绿色、节能、智能技术广泛应用，绿色低碳、高效安全、智能便捷等理念已成为行业共识。

二　金融行业绿色高可用数据中心
建设运营的关键要素

数据显示，目前数据中心总体能耗已占全社会用电量的 2.81%，由于数据中心产业的高速发展，这一比重还在迅速增加。在"双碳"战略和数字化转型目标下，金融行业作为推动绿色高可用数据中心建设的实践者，对数据中心相关政策规范进行研究解读，结合自身数据中心建设运营经验和新技术研究成果，提出建设运营新一代绿色高可用数据中心的四个关键要素分别是统筹规划、纵深防御、智能运维和绿色节能。

（一）统筹规划

在国家"双碳"战略、《新型数据中心发展三年行动计划（2021—2023年）》和《金融科技发展规划（2022—2025年）》指引下，金融数据中心应积极贯彻新发展理念，强化数据中心全生命周期发展的顶层设计。

在规划选址阶段，数据中心的建设应综合考虑地方政策、资源保障能力，该地的政策、资源供给要满足金融业务发展需求。通过经济技术分析选择自然冷源充分以及可再生能源丰富的区域，因地制宜采用风能、太阳能等绿色电力，提升自然冷源利用率。在对金融数据中心进行规划设计时，就应充分考虑降碳要求。同时，按照国家发改委发布的《关于严格能效约束推动重点领域节能降碳的若干意见》，新建超大型、大型数据中心应优先布局在国家 8 个枢纽节点和 10 个数据中心集群范围内。

在设计建设阶段，金融行业绿色高可用数据中心应结合自身业务发展趋势按需、分期建设，应具备周期内的动态扩容调整能力，提升资源利用水平，减少初期投资。电气方面，应采用更高效的技术架构和可再生能源，提升供电效率，减少能源损耗。制冷方面，应按气候资源条件合理设计制冷架构，充分利用自然冷源，降低制冷能耗。

在运维优化阶段，应搭建智能管控系统，提效减负，用"智能"创造"绿色"。采用更高算效的 IT 设备，在能耗相同的前提下实现更多算力，提升算力水平；建立能效运管体系，实现对能效的长期管理，持续提升能效水平；结合生命周期，改造升级老旧基础设施。

（二）纵深防御

安全是金融数据中心的底线，需要横向到边、纵向到底的全方位安全防御体系。

横向是指按照系统、机房、城市等容灾目标，积极采用多活冗余技术构建高可靠、多层级容灾体系，满足日常生产、同城灾备、异地容灾、极端条件能力保全等需求，从物理层面形成高可用数据中心格局。同时建立健全数据中心管理制度，实现从人员进出、设备管理到生产控制、风险防范等全方位全链条的可管可控，从规章制度层面保障数据中心的高可用。另外，加强管理、树立安全意识和加强专业技能培训，从人员素质层面保障数据中心的高可用。

纵向是指加速推进金融数据中心转型，解决供应链本质安全问题。金融数据中心应在基础硬件（芯片、存储、整机）和基础软件（操作系统、数据库、中间件）领域扩大使用规模，着力加快全栈系统改造和信创云建设，并充分发挥其示范效应，缓解信息技术供应链安全风险，建设金融数据中心安全防御纵深体系。

（三）智能运维

随着金融数据中心规模的扩大，基础设施以及信息系统架构日渐复杂，由事件驱动的传统运维模式已无法满足金融数据中心发展的需要，智能运维成为进一步提升金融数据中心服务能力的关键手段。

智能运维是以数据为基础、算法为核心的实现事前预测、事中监控、事后分析等多场景维护的技术手段。数据是智能运维的基础，应做好数据感知和清洗，供后台算法进行模型训练。一是深化各类自动化传感器在数据中心全场景的部署应用，完善场景数据供应链和节点感知能力。如引入数据中心基础设施管理工具，通过统一的管理平台对数据中心 IT 设备和基础设施进行实时监控、管理和数据收集。二是做好智能运维场景的挖掘以及数据治理清洗，为智能运维算法提供基础信息保障。如巡检场景引入智能巡检机器人技术替代人工，通过自动化、电子化新技术手段完善数据采集、治理，并支持用户对提取结果进行溯源查看。三是加强不同场景数据对算法和模型的训练优化，根据场景特点、规则形成的算法和模型库将成为未来金融数据中心的核心竞争力之一。如利用相关算法对运维监控数据进行分析，对电池、光模块、硬盘等设备生命周期进行预测，避免突发损坏影响数据中心业务系统运行，实现故障预防性维护。

（四）绿色节能

"双碳"战略实施以来，中央及地方政府针对数据中心出台了一系列节能降碳政策，要求数据中心实现绿色节能可持续发展。绿色节能是数据中心的社会责任和生存之道。

金融数据中心要积极应用绿色节能技术和清洁可再生能源，加快老旧数据中心绿色化建设与改造，加强能耗数据监测与管理，到 2025 年实现数据中心电能利用效率普遍不超过 1.5，新建大型、超大型数据中心电能利用效率不超过 1.3 的目标。主要从 IT 设备、制冷、供配电方面入手打造绿色节能数据中心。

IT 设备方面，在设备选型环节，部件方面应遵循精简原则，减少不必要的硬件配置；应优先选用相同技术指标下功耗较低的部件，如服务器采用铂金级或钛金级高转换效率的 80PLUS 认证电源模块、采用具有 PID 调速机制的风扇、具备智能动态能耗管理的处理器等，优先选用具备空闲器件休眠、功率自动调节、风扇分区调速等特性的网络设备。整机方面应优先使用高集成度和智能化的设备，如采用能效水平较高的液冷设备等。在设备运行环节，应采用虚拟化、云计算等技术提升服务器设备使用率，采用虚拟设备（VDC）、扩展虚拟局域网（VXLAN）等网络虚拟化技术提升网络设备复用率，提高整体资源使用效率。可采用负载智能调度方法，确保 IT 设备功耗与机房制冷能力协同、IT 设备功耗与可再生能源供应能力协同，通过精细化控制提升节能水平。采用高能效低功耗的 ARM 架构服务器替换传统 X86 架构服务器。在数据中心大规模部署 ARM 架构服务器，使机房算力更"绿色"。

制冷方面，应从架构提升、设备提效、控制优化等层面促成制冷系统能效提升。具体技术方面，一是优化制冷系统架构，充分利用自然冷源，减少机械制冷。针对不同的系统形式采用不同的自然冷源：水冷冷冻水系统应考虑采用冷水机组与板换串联架构；风冷冷冻水系统可以选择自带自然冷却盘管的设备；风系统可以采用直接新风冷却、间接蒸发冷却等系统架构；制冷剂系统可以通过增加氟泵来利用自然冷源；液冷系统通过冷却水闭式循环实现对自然冷源的全年利用。二是采用更高效的制冷设备，提升制冷系统能效。如冷源端可选用高压变频技术、降膜换热器技术、永磁同步技术、磁悬浮技术；传输端采用变频水泵系统设备，实时调节冷水流量，精确匹配系统末端负荷需求，降低输送能耗；制冷末端可采用变频压缩机、EC 直流交变风机、等焓湿膜加湿等技术产品，实现末端空调的节能。三是优化气流组织，实现近端供冷。可采用行级制冷、机柜级制冷、液冷等近端制冷典型技术，减少制冷气流输送的距离，减少冷量输送损失，降低制冷末端设备的风机能耗；同时，近端制冷可实现差异化、精准化制冷，从而更好地消除局部热点，提升服务器装机密度。四是合理提高机房温度，提升供冷温度。可以通过提高机房空气循环温度，提高冷冻水或制冷剂的循环温度，降低冷量传输过程中的损耗，来减轻机组运行负载，并显著降低制冷系统能耗和改善设备健康状况。同时，高水温供冷有利于延长全年自然冷却利用时间。五是智能运维技术，寻求最优控制策略。利用智能运维技术，在实时运行过程中寻找最优控制策略，从而获得全局最优能效的控制参数，实现冷源站各制冷设备之间的更高效协同运行，从而进一步降低能耗。

供配电方面，应从架构简化、设备节能以及绿电引入等层面促成供配电系统的绿色节能。一是供电架构简化，减少电流变换环节。不间断电源系统从传统 2N 交流 UPS 逐渐转向逆变环节更少、效率更高的 HVDC，甚至朝市电直供方向演进。二是更高效的供电设备，如高频 UPS、微模块化 UPS、旁路 UPS、HVDC 等不间断电源新技术。三是绿色电力与储能。通过自建分布式绿电、收购绿电站、专线绿电、购买绿证等方式利用可再生能源，逐步提升可再生能源利用率，实现数据中心的脱碳转型。自建或社会合作建设蓄能电站，赋能供配电系统的平稳运行以及峰谷负荷调整，保障数据中心的安全可靠运行。

三 展望金融数据中心未来发展方向

随着我国经济的快速发展，金融数据中心将继续朝着更庞大、更绿色节能、更安全可靠、更敏捷智能的方向发展。

（一）更绿色、更低碳的金融数据中心

为满足国家"双碳"目标的要求，积极响应国家"东数西算"工程，在能源充足、气候寒冷适宜的地区新建超大型数据中心，充分利用当地的绿色可再生能源及优越的冷却环境条件，将深耕研究的技术落地，建设更高能效（PUE<1.25）、可再生能源占比高的绿色低碳金融数据中心。

（二）更安全可靠的金融数据中心

推进"两地三中心"架构向"多地多活中心"架构演进，通过单元化、基于共识机制的数据存储等技术推进"云边端"协同，优化整体IT架构布局，建设更安全、更可靠、算力更强的金融数据中心。提升云网之间、云边之间、边边之间、端边之间的多层级资源协同、数据协同、技术协同能力，构筑更有层次的服务网络，进一步提升客户体验。建设覆盖全球的金融算力网络，支撑全球业务发展。

（三）更便捷、更智能的金融数据中心

推进数据治理，建立统一的、标准化的数据格式，实现数据在运维工具间的流动和共享。通过统一对运维数据进行采集、清洗和存储，利用算力资源对多源数据进行关联分析和挖掘，从而将运维数据转化为知识和洞察力，为智能运维提供动力。提升事前预测、事中监控、事后分析、随需扩容、及时应急等多场景运维能力，从而提升数据中心服务能力；通过建设一套强大的数据中心基础设施智能运维系统，实现数据中心多场景协同，实现设备和

机房运维的"自动驾驶",建设真正的"无人机房",打造更便捷、更智能的金融数据中心。

（四）创造数字价值的金融数据中心

数字经济时代,"一切业务数据化,一切数据业务化"。所谓"数据业务化"是通过对业务系统中沉淀的数据进行二次加工,找出其中的规律,让数据更懂业务,并用数据驱动业务的发展,将数据渗透业务运营过程,让数据反哺业务,释放数据价值,完成数据价值的闭环运营。数据中心作为拥有最多数据资源、最丰富算力和算法的机构,理应成为数字价值的创造中心,进而真正实现从运维走向运营、从成本中心走向价值中心的转变。

B.8
安全泛在的金融网络架设探索

吴仲阳 等*

摘　要： 金融业不断深入推进数字化、智能化转型，新型智慧金融应用日益丰富，金融信息系统向分布式架构转型，这对安全泛在的金融网络基础设施提出更高的要求，应不断推动 5G、IPv6+、物联网、云计算等技术在金融业的规模商用。本报告分析了 IPv6 规模部署和应用、多终端设备泛在接入和管控、加固金融网络安全防护等方面面临的问题和挑战，全面论述了广域网、数据中心网络、园区网络、网络安全等重点网络领域的最新进展和应用创新，并阐述了金融机构具有代表性的金融网络实践案例，对金融网络的发展方向与趋势做出展望。

关键词： 金融网络　安全泛在　软件定义网络　网络安全

一　安全泛在的金融网络发展和应用

（一）金融网络发展情况综述

1. 金融网络建设总体要求

金融是现代经济的核心，金融基础设施在连接金融机构、保障市场运行、服务实体经济、防范金融风险等方面发挥着至关重要的作用。金融业不

---

* 执笔人：吴仲阳、张勇、徐晓宇、许永帆、张庆国、李金明、蔡冰清。吴仲阳、张勇，中国工商银行股份有限公司；徐晓宇、许永帆、张庆国、李金明、蔡冰清，华为技术有限公司。

断深入推进数字化、智能化转型，对金融网络提出了越来越高的要求。

首先，金融机构的生态构建由自建自营向共建共赢发展。金融服务网络和市场触角延伸到社会经济的各个领域，上下游业务和服务要素的连通性和黏性日趋增强。这对金融网络的开放性、安全性、可扩展性提出了更高的要求。

其次，金融服务模式由标准普适向差异定制发展，努力提供云承载、定制化、个性化金融服务。同时，渠道布局由双线作战向融合互通发展，为客户提供"一点接入、全网响应、体验一致、高效顺畅"的高品质金融综合服务。金融网络需匹配新的服务模式和渠道布局模式，具备业务快速发放能力、网络与业务协同能力及智能运维能力。

最后，移动支付、开放银行、智慧交易、5G 网点等新型金融应用层出不穷，金融信息系统向分布式架构转型，算力、存储、接入能力显著提升，网络流量也出现了巨大增长，这对金融网络的传输能力、可靠性等方面都提出了新的要求。

《金融科技发展规划（2022—2025 年）》提出了"架设安全泛在的金融网络"的重点任务。随着 Bank 4.0 时代的来临，金融业将全面进入数字化时代，"个性化、智能化、实时化、综合化"的金融服务无处不在，融入各类生活场景。作为重要的金融信息基础设施，金融网络应该满足以下要求。

安全：数据和信息安全是金融的生命，随着金融大门越开越大，金融数据和信息被攻击的风险也在增大。金融网络需具备零信任安全防护和全网态势感知能力，提升 IP 网络的安全能力，并借助区块链等技术优势提升数据的安全性、完整性和可信性。

泛在：人和物能够在任何时间、地点，使用任何网络接入并享受金融服务。泛在网络应基于互联网协议第六版（IPv6）的海量地址空间，通过 5G、窄带物联网（NB-IoT）、射频识别（RFID）等技术打造固移融合、宽窄结合的物联网和服务平台，实现多种终端设备统一接入、管理和控制。

智能：金融业务因其本身的重要性，对网络可靠性要求极高。通过引入人工智能、大数据等新技术，实现网络资源和云资源的智能均衡调度与网络的智能运维，大幅提升排障效率，实现安全智能防御等。

服务化：海量金融业务在流量和体验要求方面千差万别，这对网络的敏捷部署、个性化定制能力都提出了较高的要求。通过引入软件定义网络（SDN）并开放网络服务接口，网络被打造成一个开放的、感知商业意图的、随时随地可以获取和订购服务的平台。

2. 前沿网络技术在金融业得到广泛应用

金融业是网络技术创新和商业最富活力的领域。前沿网络技术在金融业得到广泛验证和商业部署，成为驱动金融数字化转型的强力引擎。金融业是网络技术创新和商业最富活力的领域。前沿网络技术在金融业得到广泛验证和商业部署，成为驱动金融数字化转型的强力引擎，不同的金融场景代表性技术如下。

金融数据中心网络：全 IP 无损以太数据中心网络技术使数据中心算力和存储性能得到全面提升，网络"自动驾驶"技术和集中管控架构使应用部署更加敏捷可靠。当前，中国银行、中国工商银行已率先实现商用部署，多家金融机构积极开展创新验证。

金融广域网络：以 SRv6 为代表的智能流量调度技术使金融骨干线路得以有效应对不断增长的流量冲击。当前，SRv6 技术已经在各大国有商业银行、部分股份制商业银行以及头部保险和证券企业实现商用部署，并成为规模金融骨干网新建或改造的首选技术。以 SD-WAN 为主的接入技术使分支网点接入变得更加可靠、成本更低。

金融园区网络：以物联网、Wi-Fi 6 为主的终端接入技术使网络访问更加便捷和稳定。当前各大国有商业银行、部分股份制商业银行以及保险和证券企业已实现 Wi-Fi 6 办公网络部署，部分股份制商业银行采用物联网和Wi-Fi 6 技术，开展智慧动产质押等业务创新。

3. 金融业全产业协同推进，泛在安全网络提速发展

金融业务的开展和技术创新为金融网络的发展提供了契机。在产业政策的驱动下，全产业链从标准到生态的协同变得更加紧密。

我国在"十四五"规划中提出全面推进 IPv6 商用部署。2021 年，国家互联网信息办公室等多部门联合发文，加快推进 IPv6 规模部署和应用，对金融网络发展创新给予明确指导。2021 年 12 月，《金融科技发展规划（2022—2025 年）》正式印发，规划部署"打造新型数字基础设施"重点任务，并明确提出"架设安全泛在的金融网络"的发展目标。为提升金融网络健壮性和服务能力、打造物联网和服务平台、推进 IPv6 技术创新与融合应用、利用区块链技术优势解决数据安全可信等课题指明了方向。

以政策为指引，标准制定和产业生态更加活跃。2021 年，北京金融科技产业联盟信息基础设施专业委员会正式成立，IPv6 规模部署和 IPv6+发展创新、数据中心网络全 IP 架构、物联网技术金融应用、网络智能运维和服务化能力等重点网络课题取得一系列研究成果。同时，金融网络标准化工作也在积极有序推进。《金融业 IPv6 规模部署和深度应用技术规范》《基于 SRv6 的金融广域网络技术要求》《物联网技术金融应用指南》《面向新型金融应用的全 IP 数据中心网络技术要求》《金融业数据中心智能运维规范》等一系列行业标准和团体标准相继立项，为金融网络规范建设和发展演进给出了可行的技术参照。

（二）金融网络发展面临的问题和挑战

1. 深入推进 IPv6 规模部署面临新挑战

近年来，多部门密集出台加快推进 IPv6 规模部署和应用的政策文件，IPv6 规模商用以及应用创新取得显著的成果。来自金融业 IPv6 发展监测平台的数据显示，截至 2022 年 5 月底，金融业门户网站 IPv6 支持率达到 96.43%，金融业面向公众服务的互联网应用系统 IPv6 支持率达到 93.48%。对比 2021 年 12 月数据，这两项支持率分别为 72.00% 和 76.98%。① 图 1 展示了金融业 IPv6 支持率的变化情况。

随着金融业 IPv6 规模部署和融合应用创新的持续深入推进，新的课题

---

① 金融行业 IPv6 发展监测平台（试运行），https：//finance.china-ipv6.cn/#/home。

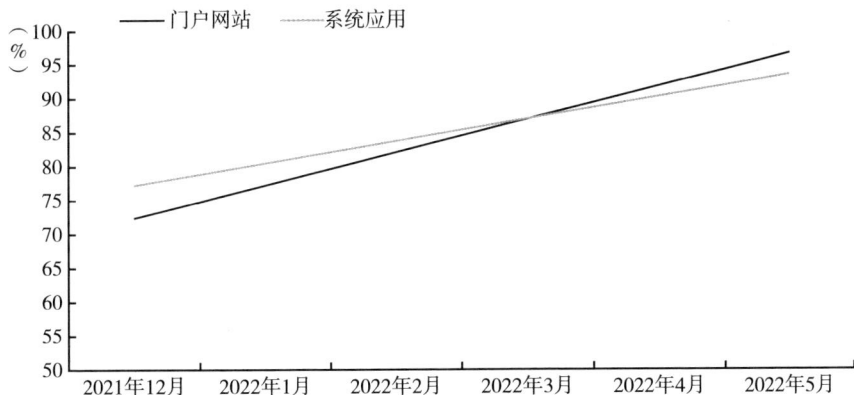

图 1　2021 年 12 月至 2022 年 5 月金融业 IPv6 支持率

和挑战浮出水面。

一是 IPv6 改造从互联网服务区逐步深入到内部系统以及园区终端接入区域，需要考虑"云管边端"系统的升级和改造，网络规模和复杂度远大于互联网区域，改造难度较大。

二是单栈 IPv6 改造难度大。单栈改造不仅是金融网络的改造，还包括终端设备及海量应用的改造。现有金融网络向单栈 IPv6 的有计划平滑演进，对金融机构构成新的挑战。

三是如何加快推进 IPv6 新技术演进升级。为满足不断丰富的融合应用创新和信息系统分布式转型的需求，IPv6 亟须在广联结、超宽带、确定性传送、低时延、自动化和网络安全等方面持续提升。如何从 IPv6 向以 SRv6 为代表的 IPv6+ 演进升级，更好地发挥 IPv6 技术优势，实现从能用向好用的转变、从数量到质量的转变、从外部推动向内生驱动的转变，需要持续研究和创新。

2. 实现金融网络泛在接入面临新挑战

金融业持续深化数字化转型，构建以用户和生活生产场景为核心的新型金融服务体系。网络信息边界向用户和企业及第三方机构不断延伸，从而加强金融业与用户、企业的信息互通，构建基于线上线下、内部与外部多种渠道的数据互通网络。

在泛在接入的金融网络建设过程中，有两方面问题需要解决。

一是网络本身的运维问题。泛在接入的金融网络不仅承载既有的有线办公网络设备，同时须支持各类移动终端、物联终端、传感器等设备接入，实现 IPv6 网络和物联网的深度融合。如何实现全网设备及终端管理运维自动化，需要深入研究。

二是网络和业务协同问题。金融机构通过泛在接入网络可以大范围深入生活生产场景，多维度获取关键金融数据。网络技术和大数据的结合，成为新业务和新应用创新、数字化金融服务核心竞争力提升的关键。在此过程中，需要研究如何通过网络技术创新，如软件定义网络（SDN）、分段路由 SRv6、IPv6+、边缘计算等，有效保证金融数据和业务的可靠性、正确性和安全性，实现金融业务和服务的提质增效。

3. 泛在金融网络的安全防护面临新挑战

IPv6/IPv6+带来了基础网络架构和技术创新，移动终端、物联网终端的泛在接入大大扩展了金融网络的覆盖场景。但新技术的应用也产生了新的安全问题。

一是接入安全问题。物联终端、移动终端带来了金融网络的接入风险，如物联终端的私接，或是移动终端被仿冒身份者盗用接入等。

二是网络原生安全挑战。首先，金融网络设备（路由器、交换机、AP 等）本身可能存在未知的漏洞，容易被攻击者利用。其次，引入 IPv6 会带来新的安全问题。现存 IPv4 网络的安全策略非常庞大复杂，IPv6 与 IPv4 双栈部署时，转换成 IPv6 网络安全策略是不小的挑战。最后，IPv6 因其应用部署范围不够大，应用时间短，当前风险暴露不足，如很多的代码漏洞可能未被发现，威胁情报（恶意 IPv6 地址）积累不够等。由于 IPv6 地址空间巨大，不可能通过对网段进行扫描来发现漏洞。

（三）金融网络技术和应用创新

近年来，以 IPv6+为代表的广域承载技术、以 Wi-Fi 6 和 5G 为主的终端接入技术、以 VXLAN 和以太存储网为主的数据中心交换技术都取得了长足的创新发展。特别是 IPv6+自主技术体系创新与实践应用成为金融网络研究的热点，包括以 SRv6 分段路由、网络编程、网络切片、确定性转发、随流检测、新型组播、应用感知、无损网络等为代表的网络技术体系的创新，以实时网络健康状态感知、网络故障主动发现、故障快速识别、网络智能自愈、系统自动调优等为代表的智能运维体系的创新，以 5GtoB、云间互联、用户上云、网安联动等为代表的网络业务模式的创新。

1. IPv6+金融广域网

以 SRv6 为代表的 IPv6+网络技术因协议简单、IPv6 原生、可编程等特点，在金融广域网建设中得到广泛应用。以银行为例，基于 IPv6+的金融广域网架构见图 2。

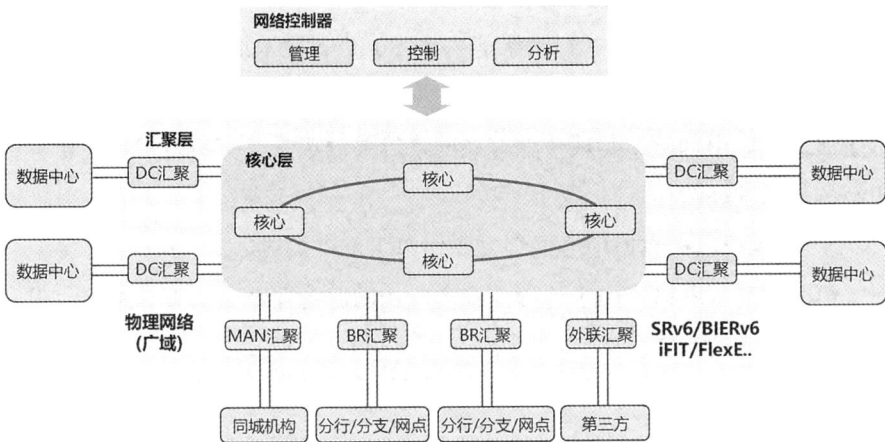

图 2　基于 IPv6+的金融广域网架构

物理网络是金融广域网络架构的基础，提供超宽网络能力，实现泛在的网络连接服务，服务对象包括多地的分布式云数据中心、分行/网点、分支机构、外联合作伙伴等。物理网络按照层次化、模块化进行设计，采用"核心+汇聚"两层架构，基础架构灵活且富有弹性。

网络控制器负责金融广域网络基础设施的集中管理、控制和分析，帮助客户实现商业意图，实现网络全生命周期的自动化。基于网络数字化，网络控制器可以实现网络故障的智能闭环处理，并加速网络开放 API 与 IT 的集成，为金融机构业务创新提供支撑。

广域线路负责广域设备的连接，以租用运营商线路为主。除了 SDH、MSTP、波分等传统线路，运营商还推出了 5G、高品质 IP 专线等新型线路。其中，运营商高品质 IP 专线通过 HQoS 和智能切片技术，满足不同业务安全隔离及差异化 SLA 需求，具有高可靠、多点互联、业务敏捷等特点。

当前，基于 IPv6+ 多种技术的广域网创新是业界热点方向。采用 SRv6 隧道单播、BIERv6 组播、BGP EVPN 等网络技术，通过部署 SRv6 Policy 隧道实现业务流量调度，通过支持 Telemetry、Netstream 等技术实现网络可视化和故障快速定位。

2. 全 IP 无损以太数据中心网络

全 IP 无损以太数据中心网络架构和 RoCEv2 技术应用是金融数据中心重要的演进方向，实现了更高的带宽和更低的时延，为金融业 IPv6 规模化部署演进和应用创新、实现金融存储网络等关键场景、打破技术封闭性等给出新的技术发展路径。

全 IP 无损以太数据中心网络主要由以下部件构成。

第一，前端网络。用于连接前置类应用的服务器节点、存储节点，以及实现对外访问的互联。

第二，计算网络。用于大数据分析、人工智能业务区的计算类节点和存储节点。该类业务区要求计算节点提供高算力，满足海量数据的处理和分析。计算网络需具备高并发计算、大流量和低时延的连接能力。RMDA 技术栈已经在业界得到成熟应用，相较于 TCP 技术栈，在吞吐量、CPU 开销等方面 RMDA 技术栈具备更大的优势。其采用 RoCEv2 网络承载技术，满足大数据、人工智能、分布式存储等 I/O 密集型应用的通信诉求。

第三，存储网络。用于连接金融核心业务系统的数据库节点、存储节点。该类业务应当满足高并发 I/O 吞吐（数十万 TPS）、低时延响应、高可靠要求。金融核心存储业务需要具备同城实时复制以及异地灾备复制能力。为避免受其他业务流量的冲击，存储网络要求单独组网。本地数据中心和同城双中心满足实时性要求。

第四，IP 网络交换核心。用于多个计算网络以及前端网络等的交换，能够提供针对 TCP/RoCEv2 混合流量的 SLA 保障，且支持同城双中心互联。

全 IP 无损以太数据中心网络采用 RoCEv2 技术，支持 PFC 死锁预防和风暴隔离；支持在网络出现间歇性拥塞时，自动调整 ECN 高低门限和标记概率，来满足低时延、高吞吐的要求；支持不低于 100km 的同城长距无损网络转发（见图 3）。

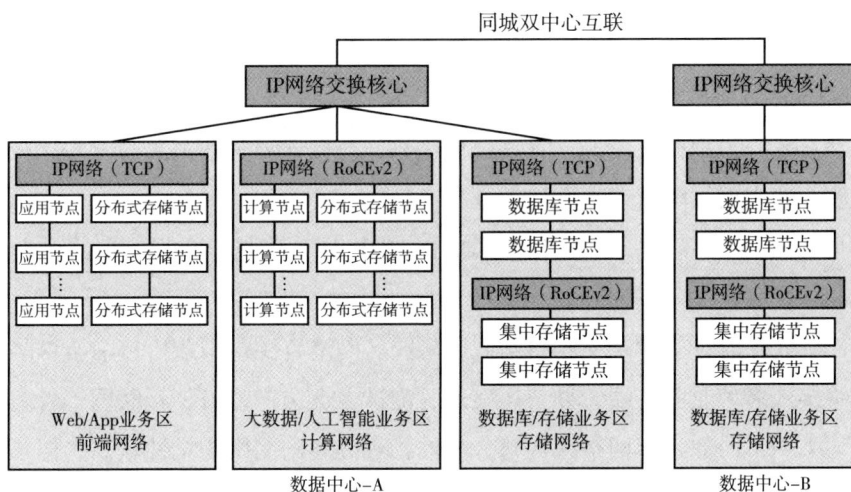

图 3　全 IP 无损以太数据中心网络架构

另外，对于证券业核心交易系统建设等业务场景，底层网络需具备极大的组播规格，支持大规模组播表项，能支撑分布式场景下业务的快速扩张；还需要提供极低的时延，提高组件间消息传递效率，确保交易业务在这张网络中极致快速传输。

3.泛在金融智慧园区网络

智慧园区网络是金融泛在接入网络的重要组成部分，是实现万物互联的重要网络基础设施。随着金融业务的发展，金融园区网络未来将接入多种业务终端和使用人员，并覆盖办公、生产、营销、服务、运维等多种业务形态。

为满足泛在物联终端接入、智能运维及网络和业务协同等业务需求，当前金融智慧园区网络的热点创新方向如下。

第一，基于 Wi-Fi 6 网络实现统一的物联。Wi-Fi 6 是移动终端接入采用的先进无线网络技术。部署 Wi-Fi 6 与物联网融合的物联网 AP，能够构建一张承载无线和物联网的综合智慧园区无线网络。物联网 AP 支持 Wi-Fi 6 接入，同时也支持蓝牙、RFID、Zigbee 等物联网终端，实现 IP 网络与物联网络互通，并将采集到的海量数据通过 IP 网络传送到大数据分析平台，从而有力支撑金融业务的创新。

第二，基于人工智能和机器学习实现网络运维自动化。通过采用 Telemetry 等新技术实时采集设备和终端数据，基于大数据、人工智能、机器学习等，识别业务模式、预测数据趋势、挖掘未知关联关系、感知用户的体验，并实现故障管理和网络运维自动化。

第三，利用软件定义网络（SDN）、边缘计算等技术，提升网络和业务协同能力。

首先，通过软件定义网络实现金融园区网络资源虚拟化。目前金融园区网络接入多种业务终端，办公、生产、测试、运维、物联、互联网等各类业务均采用不同的物理网络来构建。虽然物理隔离的网络安全性较高，但不利于数字化转型时的数据互联互通。软件定义网络技术将物理网络资源虚拟成可供业务层任意调动的全网资源池。利用虚拟化技术和 VxLAN 架构网络，可以在一套物理网络上虚拟出多个逻辑上独立的虚拟网络，分别承载多种不同的业务，实现数据业务与网络解耦，并提高网络的利用率，降低网络的运营成本，达到绿色节能的效果。

其次，应用边缘计算相关技术实现"网络+数据"的融合，支持金融业务创新。未来智慧金融网点以大数据、人工智能、物联网等技术为核心，利用"网络+物联网"技术连接数据，通过数据来感知客户的需求。在智慧网点部署基于 IP 网络、支持多种物联终端接入的边缘计算网关，通过容器等技术在网络边缘进行数据汇聚和预处理，满足视频、图像等大规模数据的高带宽需求。同时，利用边缘计算的本地算力、超低时延、敏感数据边缘处理等网络特性，不断扩大边缘计算的应用领域，逐步向网点运营管理、安保、营销、风控等领域延伸。

4. 泛在金融网络的安全问题

未来金融网络的泛在特性体现在移动终端与物联终端的接入、业务人员的远程登录、区块链的分布式应用等多方面，传统的网络边界已经模糊。针对金融网络的接入风险，基于金融零信任的安全方案和技术创新，构建新的以身份为边界的安全防护框架。

零信任与网安联动一体架构，包括用户和各种终端的零信任接入、对业务与运行环境的零信任访问、对整个网络环境的持续监测与评估，以及基于态势感知平台实现网安联动等（见图4）。

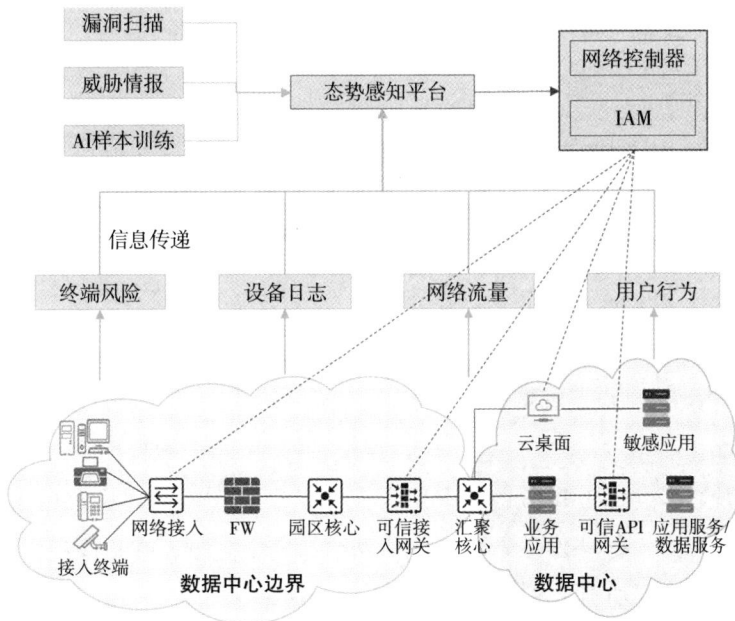

图 4　零信任与网安联动一体架构

在安全泛在的金融网络中，零信任安全主要包括两个方面。一是用户（包括业务的用户、业务员、运维人员等）接入的零信任体系。主要聚焦金融应用与数据的安全分级，结合用户接入身份，进行细粒度权限管控。二是相关设备接入的零信任体系。主要聚焦接入金融系统的终端（包括移动终端、物联终端、桌面终端等）的安全零信任接入。

泛在金融网络的安全整体解决方案，不仅需要零信任安全防护体系，还需要结合全网态势感知能力，以有效应对网络原生安全挑战，实现全网的安全风险探测（包括网络基础设施内生安全、IPv6 风险探测）与快速分析及快速溯源。结合网安联动方案，金融网络进行自动化响应，从而实现近源处置，防止风险扩散。

二　金融网络的探索和案例

（一）中国工商银行 IPv6 规模部署实践

2020 年，经过深入的技术研究与调研，中国工商银行开始着手进行全行网络的 IPv6 改造。首先从互联网基础设施入手，完成所有面向公众服务的互联网应用 IPv6 改造，以及配套的安全和运维管理系统的 IPv6 改造，并于 2021 年在数据中心内网进行试点。传统网络环境按需进行 IPv6 改造，云环境全面支持 IPv6，逐步提升双栈能力。当前，中国工商银行已开始着手全行内网的 IPv6 改造，制订改造规划方案，全面完成数据中心 IPv6 改造，启动分支机构改造工作，内网开展 IPv6 双栈改造，探索应用单栈 IPv6。

中国工商银行的 IPv6 改造采用"三步走"的策略：通过业务演进驱动核心网络改造，实现 IPv6 业务上线；网络和安全先行，在边缘提供 IPv6 接入服务，产生驱动力；分批分区域逐步完成改造。

具体技术改造实施工作落地，遵循"基础设施先行""先数据中心，后分支机构""先试点后推广""先双栈后平滑过渡到单栈"等的总体思路。

1. 基础设施先行

银行应用对外发布双栈服务能力依赖于基础设施双栈支持。基础设施双栈技术改造风险大、周期长，是整个工程初期阶段的核心工作。

2. 先数据中心，后分支机构

数据中心、核心骨干网可借鉴前期改造经验，率先完成改造，在此基础上逐步延伸至分支机构。

3. 先试点后推广

基础设施改造遵循先小范围试点后规模部署的原则。

4. 先双栈后平滑过渡到单栈

为了充分释放 IPv6 技术潜能，内网基础设施 IPv6 改造先采用双栈的改造方案，支持应用层面由双栈部署逐步向 IPv6 单栈平滑过渡。待全行应用完成单栈改造后，基础设施再改造为单栈。

（二）中国工商银行 RoCE 集中存储网络探索实践

中国工商银行积极探索高稳定性、高可用、故障无感处理的集中存储网络，探索 RoCE 网络在集中式存储场景下的应用。

在实施路线上，中国工商银行 RoCE 集中存储网络先后经历了存储与网络协议演进、同城高可用与异地灾备网络建设、集中式存储入云部署和智能运维管理系统配套。中国工商银行基于 RoCE 集中存储网络进行的智能运维配套体系研究，达到了对时延、丢包、QoS 统计、吞吐、带宽利用率等高精度流量信息的实时观察、全网流量可视化，确保快速感知异常信息、准确定位故障。同时结合实际生产业务指标、网络性能与业务测量建立模型，提升业务级负载可见性、业务级状态感知以及业务级异常事件监控等高级网络服务能力，实现 RoCE 网络资源与业务模型的统一规划、集中运维管控。中国工商银行 RoCE 集中存储网络同城高可用部署方案如图 5 所示。

1. 充分验证，确保业务平稳上线

为保障信息系统连续平稳运行，试点投产前，综合分析基础设施环境架构特点，对数据存储本地、同城高可用方案进行全面系统的架构设计，联合各专业人员设计详细的方案，多组合全方位开展性能与高可用验证，确保上线后业务的可用性。

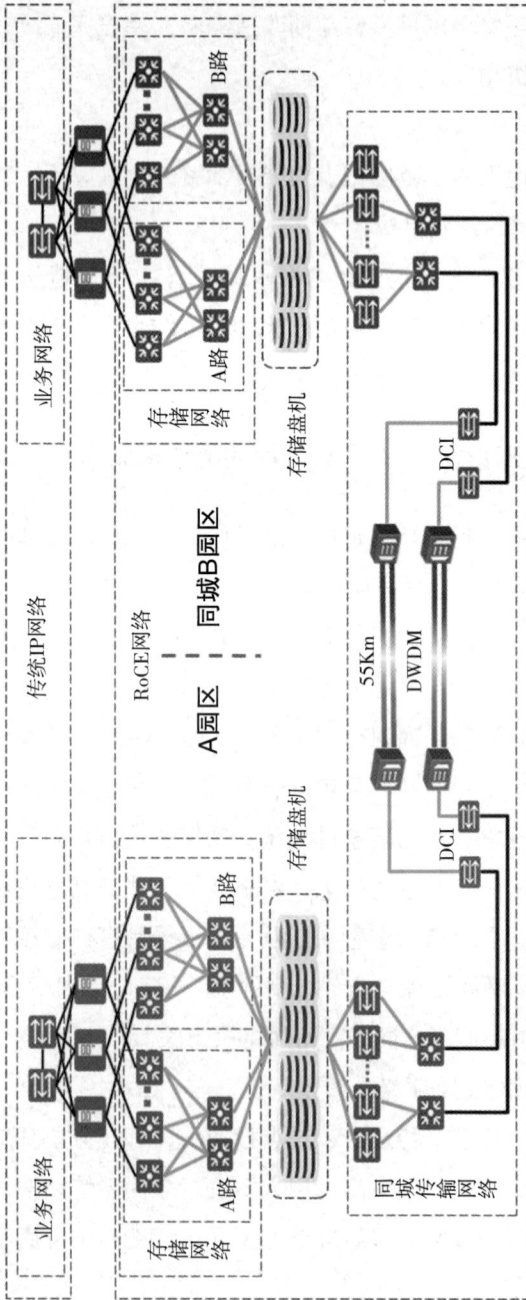

图 5 中国工商银行 RoCE 集中存储网络同城高可用部署方案

在试点投产后，进行局部故障应急演练，确保高可用满足生产运行需求。同时，持续搜集应用日常联机运行时和执行数据库备份时（I/O 高峰）的数据，分析投产后应用运行情况，保障投产应用质量。

2. 由点到面，逐步推动扩大试点

在实施路线上，中国工商银行 RoCE 集中存储网络先后经历了存储与网络协议演进、同城高可用与异地灾备网络建设、集中式存储入云部署和智能运维管理系统配套。

3. 有备无患，制定周密的预案

中国工商银行数据中心网络架构庞大，方案中涉及网络、系统、设备等诸多技术环节，不同业务模型特点也不尽相同，规模部署过程中可能存在诸多未知风险因素。为此，中国工商银行对 RoCE 集中存储网络的建设投产制定了周密的应急预案，确保系统平稳上线。

4. 配套建设，保障网络安全及提升运维管理能力

融合以太网的 RoCE 集中存储网络实现数据中心内存储网络与云网络统一运维。考虑到存储网络的重要性，中国工商银行在建设过程中，对安全和运维监控管理系统进行了详细的研究梳理，同步部署丢错包、链路翻转、CRC 等多种链路质量自愈机制，提升整个 IT 基础设施高可用和自动化水平。

（三）华为公司"金融云网"解决方案

华为公司于 2021 年发布了全新的"金融云网"解决方案，助力银行业加快线上发展，驱动业务从"稳态"加速向"稳态+敏态"模式转变；通过打造"三稳三快"的双态架构，为金融企业提供"网络稳、运维稳、防护稳"的稳态架构，可确保"7×24"业务连续，保障金融服务安全可靠；同时打造"应用上线快、分支上云快、云网调度快"的敏态架构，实现新业务快速上线，提升创新效率。华为"金融云网"整体架构见图 6。

1. 网络稳

在金融数据中心场景，华为采用独创的三维 iLossless-DCN 算法，实时精准控速。数据中心内，将 512 节点集群算力提升 93%，实现无损以太传

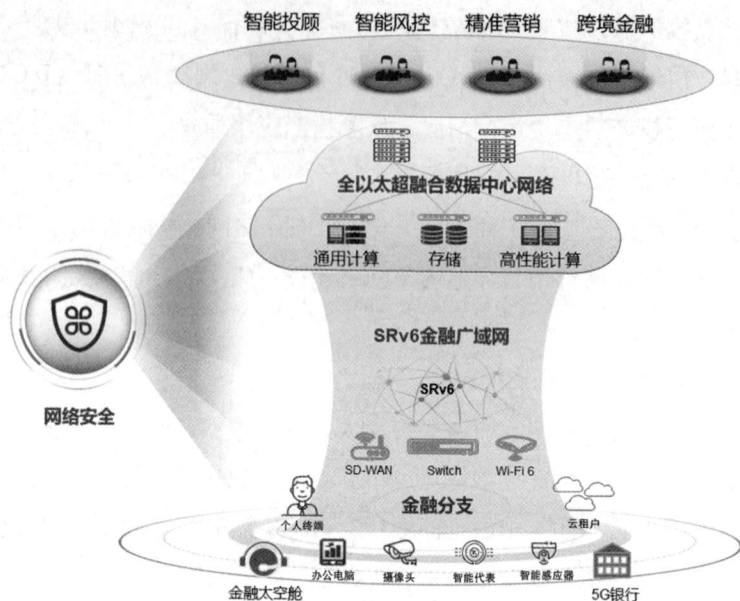

图6 华为"金融云网"整体架构

输；数据中心间，用10条100GE无损以太链路替换100多条FC链路，链路减少90%，实现70km无损以太传输。攻克以太丢包难题，数据中心基于全以太架构，构建0丢包的计算存储网络，算力得到100%释放。随着可靠性的增强，网络可以更好地应对金融应用和数据的爆发式增长。

2. 运维稳

智能运维方面，大数据采集并分析学习30余年运维资产和千万级数据样本，采用创新算法和独家五维建模技术，运用增强图嵌入故障模糊推理算法以及现网数据增强训练，实现全网智能运维，达到1分钟感知故障、3分钟定位根因、5分钟修复问题、90%的故障风险主动预测。通过大数据驱动运维，网络快速自愈，保障金融业务的顺利开展，全面提升网络服务能力。

3. 防护稳

针对泛在接入金融网络存在的安全防护问题，使用乾坤安全云服务。该服务在本地轻量部署，安全能力上云，共享云端安全防护措施。该服务拦截攻击的效率达到分钟级，具备设备零配置极简交付上线能力，提供安全态势全面感知等安全服务。其为金融企业定制个性化的安全防护措施，实现安全智能防御，全网态势感知。

4.应用上线快

为满足海量金融创新业务的快速上线、用户的多样化个性化服务体验，华为独创 AI 算法，对新业务进行质量最优、资源最优和可靠性最优的三维建模，秒级生成应用上线方案。业务变更由半自动网络部署的 5~8 天，优化为端到端全智能编排、业务秒级发放。数据中心网络全生命周期实现自动化，实现网络即服务。

5.分支上云快

在金融广域网场景中，金融分支业务上云需要快速开通、应用级保障以及安全防护。"金融云网"解决方案采用 SRv6、SD-WAN 等技术，实现金融分支一跳入云，业务快速发放。智能云图算法可以为每个业务灵活选择不同的上云路径，有效提升上云效率和云网资源利用率，为金融分支、总部和云之间提供敏捷、高质量的网络连接和应用级保障。

6.云网调度快

针对业界云网资源负载不均、投资浪费的现状，"金融云网"通过云网一体调度、SRv6 智能调优等技术，高效利用资源，实现每年节省 3000 万元总拥有成本、云网资源利用率提升 30% 的目标。

"稳态+敏态"业务双轮驱动银行数字化创新的同时，对业务云化也提出了新的挑战。"金融云网"解决方案通过多中心"自动驾驶"管控平台、跨云跨厂商无缝编排、分钟级业务上线实现敏捷建云；采用业界首个网络设备内置的全网多点无状态压缩方案，达到智能联云；重新定义金融园区分支，基于云原生的 SD-WAN 方案，实现一跳入多云，随时随地按功能、按性能、按容量、按需订阅网络，完成极速上云，推动银行传统业务向云化加速转型，构筑绿色数智金融新联结。

三　金融网络的发展趋势与展望

金融网络在金融业数字化转型升级中发挥着越来越重要的作用。一方面，金融服务智慧再造的步伐不断加快，海量金融业务对网络提出了更高要求；另一方面，作为信息连接底座，基础网络技术本身不断发展演进。网络技术匹配金融业发展要求，有以下发展趋势值得重点关注。

一是 IPv6 规模化部署和创新持续加速。国家的 IPv6 部署坚定不移深入推进。一方面是规模化部署向纵深发展。具体到金融业，数据中心及云将从 IPv4/IPv6 双栈改造阶段演进到单栈 IPv6；同步促进骨干、园区等网络 IPv6 化改造，最终完成全业务端到端的金融网络 IPv6 化改造。另一方面是 IPv6 融合创新应用日益丰富。《金融科技发展规划（2022—2025 年）》中明确提出，实现 IPv6"从能用向好用转变、从数量到质量转变"。以 IPv6+为自主创新主线的先进技术将得到长足的发展和应用。

二是金融网络安全能力持续增强。除零信任网络、态势感知等热点技术外，量子计算对现有安全加密的威胁催生了新一代量子加密技术。该技术具备现有加密和量子加密平滑演进能力，有助于打造新一代金融量子加密网络。

另外，区块链技术安全需要引起关注。区块链技术与业务场景紧密耦合绑定，具有低成本互信、数据不可篡改、信息可追溯等技术优势，为解决互联网存在的数据安全性、完整性、可信性等问题提供了新方法。但区块链技术也面临密码学的挑战，尤其是量子计算技术发展带来的威胁。同时，区块链系统由于其分布式、更新慢的特点而存在漏洞，这要引起重视。当前，业界聚焦密码学领域（如后量子加密技术等）以及区块链系统的架构层次，对区块链技术安全展开研究。

三是金融网络质量更优。随着网络设备综合性能不断提升，金融网络变得更优质。展望未来十年，网络规模百倍增长，硬件和芯片底层技术将取得突破性发展，速率更高、时延及抖动更低，且能为用户提供确定性体验（时间确定、资源确定、路径确定）的网络设备必将使金融网络端到端性能和体验获得极大提升。

四是金融网络更智能。人工智能深度融入金融网络，重构网元数据面、管控面，扩充知识面，支撑网络设备的自决策、自演进。网络需感知应用业务，根据不同应用业务提供差异化的网络服务、智能化的调优。未来金融网络以用户意图为中心，而意图驱动网络管控的自动实现。

全面提升高速泛在、融合互联、安全可靠的金融网络通信支撑保障能力，是"十四五"期间金融科技发展的重要目标。金融网络产业界的广泛协同和共同创新，必将助力金融网络建设不断取得新的、更大的突破。

参考文献

《人民银行印发〈金融科技发展规划（2022—2025 年）〉》，中国政府网，2022 年 1 月 5 日，http：//www. gov. cn/xinwen/2022-01/05/content_ 5666525. htm。

金融科技产业联盟：《面向新型金融应用的全 IP 数据中心网络技术要求》。

《关于加快推进互联网协议第六版（IPv6）规模部署和应用工作的通知》，中国政府网，2021 年 7 月 12 日，http：//www. gov. cn/zhengce/zhengceku/2021－07/23/content_ 5626963. htm。

《金融 ICT 基础设施 IPv6 演进技术白皮书》，华为企业官网，2022 年 1 月 18 日，https：//e. huawei. com/cn/material/industry/finance/b70ab62646bd4124bece585f5f27d283。

《"IPv6+"技术创新愿景与展望白皮书》，原创力文档知识分享平台，2022 年 2 月 8 日，https：//max. book118. com/html/2022/0205/5332320100004141. shtm。

B.9
先进高效的算力体系实践情况

李志华　李华龙　官　极　徐雯昕*

摘　要： 2022 年《政府工作报告》提出要促进数字经济发展，促进产
业数字化转型。算力是数字经济发展的动力引擎，是产业顺利
实现数字化转型、数据要素价值得以充分释放、行业应用创新
繁荣的基石。发展数字经济，算力建设先行，高质量数字经济
发展需要先进高效的算力体系支撑。本报告重点阐述以数据中
心为载体的算力系统和靠近数据产生端的边缘计算两类经典算
力系统，并探讨量子技术在计算领域的价值和应用场景。此
外，本报告还介绍了数据中心算力系统中典型技术的发展实践
现状，包括云计算、CPU+GPU 异构计算、液冷解决方案以及
跨地域资源高效管理等实践对金融业务系统处理能力、智能
化、节约能源和空间、资源利用等方面的效果和价值；介绍了
边缘计算的意义及其在提升云-边算力体系效率、胜任特定金
融业务场景方面取得的效果；介绍了运用量子技术突破上述经
典算力约束、算法瓶颈，提升金融算力系统处理能力和运算效
率的价值，以及可落地金融应用场景、实践探索。

关键词： 云计算　异构计算　液冷技术　边缘计算　量子计算

中国信息通信研究院于 2021 年 9 月发布《中国算力发展指数白皮书》，

---

* 李志华、李华龙，曙光信息产业（北京）有限公司；官极、徐雯昕，科大国盾量子科技股份
有限公司。

指出 2020 年我国算力规模达到 135EFlops，同比增长 55%，实现高位增长，算力建设呈现蓬勃发展的态势。在规模迅速增长的同时，算力结构方面也呈现显著变化。在 135EFlops 的算力构成中，通用基础算力占比 57%，首次下降到 60% 以下。与之相反，智能算力规模占比 41%，保持增长态势。[①]

本报告重点介绍数据中心算力和边缘计算算力在金融业数字化转型过程中的一些典型发展和应用情况，同时介绍以量子计算为典型的前沿颠覆算力在行业内的应用前景。

一 数据中心算力

《数据中心白皮书（2022 年）》披露，截至 2021 年，我国在用数据中心机架总规模为 520 万架，过去 5 年年均增速超过 30%。

数据中心是实现金融数字化转型的关键基础设施，是数据中心算力的物理载体。金融机构经营面临复杂严峻的风险环境，其业务数据具有高敏感、隐私的特性，数据安全至关重要。监管单位对金融机构数据中心合规有着严格要求，因此以商业银行为典型代表的金融机构通常自建金融数据中心。

当前金融业数据中心运营正面临诸多严峻挑战。包括：为支撑金融服务业务的种类、数量、场景等诸多方面实现广泛创新、迅速上线，需要提升快速弹性扩展能力；为推动金融业务向数智化发展，需要提升支持多种架构的智能计算供给能力；为支持各类能够释放数据潜能的应用，需要提升数据资源全生命周期的安全防护及隐私保护能力。为落实监管有关信创能力建设的要求，需要积极引入与之适配的国产软硬件技术，以提升信息安全能力。面对能耗指标限制、机架空间紧张、运维成本高昂、资源利用不均衡等经营困境，需要提升节能减排、高效集约、均衡利用资源等能力。

本部分介绍金融数据中心为应对上述挑战，在数据中心算力的弹性敏捷、智算能力、自主安全、绿色节能、高效集约等方面的典型实践情况。

---

① 数据来自《中国算力发展指数白皮书》。

（一）云计算在金融数据中心的应用

1. 云计算技术在金融业的发展现状

云计算技术更全面地应用于金融数据中心。其直接影响是缩短了应用部署的时间、提高了资源利用率，支撑金融服务业务迅速创新和推陈出新，提升金融机构市场竞争力。更为深远的影响是，该技术为大数据、人工智能等金融技术在行业的创新和规模化应用提供相匹配的算力引擎。

2022 年，金融监管机构接连更新了《金融科技发展规划（2022—2025年）》《银行业保险业数字化转型的指导意见》等纲领性文件，在金融云基础设施层面以弹性、绿色、效率为主题，提出"加大数据中心基础设施弹性供给"。

反复的疫情给 IT 供应链带来不确定性，促使金融机构从 IT 基础设施系统安全和长期运营安全角度采取更多措施，从而加速了金融上云进程。金融客户使用云计算产品范围不断扩大，存量金融业务系统已经或正在迁移到云计算架构之上。金融机构普遍将分布式新核心，互联网银行核心，信贷系统、保险核心与销售支持、证券综合金融服务平台等系统构建或迭代在云计算架构之上。增量系统也更多选择部署在云计算架构之上，甚至基于云原生方式完成开发部署运维，覆盖产业金融、供应链金融、数字货币、智能投研等各类创新应用，带动金融云市场实现高速增长。2021 年下半年金融云基础设施市场公有云与私有云基础设施市场增速分别达到 45.6% 与 34.8%。①

按照不同系统的运行需求和监管要求，金融机构在相当长一段时间内仍会采用多种基础架构并存的策略。在私有云模式基础上，行业云和混合云模式逐渐被更多金融机构采用。

得益于金融科技领域的深厚积淀，以及其在自主技术研发方面具备的专业能力，部分头部金融机构为行业提供涵盖 IaaS、PaaS、SaaS 的全栈式云服务，在自身攻关能力和资源条件限制的情况下，保证了中小金融机构同样享受云计

---

① 数据来自 IDC 发布的《中国金融云市场（2021 下半年）跟踪》。

算技术的红利，并进一步缩小技术鸿沟。此外，用户的使用习惯向互联网、移动互联网转移，带动了金融业务前端向用户网络靠近。金融机构将业务前端部署在公有云，应用和数据库部署在私有云，以混合云的模式支撑业务系统。

技术发展层面，云计算呈现多样化，包括容器、云原生、DevOps 等技术。随着"信创工程"的深入推进，金融云 IaaS 层算力生态扩展到包含国产 X86 架构海光芯、ARM V8 架构鲲鹏/飞腾等多种架构。金融云采用云操作系统完成数据中心异构算力资源管理的"一云多芯"模式。

应用场景层面，目前云计算以支撑金融机构开发测试平台为主。另外，信创云桌面成为云计算的新增长点。

2. 金融机构云计算实践情况

平安金融云作为国内领先金融业云平台，已覆盖平安集团 95% 以上的业务公司，支撑 80% 的业务系统的生产运营，① 业务场景覆盖银行、保险、证券等金融领域。支撑自身业务发展的同时，平安金融云业务不断丰富，触角不断延伸，为同业提供涵盖 IaaS、PaaS、SaaS 全栈式云服务。至今，平安金融云拥有数十个金融业优质客户，累计互联网用户数量超 4 亿，承载交易规模超 10 万亿元。在金融全栈信创云建设方面，平安金融云以一云多芯、兼容多态异构硬件，满足了信创云需求，并通过开放的信创生态，形成了丰富的场景化解决方案；在金融分布式 PaaS 能力构建上，平安金融云无缝支持云原生能力，一站式支持多种业务场景，使开发运维效率得到极大提升。

中国人寿根据互联网化的客户行为模式对业务的敏捷和弹性提出了更高的要求，积极创新、稳妥推进，率先进行混合云部署，对业务系统前后端进行分层部署。Web 前端部署于外部公有云中，后端的应用和数据库部署于私有云中，通过云专线打通。该方案增加了系统的弹性、灵活性，降低了数据中心的互联网带宽及成本，并提升了互联网的安全防护能力。目前云桌面、云视频、云助理、智能训练等系统实现了混合云部署。同时混合云管理系统纳入公有云、私有云等各类资源池，实现对混合云资源的有效管控，在集团范围内得到大力推广。

---

① 数据来自平安壹账通公司在 2021~2022 云计算生态峰会上所做的报告。

（二）异构计算在金融数据中心的应用

1. 异构计算技术的应用情况

随着深度学习、自然语言处理、知识图谱、生物特征识别等技术的成熟和持续发展，人工智能技术与金融业务全面融合，金融业务场景变得越来越丰富。通过提升 CPU 的频率、增加内部核心的数量来提高算力的方式遇到了散热和能耗瓶颈，原有的技术在支撑人工智能计算时显得越发吃力，所以需要 GPU、FPGA 等计算加速单元与 CPU 配合，分工协作，提供更强劲、更高效的算力，这推动了金融数据中心算力向异构计算技术的发展。2020年我国智能算力规模占总算力规模的 41%[1]，实现高速增长。

根据 IDC 报道，2021 年下半年中国异构计算架构的服务器，按技术类型，CPU+GPU 方式占据 86.3%的市场，剩余市场份额主要是 CPU+NPU、CPU+FPGA、CPU+ASIC 等异构方式；按产品形态，单台搭载 8 张及 4 张GPU 卡的服务器为主力机型，占比超过 76%。[2]

在加速卡产品层面，英伟达的 GPU 卡占绝大部分市场。随着人工智能技术的发展，国产加速卡迎来黄金发展期，包括寒武纪思元系列智能加速卡、海光 DCU 训练卡、华为昇腾系列 AI 处理器、百度昆仑芯片等。这些加速卡产品为金融业训练和推理场景提供 AI 算力支持。

在业务场景方面，异构计算已经用于金融机构全业务链环节，助力金融机构打造智能营销、智能运营、智能客服、智能风控等，为客户提供个性化的精准服务，以高效开展业务、拓宽客户群体、打造自动化业务流程和降低业务办理成本等。

2. 异构计算在金融业的应用实践

平安产险智能单证识别技术保持行业领先。截至 2021 年 12 月末，重点单证 OCR 识别平均准确率超 98.2%。[3] 该技术广泛应用于车险出单、非车

---

[1] 数据来自《中国算力发展指数白皮书》。

[2] IDC, *PRC Accelerated Computing Market Overview*, 2021H2.

[3] 数据来自中国平安财产保险股份有限公司官网。

险出单、理赔收单、理赔定责定损等环节，全年节约人工作业审核耗时 152 万个小时，大幅缩短用户等候时间。平安产险机器人助手交互式能力不断提升，2021 年 7×24 小时在线智能解答客户疑问近 2.62 亿次，问题回复准确率达 97.4%。[1]

中泰证券在零售、信贷、托管等 10 余个部门落地了 RAP 解决方案，累计部署 RAP 机器人超 210 个，RAP 累计运行时长超 6300 小时，累计折算成本超 470 万元。阳光保险引入了语音机器人，光是在 2021 年 1 月到 9 月，服务量就达到 135.68 万笔，节约成本 486.25 万元。[2]

（三）液冷技术在金融数据中心的应用

1. 液冷技术和产品发展现状

金融数据中心建设及运营正面临新的挑战。在"双碳"目标下，能耗密集的金融数据中心迎来新的政策导向。国家部委及地方主管部门相继推出数据中心能耗指标要求，工信部印发《新型数据中心发展三年行动计划（2021—2023 年）》，明确现有数据中心在上架率、PUE 值等方面可采取裁撤、合并、改造等措施，新建大型数据中心 PUE 值须低于 1.3。在实际运营过程中，在金融机构业务规模不断发展壮大的同时，金融数据中心承载的 IT 基础设施数量在同步增加。但是数据中心能耗指标、可用机架空间均是有限的，在无法提升其承载能力的情况下，需要引入更高能效、更集约空间的技术手段，缓解运营引起的资源紧张问题。

而液冷技术可以帮助金融数据中心更好地应对上述挑战。以风冷技术为代表的数据中心能耗占比中，除去 IT 设备自身能耗外，用于 IT 设备散热的能耗最多，导致 PUE 平均值高于 1.4。液体载热能效高，是空气载热能力的

---

[1] 数据来自中国平安财产保险股份有限公司官网。

[2] 中国信息通信研究院云计算与大数据研究所人工智能关键技术和应用测评工业和信息化部重点实验室：《金融人工智能研究报告（2022 年）》，2022 年 1 月，https：//mp. weixin. qq. com/s/XUvJ8TzVU-16r9CKq1FEZQ。

1000~3000 倍，以液体作为冷媒带走热量，可以达到超强的制冷水平，大幅减少散热能耗。冷板型液冷技术能够使 PUE 值降到 1.2 以下，浸没相变型液冷能够使 PUE 值降到 1.05 以下。与此同时，在散热能力提升之后，单机架的装机密度也得以同步提高，比如部署冷板型液冷刀片服务器，单机柜可以部署 8 个刀箱共计 64 个服务器节点，成倍提升单机柜装机数量，有效缓解机房空间紧张问题。

液冷数据中心从技术实现方式上，主要分为冷板式、喷淋式和浸没式三大类。综合对比解热能力、散热量、投入产出比以及产业链成熟度，再考虑IT 设备的安全性、可维护性方面的差异，冷板式液冷方案具有解热能力强、维护体验几乎不变、冷媒无毒、无燃烧可能、不腐蚀 IT 器件、工艺和产业链成熟的特点，且能将 PUE 值降到 1.2 以下，更适合金融数据中心建设需求和运维习惯。

IT 设备形态方面，目前冷板式液冷服务器主要是刀片式和通用 2U 机架式两类。刀片式服务器主要用来计算密集型节点；2U 机架式服务器是通用型，可根据需求配置为计算密集型、大容量高带宽内存型、存储容量型等服务器，适用于应用服务器、数据库服务器、分布式存储节点等。冷板式液冷服务器内部搭载的芯片，包括 Intel、AMD 和海光等信创处理器，并支持GPU、DCU 等计算加速卡，可以支撑人工智能应用。

2. 液冷技术在金融业的应用实践

中国工商银行采用冷板式液冷技术，在外高桥数据中心试点建设液冷数据中心。结合冷板式液冷数据中心涉及机房建设和液冷 IT 设备两方面的情况，中国工商银行的试点方案采取解耦方式，首先建设液冷基建基础设施，完成机房外部冷却塔和内部冷却循环系统的建设之后，再部署冷板式液冷服务器，最后将二者进行耦合，形成一套液冷系统。试点采用中科曙光刀片服务器，建设投入 2 个机柜，共计 72 个液冷节点。通过试点，验证了 IT 设备和液冷散热系统解耦的可行性、液冷服务器的节能效果及大幅提升的机柜装机密度，达到了预期效果。在试点建设积累了一定技术和经验的基础上，中国工商银行于 2021 年启动其嘉定数据中心液冷建设项目。与试点不同，该项目首先将液冷 IT 设备及机房内循环系统耦合打包，降低了机房内二者耦合的复杂度，其后采用刀片式和 2U 机架式两种服务器形态，满足业务系统对计算型和其他型服务器角色节点的需求；并且在项目中同时采用 Intel 和海光两类处理器，实现了信创液冷数据中心的建设。

二 边缘算力

随着 5G、物联网技术的普及和应用不断深化，智能网点、智能风控、刷脸支付等金融业务场景迅速发展，数据中心算力在有效满足上述业务高并发、大流量、低延迟方面已经出现不足。因此将算力下沉到用户端，靠近数据产生侧，即发展边缘计算。边缘计算提供部分本地化的计算和存储功能，减轻数据中心算力负载，二者是互补关系，通过协调配合，实现更高的计算效能。

（一）边缘计算技术发展现状

边缘计算技术可以提供不同内涵的服务，包括提供基础的计算、存储和网络连接服务，负责完成部分计算和存储任务，并与数据中心资源系统实现对接，降低数据中心负载、提高计算效率和业务响应时效、降低网络带宽等。在此基础上，边缘端部署操作系统、数据库等，提高应用业务数据采集和分析、数据查询和存储的效率。结合云中心软件的部分功能，加快边缘计算应用落地。在金融业智能网点、决策分析、安防监控等诸多场景中，边缘计算对金融云服务具有优化作用。

在智能网点、智慧银行的建设中，借助诸如指纹、人脸、声纹等生物特征识别、双目摄像头、AR/VR 交互等技术措施，可以实现到店用户的自动化识别和精准画像，为用户提供个性化服务，提升服务质量和用户体验。云-边协同的方式能够为上述场景提供高效的计算服务。网点的各类终端通过 5G 网络将传感采集或交互的数据上传到边缘中心，边缘端对收集的用户信息和交互信息进行初步处理，实现快速响应，并将少量数据和任务上传云端处理，提高云-边传输效率，降低云端工作负载，减少网络拥塞对网点业务实时性的影响，改善用户体验。

在通过移动终端开展尽职调查的场景下，移动终端收集到的数据大多为非结构化数据，数据量大且质量低，以传统方式直接存储于云中心。利用边缘计算则可将数据存储于边缘服务器，在边缘侧进行数据挖掘，然后将分析结果上传云端，云端负责完成尽调评估，实现数据和应用在云-边的协同处理。

（二）边缘计算在金融业的应用

中国农业银行于2021年10月实现基于边缘计算的智慧网点场景部署，利用现有安保摄像头，引入边缘计算、人工智能技术对网点和金库进行视频识别分析。通过视频监控自动识别违规行为，有效提升网点和金库场所智慧管理水平，推进网点数字化战略转型。目前中国农业银行从智慧风控、智慧管理、智慧服务、智慧金库四个方面出发，将边缘计算应用于超柜代客操作、一号位空岗、特殊客户关怀、金库违规加钞和管库员虚假轮岗等十余个应用场景。初步搭建起网点管家实时预警、生态图谱实时更新、数字风控系统事后核查、运营管理信息平台数据披露的全业务链路。通过金融科技应用降低网点操作风险，助力运营管理决策，加强金库风险防控，为后续的边缘计算体系建设乃至智慧网点能力输出打好基础，也为中国农业银行更大规模地实现智慧网点场景落地提供了可行方案和现实依据。

江苏银行搭建"5G云投顾平台"，提供远程视频银行服务，并通过边缘计算了解营业网点的客户流量、业务量情况以及各时间段客户分布情况等。以便银行适时调配网点客户经理、大堂人员和自助设备等，提升客户业务办理效率和网点服务能力。

三　量子计算算力

（一）量子计算技术的发展

1.量子计算的优势和现状

量子计算的优势主要体现为强大的并行计算能力。每增加一个量子比特，运算性能就翻一番，即算力呈指数型增长。量子计算是一种完全不同的计算模型。

如今量子计算仍处于早期研发阶段，量子技术正在研究如何达到有用的量子比特阈值。随着全球研究机构对量子计算探索和研究的不断深入，目前量子计算已经取得诸多突破。

2019 年 10 月，谷歌宣布用 53 个量子比特在 200 秒内完成当今全球最大超算 summit 需要 1 万年才能完成的任务。

2020 年 9 月，IBM 发布 65 个量子比特系统"蜂鸟"，并发布量子计算路线图，计划于 2023 年推出 1121 个量子比特的"秃鹰"处理器。

2020 年 12 月，中国科学院潘建伟院士团队宣布成功构建 76 个光子的量子计算原型机"九章"，求解数学算法高斯玻色取样只需 200 秒，而目前世界最快的超级计算机要用 6 亿年。

2021 年 6 月 29 日，中国科学技术大学朱晓波教授团队发布了 66 比特可编程超导量子计算原型机"祖冲之二号"，选取了其中的 56 个量子比特，将其用于随机电路采样实验，并在 9 月利用其中的 60 个比特完成了"量子计算优越性"实验。

"祖冲之二号"超导量子计算原型机的问世，打破了谷歌在超导量子计算领域的"霸权"地位，也使中国成为具有"超导量子计算优越性"的国家。且与谷歌的"悬铃木"量子计算原型机相比，实现了 6 个数量级的超越。此成就入选了美国物理学会 2021 年度物理学十大进展、2021 年度中国科学十大进展。

2021 年 7 月 6 日，我国光量子计算原型机"九章二号"、超导量子原型机"祖冲之二号"同时达到"量子计算优越性"里程碑，使我国成为在两种物理体系都达到这一里程碑的国家。

波士顿咨询指出，随着量子技术的发展，量子计算的市场规模也随之扩大。在考虑量子纠错发展的情况下，2050 年量子计算市场规模将达到 2950 亿美元；2027 年，量子计算供应链市场可达 5 亿英镑，约合人民币 42 亿元；同年，量子计算应用市场规模可达 200 亿英镑，约合人民币 1700 亿元。

2. 金融业对量子计算的需求

硬件发展是量子计算发展的基础，但是解决实际问题不仅需要硬件设施，结合软件以及算法开发更多的应用场景也非常重要。量子计算被证明相较于经典计算有不可争议的优势，因此量子计算也将首先惠及对算力有明显需求的行业。

金融分析是未来量子计算的一个重要应用领域。金融业涉及各种数值和分析任务，例如衍生产品定价、信用评级、外汇算法交易、投资组合优化等，都涉及大量的定量分析工作。每天需要消耗大量的计算资源，还要及时处理海量的金融数据，可是经典计算机的算力无法同时满足实效性和准确率的要求。因此，需要量子计算的极高计算速度和精度来克服金融分析中的困难。这也促使了一个新的交叉领域——量子金融的诞生。

量子金融是近几年新兴的研究方向和量子产业应用。简单来说，就是应用量子计算专家和经济学家开发的理论和方法来解决金融问题。按类别来说，量子金融是经济物理学的一种，其成功的先例是：统计物理学应用到金融中，产生了金融统计学。特别是量子金融改变了人们对金融体系的看法。例如，人们不再把股价看作与许多独立投资者相互作用而从稳定位置随机推挤出来的粒子，而是开始把它们视为根本不确定的数量。在量子物理学中，粒子永远不可能完全静止，因为这会违反不确定性原理。

利用量子优势打造更快计算的工具，即在量子电路中实现各种加速算法，例如量子幅度估计（QAE）、量子主成分分析（PCA）、量子生成对抗网络（QGAN）、量子经典混合变分量子本征求解器（VQE）算法、量子近似优化算法（QAOA）等不断涌现，并已有部分算法应用于金融分析领域。

仅仅在过去的几年，参与量子计算的金融公司越来越多。金融业的几家大公司纷纷宣布将开展量子计算实验，还有许多金融机构也在积极寻求与量子计算公司进行合作，甚至直接投资量子计算初创公司。

部分量子计算公司和金融机构的合作案例如表1所示。

表1　量子计算公司和金融机构的合作案例

金融机构	量子计算公司	主要合作内容
渣打银行	D-Wave、美国大学空间研究协会	研究量子计算机可以为优化投资组合带来的好处。改变管理金融服务风险的方式,例如,通过模拟投资组合并以指数方式加快市场数据的生成速度
巴克莱银行	IBM	开发了一种可用于证券交易结算的量子算法
摩根大通	IBM	使用振幅估计测试了一种基于门的期权和期权组合定价的方法,与经典的蒙特卡罗方法相比,该算法实现了平方加速
澳大利亚联邦银行	Rigetti Computing	量子近似优化算法应用于投资组合再平衡
西班牙毕尔巴鄂比斯开银行	西班牙科学研究高级委员会、埃森哲、富士通、Zapata Computing 和 Multiverse	仍处于探索阶段,将在未来的 2~5 年发布投资组合优化工具
高盛集团	QC Ware	探索利用量子计算加速蒙特卡罗算法
德国商业银行	富士通	进行量子启发的概念证明,优化了证券化贷款组合的选择过程
国民西敏寺银行	—	量子启发数字退火机来优化银行 1200 亿英镑的高质量流动资产(HQLA)投资组合的构成(包括债券、现金和政府证券)
野村资管	日本东北大学	探索量子计算应用,并将重点放在投资组合优化和股票回报预测
苏格兰皇家银行	—	通过量子启发计算来帮助投资组合经理优化该银行 1500 亿美元的高质量流动资产的投资组合
蒙特利尔银行金融集团、丰业银行	Xanadu	为各种交易产品设定量子蒙特卡罗算法的基准,该算法显示了未来几年量子计算在衍生品定价方面具备的潜在颠覆性
—	Agnostiq、Xanadu	金融服务业带来新的量子计算和量子机器学习能力。通过经典机器学习库与量子硬件和模拟器的无缝集成,用户能够像训练神经网络一样训练量子计算机

（二）量子计算在金融业的应用前景

2022 年，科大国盾量子技术股份有限公司与北京中科弧光量子软件技术有限公司以量子计算机应用和服务为抓手，以产业化运营方式推进量子软件的快速发展和广泛应用。该合作旨在利用量子计算的强大算力，研究出更好的机器学习模型、更加准确的算法以及更加复杂的数据集。同时，在银行及科研的实践中，动态案例也在日渐增多。其中，应用量子计算进行变革金融分析的能力主要体现在以下三个方面。

1. 优化方面

现阶段经典计算的优化必须使用预估的假设来简化场景，从而使它们成为经典计算机可解决的问题，避免计算结果的不准确。但是使用量子计算机可以解决那些能够充分体现现实世界复杂性的问题。主要方法有：基于量子退火的算法、基于门的量子算法、基于张量网络的量子启发模型。

2. 模拟和定价方面

金融程序通常依赖许多复杂的数学过程，分析师需要处理许多变量来预测市场的可能结果。其中，蒙特卡罗（Monte Carlo）模拟可以让分析师从一系列变量中看到许多可能的结果，而量子计算在这个问题上有能力进行更精确的模拟和预测。目前在传统计算机上运行蒙特卡罗模拟可能需要数天或数周，但量子计算机可以实时运行。

3. 机器学习方面

机器学习的发展基于海量数据的处理，而量子计算凭借其强大的算力有助于机器学习发展并更好地做出决策。量子计算在大数据处理和自然语言处理的过程中也起着很大的作用。量子系统在处理高维向量上的并行计算优势，可以使机器学习的速度呈指数级增加。

那么量子计算该如何实现这些复杂运算呢？答案是将量子算法的特性与金融分析的应用场景相匹配。例如，蒙特卡罗模拟通常用于信用估值调整（CVA）和衍生品定价。除此之外，其他的量子算法还可以应用在以下几个主要场景中。

贷款信用评估：通常信用评估采用统计分析的方法来确定个人的信用度。目前传统的机器学习算法可以训练很多的数据，但这个过程是漫长的，而使用量子优化方法可以找到关键的特征，并以此来确定客户的信誉。

债券风险分析：金融风控中，债务违约及反欺诈检测十分重要。然而训练大量高维的历史数据是经典计算的一大难点，采用量子计算可以加快风险分析计算速度，甚至能考虑到大量变量和约束，快速处理复杂计算。

时间序列预测股票外汇等：一般来说，预测股票价格（以及许多其他随时间变化的金融权益）可以通过建模的方法将其归结为一个时间序列学习问题。深度循环神经网络（RNN）在时间序列预测方面发挥的作用越来越大，尤其是长短期记忆人工神经网络（LSTM）的方法。但是部署深度学习方法的最大挑战是，训练复杂的神经网络通常是一个计算量巨大的过程。与经典方法所要求的简单参数校准相比，参数化量子电路（PQC）在表达性、训练复杂性和预测性能方面可能优于经典的变分回归模型。

投资组合优化或套利分析：在金融领域，最常见的优化问题之一是投资组合优化。投资组合优化是指根据一些预定义的目标，从正在考虑的资产池中选择最佳的资产集及其数量的过程。然而，很多优化问题的本质都是二次无约束二值优化问题（QUBO），或者说可以被转化为 QUBO 问题，而QUBO 问题可以利用目前已有的大量量子算法进行解决。例如量子退火、反转量子退火、量子近似优化算法（QAOA）、变分量子虚时间演化、变分量子本征求解器（VQE）、Grover 自适应性搜索算法（GAS）等。

期权等衍生品定价：衍生品定价一直是金融市场研究的焦点。通常解法是通过简化场景来处理，例如，传统欧式期权可使用 Black-Scholes-Merton（B-S-M）模型直接得到解析解，或是通过蒙特卡罗抽样得到期望数值解。鉴于只有少量金融衍生产品可以直接求得解析解，大多数产品往往是通过在不确定性分布（如正态或对数正态分布）中重复多次随机抽样来进行数值求解，因此蒙特卡罗模拟被广泛应用。但随着衍生品复杂度越来越高，传统定价方法消耗的资源不断增多，运用量子算法进行定价逐渐成为学界和业界关注的新方向。

清算所证券结算：清算所证券结算为了减少与拥有多个合同相关的风险暴露。通过清算所清算的掉期交易的相互抵消，清算所降低了其风险敞口，交易对手重新使用了之前被捆绑在保证金账户中的资金。最简单的净额结算形式是取消完全相互抵消的交易。该函数以灵活的方式解决了经济术语的差异。找到新的可净资产组合可以有效提升资本效率。基于量子计算的交换净额结算解决方案，利用量子退火器来识别此类组合，并将它们作为净额结算提议呈现。候选互换是基于不相容函数选择的，该函数以灵活的方式结合了经济术语的差异。

总之，开发对应的量子加速算法，可以形成一个集成化的软件工具包，以方便客户使用。并与相对应的经典算法进行对比，展现量子计算的效率和可行性。

结合量子硬件技术的发展，国际主流的研究方向是开发和实现金融业务相关的量子加速算法和训练量子机器学习模型（见表2）。

表2　金融应用场景量子算法解决方案

金融应用场景	量子算法解决方案
贷款信用评估	量子机器学习数学模型分析
债券风险分析	量子主元素分析 PCA 算法
时间序列预测股票外汇等	量子机器学习回归模型、量子神经网络
投资组合优化或套利分析	变分量子本征求解 VQE 算法、量子退火算法
期权等衍生品定价	量子 QAE 算法替代蒙特卡罗模拟
清算所证券结算	量子退火算法

对于像中国人民银行这样的监管机构而言，异常交易的检测是非常重要的工作。在异常交易检测的过程中，量子计算也将起到革新的作用。当前股份制银行和商业银行等金融机构使用的风控管理模型，存在时效性差、漏检率高等风险，其中交易的异常检测等反欺诈技术是整个风控管理模型的重点。通常来说，异常检测技术是用来识别数据集中罕见的、不规则的数据点。这些数据点与数据集中的大多数样本存在显著不同。而银行每天产生大

量且保持持续增长的数据，现有的、基于经典计算机下的各种办法（比如机器学习和关键字检索）是无法满足监管单位在异常交易检测方面的实效性和准确率要求的。

针对上述问题，借助强大的量子计算并行能力，基于量子加速算法和量子机器学习的银行交易异常检测技术，特别是针对银行交易异常检测的量子机器学习模型已经被发展起来。该模型初期是在现有的小型量子计算机和量子模拟器上运行测试以验证和优化。之后，在大型量子计算机投入使用后，该量子机器学习模型将部署到上面，满足如中国人民银行等监管机构对银行交易异常检测时效性和精准性的需求。

四　结语

从算力重要性角度看，数据中心算力是当前支撑金融机构信息化、数字化转型的中坚力量；边缘算力作为重要的补充，通过与数据中心算力协同，满足金融业务响应更快、数据量暴增的发展需求，带来更佳的用户体验，尤其是伴随芯片的迭代升级，边端计算能力将进一步提升，边缘计算充满发展潜力；同时在终端设备自身计算存储能力不断提升的趋势下，云-边-端协同将成为算力分布的典型模式。

从算力结构角度看，基础通用算力与智能算力在规模上均呈增长态势，而二者对比来看，此消彼长的趋势明显。数字化转型是大势所趋，人工智能技术是数字化转型的不二选择，势必带动智能算力的迅速增长和异构计算的繁荣发展。此外，随着算网融合的发展和成熟，超级计算机有望成为金融机构的算力外援，成为强有力的补充。

从算力技术角度看，在经典计算之外，前沿的算力技术在不断发展和突破，包括量子计算、光子计算、类脑计算等在内的颠覆性算力技术正在以惊人的速度发展。这为广泛适用的经典算法带来巨大的加速效应，有望在未来的金融算力体系中占据一席之地。

参考文献

《中国信通院 | 中国算力发展指数白皮书》，搜狐网，2021 年 10 月 15 日，https：//
www. sohu. com/a/495227633_ 121124378。

《金融行业云计算技术调查报告（2021 年）幻灯片 PPT》，百度文库，https：//
wenku. baidu. com/view/10475e8403f69e3143323968011ca300a7c3f667. html。

"IDC 2021H2 China Semiannual Accelerated Computing Report"（非公开发布文件）。

B.10

金融科技关键技术进展与应用

王健肃 等*

摘　要： 《金融科技发展规划（2022—2025 年）》明确指出，金融科技要坚持"数字驱动、智慧为民、绿色低碳、公平普惠"的发展原则。本报告以此为导向对云计算、大数据、人工智能、区块链和隐私计算等关键技术的发展趋势进行了总体描述，分析了技术在推动金融业务数字化、敏捷化与智慧化等方面的应用场景和价值体现，给出了在清算支付、票据交易、风控监管、营销服务、贸易融资等方面的典型应用案例。在此基础上，本报告对量子计算、工业互联网和 AR/VR 等金融科技新兴赛道的技术特征及其在金融业的应用场景进行了分析，并通过一些典型应用案例阐述其应用模式和价值。

关键词： 云计算　大数据　人工智能　区块链　隐私计算　新兴赛道

* 执笔人：王健肃、申燕、党会军、张伟超、施瑀、丁一、马剑、王鑫、时朋泉、陈皇飞、王青、阎蓉、郭宏蕾、张晓光、励胜、曾菊儒、李恒华、郭贞、李鑫、李佩芳、张力引、李欣、宋美娜、欧中洪、李明凯、于飖、王延清、汤泉。王健肃、申燕、党会军、张伟超、施瑀、丁一、马剑、王鑫、时朋泉、陈皇飞，金电信息科技（北京）有限责任公司；王青、阎蓉、郭宏蕾、张晓光、励胜、曾菊儒、李恒华，中国人民银行清算总中心；郭贞、李鑫、李佩芳，中国建设银行股份有限公司；张力引、李欣，上海票据交易所股份有限公司；宋美娜、欧中洪、李明凯、于飖，北京邮电大学；王延清，宁波标准区块链产业发展研究院；汤泉，链城数字科技有限公司。

一 金融科技关键技术发展总体情况

（一）金融科技迅猛发展，科技与金融业务加速融合，迭代升级越来越快

作为全球金融中心竞争的焦点，金融科技始终保持强劲的发展势头。Statista 统计报告①显示，截至 2021 年 11 月，美国拥有金融科技公司 10755 家，居世界首位，欧洲、中东、非洲地区共拥有 9323 家，亚太地区拥有 6268 家。2021 年对金融科技公司的投资恢复了原来的增长势头，全球投资总额达 2101 亿美元，美国的投资占 80%。作为世界第二大经济体的中国，其对金融科技的吸收利用水平全球领先，尤其在银行与支付领域，高达 92% 的中小型企业都选择了金融科技，比例居全球首位。中国金融科技应用创新已经实现弯道超车，步入技术与金融高度融合的金融科技 4.0 阶段②，以云计算、大数据、人工智能、区块链以及量子计算、工业互联网和 AR/VR 等为主的新一代核心技术呈现迭代升级越来越快的特征。《金融科技发展规划（2022—2025 年）》（以下简称《规划》）明确指出，金融科技要坚持"数字驱动、智慧为民、绿色低碳、公平普惠"的发展原则，并提出了深化关键核心技术应用的发展目标，为金融科技的未来发展指明了方向。

（二）云计算作为金融科技的底座逐步夯实，科技架构支撑能力不断提升，保障金融业务"数智化"纵深发展

在全球数字化转型和新冠肺炎疫情的双重压力下，上云已成为各金融机构的必然选择。云计算作为新基建中的核心基础设施，与 5G、工业互联网、物联网相结合形成"云网融合"，以满足网络化需要。云计算作为

---

① Statista, "Fintech-statistics & facts," June7, 2022, https：//www.statista.com/topics/3397/fintech-market-in-europe/.
② 杨涛、贲圣林主编《中国金融科技运行报告（2021）》，社会科学文献出版社，2021。

金融科技的底座逐步被夯实，支撑能力不断得到提升。2021 年以来，人工智能与云计算进行深度融合，成为云计算的关键推动力之一，推动金融业务向数智化快速发展。《规划》提出打造新型数据基础设施、布局先进高效的算力体系。云计算作为最主要的抓手，依然是新时期金融科技发展的核心关键。

（三）金融业大数据规模持续扩大，跨域需求不断增长，促进金融数据跨域融合与数据生态进一步完善

大数据技术作为数据要素市场化的关键技术，已从面向海量数据的存储、处理、分析等传统技术发展到管理治理与流通交易的新兴关键技术。《规划》提出要"充分激活数据要素潜能"的重点任务，要求强化数据能力建设、推动数据有序共享、深化数据综合应用和做好数据安全保护。作为大数据应用最为深入和普及的金融业，数据规模快速增长，跨域流动日益加速，数据生态进一步完善，大数据已成为打造绿色金融、普惠金融和智能金融的关键核心技术之一。

（四）人工智能理论发展与模型创新日益加速，关键业务应用不断增多，推动金融服务更加实时化、智能化和敏捷化

人工智能技术作为金融科技的基本组成部分，在资产管理、风险防控、智能投顾、支付清算、智能客服、个性化服务等方面发挥了重要作用。根据市场研究机构 Mordor Intelligence 的预测，到 2026 年人工智能在金融科技的市场价值将达到 266.7 亿美元，复合年增长率（CAGR）为 23.17%。[①]《规划》要求"抓住全球人工智能发展新机遇，以人为本全面推进智能技术在金融领域深化应用"。

回顾 2021 年，人工智能技术在大规模预训练模型、AI 自动化（AutoAI）、

①　Mordor Intelligence，"AI in FinTech Market-Growth，Trends，COVID-19 Impact and Forecasts（2022-2027），"January17，2022，https：//www.giiresearch.com/report/moi649722-global-ai-fintech-market-segmented-by-type.html.

可信 AI 与网络空间安全（Cyber Security）等方面都取得了长足的进步。利用大规模预训练模型，通过添加金融领域数据进行微调，可以快速构建定制化的金融模型，用于金融文本分析、金融舆情分析等不同的下游任务。可信 AI 和网络空间安全技术的使用可以提升系统的安全性、可靠性和公平性，防止用户数据的泄露，实现了从底层原始数据、系统运维到上层应用的多层次保护。另外，AI 应用于金融元宇宙，也是目前的热点之一。

（五）区块链技术与应用模式创新互动发展，跨组织应用场景不断涌现，提升业务安全性和便利性

2020 年 4 月 20 日，国家发改委召开例行在线新闻发布会，明确新基建信息基础设施包括以人工智能、云计算、区块链等为代表的新技术基础设施，自此区块链技术正式纳入新基建范畴。区块链具有开放透明、去中心化、去信任、不可篡改和可追溯等特点，有助于促进数据共享、优化业务流程、降低运营成本、提高协作效率。区块链技术与金融业务的深度融合，可以有效解决中小企业跨境支付流程烦琐、融资门槛高等问题，从而提高金融业务的安全性和便利性。

（六）隐私计算主流技术与金融业务模型加速融合，推动金融业数据共享与隐私保护水平大幅提升

隐私计算，即隐私保护计算（Privacy-preserving Computation）旨在保护数据的安全性和私密性，其主流技术包括密码学（例如多方安全计算）、可信环境、数据混淆和脱敏以及分布式计算（例如联邦学习）。2021 年，隐私计算的商业化进程不断加速，预计到 2025 年隐私计算金融领域市场规模将达到 116.2 亿元①，同态加密、多方安全计算、隐私信息检索等技术将纷纷用于金融领域，从而有效识别信用等级，降低欺诈、多头共债等风险，助力

---

① 《2021 年中国隐私计算行业发展回顾及 2022 年行业发展趋势分析》，产业信息网，2022 年 3 月 26 日，https://www.chyxx.com/industry/1102845.html。

生成用户画像，打造个性化金融产品。隐私计算同区块链技术相结合，能够应用于供应链金融等新的金融场景。

为了促进金融数据安全共享和互联互通，隐私计算的标准化工作也在不断完善。中国人民银行颁布了《多方安全计算金融应用技术规范》，以促进多方安全计算产品的互联互通和规范部署。系统化和专门化的法制环境将推动各类数据要素加快流通速度，为隐私计算的体系化、平台化和市场化发展带来契机。

（七）金融科技新兴赛道创新加速，助力金融服务智慧化与绿色化

近年来，量子计算、工业互联网和 AR/VR 技术快速发展，《规划》与《关于深化"互联网+先进制造业"发展工业互联网的指导意见》指出，应探索运用量子计算技术来提升算力水平，并通过工业互联网建设加强产业支撑，同时依托 AR/MR 技术实现金融服务智慧化。量子计算的发展有利于突破现有的算力约束，提升金融服务并发处理能力，推动信息安全、风险识别与计量等领域金融服务的敏捷化。工业互联网的发展能够促进网络基础设施演进升级，实现产品全生命周期的连接和贯通，加快产业金融的数字化转型。AR/VR 可推进视觉技术与银行业务场景深度融合，加速营销业务的沉浸式、智慧化升级。

二　云计算关键技术进展与应用

（一）云计算技术发展状况

1. 云计算技术的发展趋势

自 2020 年以来，伴随网络技术的快速发展，以及全球产业布局的进一步优化，越来越多的业务需要跨地域开展。这意味着会有更多的企业选择缩减传统互联网模式下的独建机房、设备维护等大额的基础设施投入，转向随时可以扩容，方便维护的云上方案，使云化转型进程和数字化转型进程进一步加快。

2021 年以来，人工智能与云计算进行深度融合，这成为云计算的关键推动力之一。基于云服务平台，人工智能中的革命性工具被各种规模和领域的企业广泛部署，极大地降低用户使用人工智能服务的成本，从而提高了生产率。

云国产化进程加速推进。当前，随着国产厂商陆续推出云原生产品，我国企业信息化进入云原生阶段，企业管理的云化水平有望进一步提升，云计算整体市场规模也将进一步扩大。相关硬件和软件的设计理念等正逐步从"可用"转向"好用"，最终形成包含软硬多个层次生态系统的国产化设计思路。随着国内自主可控核心架构的建立，国内底层架构和上层应用生态相结合的云计算架构有望形成。

2. 云计算技术在金融领域的发展

云计算与金融业务场景的结合体现在以下三个方面：

一是应用的全面云化。云计算助力企业以及机构跨域业务的开展，助力金融面向互联网方式的敏捷创新，促进金融移动 App 开发、金融传统应用开发、金融应用微服务全域治理、金融云原生应用开发及运营等。

二是数据价值发掘。云计算助力大数据技术为金融业提供海量数据的价值发掘服务，促进金融知识与人工智能结合部署，促进金融机构构建数据湖、交易分布式数据库、数据仓库与数据一站式运营平台。

三是保证金融服务的业务全流程安全。云计算平台可以有效实现业务上云，有助于规范业务流程、监管在线业务与构建安全合规的在线服务平台，有助于通过数据加密、可信计算等隐私保护手段保障业务流程的安全以及数据可信流通。

总的来说，中国信通院数据显示，我国已经或计划应用云计算技术的金融机构已超过 85%，以 IaaS、PaaS、SaaS、微服务为代表的云计算理念已成为金融机构的首选。

（二）云计算技术的金融应用场景与典型案例

1. 云计算技术在金融业的应用模式

云计算技术在金融业的应用场景十分丰富，形成了以 IaaS、PaaS、

SaaS、容器、微服务等为主的多样灵活的应用模式，涵盖了金融业务领域的方方面面。

云计算在银行业的应用呈现私有云、公有云和混合云共同发展的趋势，应用领域主要集中在 IaaS 以及 PaaS 等平台基础设施层面。例如，光大银行推动后台的应用架构逐渐向分布式、微服务等新技术转型，已经具备了较丰富的 IaaS 平台建设经验，形成了较成熟的运维规范和配套工具，在易管理性和资源弹性方面与物理机相比具有巨大的优势。目前，大中型银行已经拥有较为丰富的技术积累与人才储备，在应用云计算技术方面以私有云为主；小型银行还在积极探索业务上云的路线，除私有云之外，也考虑基于互联网企业的云平台服务，通过与云服务厂商开展深度合作来实现自身业务全部上云。

2. 基于云计算技术的金融资源配置管理

光大银行在资源配置方面构建了容器云 PaaS 平台，将 IaaS 云计算技术以及 CaaS 容器和容器编排调度技术进行有效的整合，实现了资源与应用的统一编排和调度，充分发挥容器和云计算技术各自的优势，实现总体资源利用效能最大化的目标。该平台具备横向扩展、秒级伸缩、智能运维、适应快速开发、持续交付的 PaaS 级云平台环境，基于 Docker 容器来部署、运行、调度资源，利用容器云的轻量级特性，在服务数量激增的情况下最大限度地优化应用部署和运行资源，较为轻松地应对波动的业务流量。其中使用的编排技术基于 Kubernetes 开发，充分使用 Kubernetes 的弹性伸缩、灰度发布、滚动升级等技术能力，提供以容器为中心的基础云平台架构。

网络方面，容器云 PaaS 平台引入软件定义网络和智能 DNS 服务，将网络和网络控制设备在控制面上以及数据面上进行分离，实现了灵活敏捷的网络流量细粒度控制，并建设了独立的 DNS 资源和专属域名，配合可编程的 DNS 解析策略接口，为容器云环境下域名的大范围推广使用奠定了基础。

3. 基于云计算技术的金融数据运营管理

数据库即服务（DBaaS）是云计算技术体系中数据库平台建设架构和数据运营的管理方法。在云计算的现有框架之下，可以将数据库的功能作为服务提供给一个或多个应用使用。相较于传统分散安装、独立管理的数据库部署模式，基于云平台的数据库管理模式具有交付快捷、维护成本低、投入资源少等优势。光大银行于 2019 年建成数据库云平台，支持不同租户共享数据库云平台的计算、存储、网络等多种资源，并支持资源的灵活调配以及资源隔离。遵从"新建数据库优先""低压力数据库优先""外围系统数据库优先"的原则，生产系统的数据库逐渐接入数据库平台云，使用丰富的数据库服务。数据库云平台的出现简化了操作数据备份的流程，降低了数据处理难度。

三 大数据关键技术进展与应用

（一）大数据关键技术发展状况

1. 大数据核心技术及主要框架

大数据是指无法在一定时间范围内通过常规软件工具进行捕捉、管理和处理的数据集合。目前，业界对大数据尚未形成统一的定义，但普遍认为大数据具备 Volume、Velocity、Variety 和 Value 4 个特征，简称"4V"，即数据体量巨大、数据速度快、数据类型繁多和数据价值密度低。

大数据的技术体系庞大且复杂，包含数据采集、数据预处理、分布式存储、NoSQL 数据库、数据仓库、机器学习、并行计算、可视化等各种计算机技术范畴，基本处理流程由数据采集与预处理、数据存储、数据清洗、数据查询分析和数据可视化构成。

大数据框架是指能够对大数据进行计算分析处理的框架集合，主要分为批处理系统框架、流处理系统框架和混合处理系统框架。批处理系统框架通常用于大规模、实时性要求不高的数据处理，工作过程为将计算任务拆分到分布式集群进行计算，然后再汇总计算结果。Apache Hadoop 就是市面上主流的大数据批处理框架。流处理系统框架通常用于对数据实时性要求较高的场景，流处理分逐项处理和微批处理，比如日志分析、设备监控、网站实时流量变化监控等。例如，Apache Storm 是一种常见的低延迟流处理框架，其延迟时间可达亚秒级。混合处理系统框架应用于既要批处理大量存量数据，又要即时处理实时数据的应用场景，处理过程中需要灵活组合相关组件和应用程序界面（API），配合集成类库，可胜任图形分析、机器学习、交互式查询等多种任务。当前主流的混合处理框架主要为 Spark 和 Flink。

2. 大数据技术发展趋势

2014 年至今，大数据技术栈发展已逐渐成熟。伴随云计算、人工智能、芯片、内存端的发展，大数据技术也在发生相应的变化，总体来看有以下四个发展趋势。

一是流式架构的更替。早期的大数据生态主要采用 Lambda 架构，批量任务采用批量计算引擎，流式任务采用流式计算引擎，无法将批处理和流计算进行统一。大数据框架 Spark 尝试从批量的角度将二者进行统一，采用微批处理的解决方案来处理流数据。伴随行业对大数据架构设计和技术生态要求的不断提高，纯流式架构 Flink 发展迅猛。Spark 也抛弃了原有的微批处理架构向纯流式架构 Structure Streaming 转型。

二是大数据技术的云化。随着公有云技术的不断成熟，众多大数据项目都被部署到云上，计算和存储资源变得弹性可伸缩，运维方式和运行环境相比以往都发生了较大变化。同时，部署在私有云上的大数据项目也逐渐采用容器、虚拟化等技术，以更加精细化的方式利用、计算、存储数据。

三是异构计算的需求。芯片技术的快速发展，使得 GPU、FPGA、ASIC 等芯片被应用到不同的计算任务中，例如利用 GPU 进行图像数据的处理。大数据技术也开始尝试根据不同计算任务选用不同种类的芯片提升数据处理的效率。

四是兼容智能类的应用。随着近几年深度学习技术的兴起，人工智能技术的应用范围变得越来越广泛，金融机构可以利用人工智能算法和模型完成各类数据分析任务。

（二）大数据在票据市场的应用场景与典型案例

经过 40 多年的发展，我国票据市场交易规模逐步扩大。随着集中统一的票据市场形成，票据市场生态发生了巨大变化，票据流转实现电子化。上海票据交易所（以下简称"票交所"）作为票据市场的金融基础设施，汇集了全市场最完备的票据业务数据。票交所基于核心业务系统和数据仓库，综合运用大数据等金融科技手段，为票据市场参与者、管理部门和公众提供及时的票据风险预警和票据数据信息服务。

1. 典型案例一：基于大数据的票据风险预警平台

2018 年之前的票据交易主要依靠人工对交易行为和交易风险进行统计和监测，主要侧重于事后监测和分析，难以有效地进行事前风险预警与实时交易监测。

票交所的成立是为了防范票据市场风险。在中国人民银行总行的领导下，在上海总部的大力支持下，票交所启动了"基于大数据的智能化票据交易风险监测预警平台"建设。力图搭建集风险监测和统计分析功能于一体的大数据平台，为票据市场实时监测、风险预警、统计分析等功能的实现提供智能、高效的系统支撑。

该平台在技术上采用开源 MPP 大规模分布式数据库与自主开发 ETL 工具，每天处理近 10 万个文件 3800 万条数据，自主研发统计分析优化引擎，实现分析语句的自动智能优化，有效解决了海量数据的快速加载、存储和分析难题。票交所结合成立以来形成的数据分析和风险管理方面的业务规则，利用大数据分析、提炼、训练监测模型，极大地提高了票据市场风险监测和识别的效率；通过高度业务抽象和建模，减少复杂分析场景的资源消耗；综合运用前后端多级缓存和后台数据库分页技术，提升复杂分析的效率和用户体验；自主开发智能报表数据可视化技术，实现自定义报表与灵活查询，降低非技术背景的业务人员使用门槛，满足监管机构要求，快速响应市场需求。

该平台是大数据技术在票据金融基础设施市场监测领域的首次创新应

用。目前最重要的 8 项监测指标及异常交易案例监测模型实现了机构间交易行为监测、流动性风险监测以及信用风险监测。如价格偏离度监测对偏离基准的交易进行实时预警；机构信用风险监测对机构到期票据未兑付情况进行预警；此外还有独立全局查询和丰富多样化业务数据分析展示功能。该平台已成为票交所开展票据风险监测工作的重要抓手，极大地提升了监测工作的时效性与准确性。

2. 典型案例二：基于大数据的票据信息服务平台

为全面贯彻落实中国人民银行制定的《上海票据交易所业务监督管理规则》中建立符合交易报告库管理要求的数据管理机制的有关要求，票交所提出建设基于大数据的票据信息服务平台。该平台属于数据分析处理类系统，主要功能定位是以核心交易系统业务数据为基础，经过数据中台计算分析，对回购参考利率、收益率曲线等进行计算分析，增加盘中统计、基准指标、风控、分析报告等数据服务，通过客户端和数据接口两种形式将数据产品提供给市场成员和公司内部其他系统。

在基础设施层面，项目采用物理机和虚拟机相结合的部署策略，在保证系统稳定高效的同时节省资源；在基础服务层面采用计算型数据库、事务型数据库和高可用缓存组合策略。

该平台目前已完成第一阶段投产，实现收益率曲线、估值、盘中统计、统计日报、风险防控、深度分析等数据服务功能，提升了票据市场数据透明度和权威性，激发了市场参与者热情。

四 人工智能关键技术进展与应用

（一）人工智能技术发展状况

1. 人工智能技术的发展趋势

2022 年，人工智能产业的规模和投资热度依旧保持增长态势，人工智能技术在未来几年仍是银行和金融服务、医疗保健、能源、电信等行业创新的主要推动力，与业务深度融合是 2022 年人工智能发展的重点。以下几个方向的技术演进将助力人工智能突破大规模应用的瓶颈，进一步走向成熟。一方面是训练功能强大的通用模型。这涉及诸多技术，如全面提升基准任务精度的单模态大模型训练，处理多种数据模式和数千乃至数百万任务的多模态大模型训练，解决海量数据标注的自监督学习和克服行业数据不足的小样本学习，可根据训练数据生成新的图片、声音、文本等，以及大幅提升计算效率的机器学习（ML）加速芯片。另一方面是 AI 自动化（AutoAI）。自动化机器学习可自行发现有效的模型组合、架构、超参及参数，或整个 ML 算法；低（零）代码 AI（Low/Zero-Code AI）借助 GUI 和配置而不是通过手写代码来产出应用程序。这些技术降低了人工智能模型开发和优化的门槛，大大加速了人工智能产品开发及部署。

作为可信人工智能（Trustworthy AI）的重要方面以及人工智能治理（AI Governance）框架的重要组件，可解释人工智能的研究使人们对人工智能系统的理解更为深入和广泛。比如取得推荐系统公平性的证据，对训练数据是否有偏见的揭示，对模型产生的结果或结论的解释。这些研究将促使公平、可信、可监管的人工智能系统的构建和发展，降低人工智能应用宏观层面的风险。

2. 人工智能在金融领域的发展

人工智能在传统金融服务和以金融科技为支撑的新型金融服务及产品中得以广泛应用，并与金融业不断融合。

有调查显示，2022 年全球金融机构人工智能投资比例比 2021 年显著增加，其中欺诈检测（Fraud detection，FD）份额最大（用于交易和支付的欺诈检测，以及用于 KYC 和反洗钱的欺诈检测各增长 3 倍以上），对话式人工智能（Conversational AI）增长显著（350%），算法交易和推荐系统各增长 2 倍多。一些较新的人工智能应用场景也迅速增长，如承销和收购、违约预测、合规和用于模型优化的数据合成。[①]

---

① Nvidia, "State of AI in Financial Services 2022 Trends," 2022, https：//resources. nvidia. com/en-us-financial-services-industry/fsi-survey-report-2022? lx＝9sn7-f&contentType＝brochure.

另外，近几年人工智能在金融业数字化加速转型的过程中，为金融服务创造新的增长机会，并在提高金融服务效率、节约成本、促进金融服务的多样性及公平性方面发挥着更加关键的作用。如何将元宇宙相关技术同金融应用结合，使元宇宙在金融场景、数字货币和数字资产管理等方面发挥作用，也是金融界探讨的问题之一。

当然人工智能也会带来诸如网络安全、数据安全、操作不透明等问题，这既是挑战也是机遇。期望人工智能技术在法律、法规、伦理的约束下，通过自我演进，推动金融服务更加实时化、智能化和敏捷化，推进金融系统的安全和稳定发展。

（二）人工智能技术的金融应用场景与典型案例

人工智能技术的迅猛发展为金融业注入了新的活力，典型的应用包括智能风控与监管、智能支付、智能投研、智能客服等金融服务（见图1）。

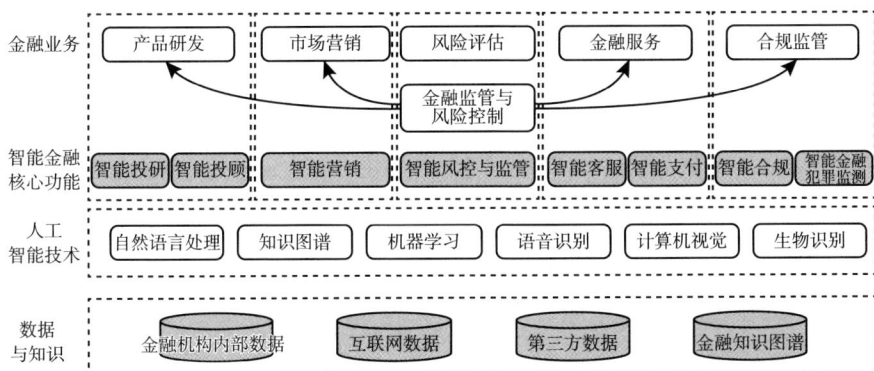

图1 人工智能技术与金融应用场景

1. 智能风控与监管

金融科技的高隐秘性、快速传播、技术发展迅速等特点提高了金融风险的隐蔽性和复杂性。针对日益复杂的金融环境和金融科技的新风险（如线上交易风险、非法集资等），智能风控与监管技术利用自然语言理解、知识图谱和机器学习等人工智能技术，对金融操作风险、信用风险、合规风险及金融犯罪等进行全方位监管和高效防控。

智能风控与监管利用自然语言处理技术对金融机构内部数据、互联网及第三方外部数据进行深度理解和隐含关联分析，围绕金融实体构建金融知识图谱和庞大的动态/静态关联网络，基于数据和知识的深度融合，构建智能风控与监管模型。数智一体化的智能风控与监管技术可极大地拓展和提升监管覆盖面和监管效率，降低监管成本。例如，某金融集团推出基于知识图谱的投资信贷风控系统，覆盖了上亿企业商户，实时监控上万亿债券资产，已成功预警近3000亿元的违约债券。[①]

2. 智能支付

人工智能技术应用于支付清算领域。对海量的支付数据进行特征抽取、场景建模、生物识别和行为分析，不但可以提升支付的合法性、安全性、便捷性，还可以有效识别支付交易中的欺诈行为，进行风险预警和预测。例如Visa基于人工智能研发的 CyberSource Decision Manager 系统，包含260多个支付交易异常检测器和15个针对具体地区、渠道和行业的支付交易风险模型，能够识别不同场景下的支付交易欺诈行为。

人工智能助力数字人民币支付体系的建立和推广。目前，一些企业在智能支付终端中增加了数字人民币业务，构建了数字人民币与基于人工智能鉴权、授权的服务生态链。截至2021年10月22日，数字人民币累计交易笔数达1.5亿笔，交易额接近620亿元。[②] 对支付数据的研究还处在初级阶段，具有广阔的研究空间和价值。

3. 智能金融服务

智能投研是人工智能技术、多源异构数据及金融投资理论深度融合的典型金融服务。为了优化投资策略与实时监控风险，智能投研利用自然语言理解、舆情分析、知识图谱和时序数据分析预测技术，深度解读宏观经济数

---

① 《金融人工智能研究报告（2022年）》，MBA智库·文档，https://doc.mbalib.com/view/156bf39e7a755a90232ed23e4fcf615a.html。

② 《智能合约，数字人民币一个颠覆式创新》，腾讯网，2022年1月20日，https://new.qq.com/omn/20220120/20220120A0AN8S00.html。

据、金融政策资讯、资本市场信息，通过多源异构数据与产业链图谱、金融知识图谱的深度融合打破信息孤岛，有效挖掘孤立数据间的潜在关联，提升数据分析价值。

智能客服正逐步成为金融机构与客户交流沟通的主流模式。为了提供精准高效的智能问答，智能客服利用情感分析、机器阅读理解、自然语言推理和知识图谱等技术深度剖析金融专业文档和客服历史数据，构建基于情境语义和专业知识图谱的智能问答/对话模型。智能客服能有效缩短响应时间，具有处理效率高、服务成本低的优势。例如，某商业银行的文字客服智能应答处理的服务已占总服务量的92%以上。[①]

五 区块链关键技术进展与应用

（一）区块链技术发展状况

1.区块链的核心技术及发展现状

区块链本质是一种将数据区块按时间顺序首尾相连的去中心化分布式账本，是对包括分布式账本、共识机制、智能合约等已有技术的集成创新，主要用于实现多方信任及高效协同。分布式账本构建了区块链的核心框架，使不同实体能在不同位置通过网络无差别地访问、验证和记录信息。共识机制是区块链中解决分布式节点间信任问题的基础，引入它就是用来确保全节点账户的一致性，通过争夺记账权的方式达成节点间的共识，形成区块链系统网络信息的统一。智能合约支持用户自定义业务逻辑，将用户间的约定用代码的形式定义和自动执行，省去了第三方中间人裁决的过程。

2021年6月，工业和信息化部、中央网络安全和信息化委员会办公室联合发布《关于加快推动区块链技术应用和产业发展的指导意见》，该文件指出要着力解决制约技术应用和产业发展的关键问题，进一步夯实我国区块链发展的基

---

① 《金融人工智能研究报告（2022年）》，MBA智库·文档，https：//doc. mbalib. com/view/156bf39e7a755a90232ed23e4fcf615a. html。

础，加快技术应用规模化，建设具有世界先进水平的区块链产业生态体系，实现跨越发展。同时，有关区块链的2项国际标准、5项国家标准和1项行业标准也在2021年发布，涉及区块链安全框架、技术术语、系统测试要求等多个方面，标志着我国对区块链核心技术的掌控力逐渐增强，发展也越发规范。

2. 区块链技术的发展趋势

作为跨学科技术融合的产物，区块链公开、透明、不可篡改的特性使其在金融领域具备良好的应用前景。同时，区块链技术未来的发展趋势主要集中在数据安全与隐私保护能力提升、可扩展性提高、技术融合三大方面。

在数据安全与隐私保护能力提升方面，当前通用的安全技术无法充分满足用户对安全和隐私的需求，需要引入零知识证明、群签名、环签名等密码技术，构建隐私保护协议体系，支撑多类别、多主体、多层次的数据安全与隐私保护需求。

在可扩展性提高方面，通过构建统一的资产交换传输协议、链间事务控制机制、跨链可信证明体系，打通不同区块链之间的信息或价值通道，实现链与链之间的交互。以分片、链下通道计算为代表的区块链可扩展性技术研究备受关注。

在技术融合方面，随着区块链、物联网、人工智能等技术的不断发展，技术融合成为重要的研究方向。例如，引入区块链技术可以解决传统物联网运营成本高、数据不安全、设备间协作不畅等问题。

（二）区块链技术的金融应用场景与典型案例

1. 区块链技术在金融业的应用模式

经过多年实践，目前区块链已形成以信息存证、交易溯源、数据共享、数字资产为核心的应用模式，在跨境支付、贸易金融、供应链金融、普惠金融等方向的应用不断拓展和加深。区块链助力金融服务安全性和便利性提升的典型实践快速涌现。通过区块链打造共享协作体系，支持跨境贸易、跨境支付等复杂业务场景，实现信息的高效流转与共享。利用区块链构建以信息流、物流、资金流数据为核心的交易模型，以此为供应链企业提供资金支持。利用区块链的数据共享和智能合约等技术，有效介入普惠金融的信贷全流程业务环节，提升融资产品的可得性。

2.典型案例一：基于区块链的跨境支付工具

随着"一带一路"建设的推进，越来越多的跨国投资和贸易往来正在发生。跨境贸易业务横跨多个国家和地区，涉及面广、交易链条长、贸易信息复杂、银行结算账户占用资金量大，导致信息沟通反馈不畅，信息透明度低。

中国建设银行应用区块链等新技术，创新支付手段，打造跨境支付工具"易支付"。该支付工具不需要借助第三方中介机构，就可以实现跨境支付的秒级到账和即时清算。其针对支付场景对功能、性能和安全性等方面的需求，在账户结构、交易模型、分布式存储、隐私保护机制等方面开展技术攻关，提升区块链技术的自主可控能力。

基于区块链技术打造的全新支付清算网络，为客户提供了高效、安全、低成本的跨境支付工具，有效解决信息共享不畅、跨地区多主体协同困难、支付交易费用高、交易不安全等问题，提升了服务质量和客户体验。

3.典型案例二：基于区块链的供应链金融平台

在传统的供应链金融模式中，下游企业难以获得授信，同时企业间的贸易信息主要通过纸质单据传递，这容易导致双方信息获取的不对称。交易真实性验证成本高，难以有效防范虚假交易，导致银行授信业务风险成本居高不下，链上中小企业融资困难。

中国工商银行供应链金融应收账款融资平台基于区块链技术，将应收账款电子化，在银行授信范围内由供应链核心企业签发支持流转和融资的电子数字信用凭证，所有操作都会在记录链上存证，确保供应链上应收账款转让信息公开且不能被篡改。

该平台通过"区块链+支付凭证"的信用结合，释放核心企业信用，实现信用多级传递，实现贸易信息共享，降低融资成本，提高融资效率，避免交易数据被伪造及篡改，保障贸易真实性。[①]

---

① 中国区块链创新应用平台，https://www.chain1024.com/home。

六 隐私计算关键技术进展与应用

（一）隐私计算技术发展状况

1. 隐私计算技术的发展趋势

随着全球经济的数字化转型，数据的跨境流动和共享促进了隐私计算的快速发展。隐私计算技术从密码学、可信环境、数据混淆和脱敏、分布式计算的独立研究，逐渐走向多分支技术融合，从环境、数据、模型、协议等层面，实现全链路的安全和隐私保护。同时，隐私计算的环境从可信硬件拓展至非可信环境。据 Ant Group 和 Gartner 预计，2025 年 50% 的大企业将使用隐私增强计算，以便在非可信的环境中和多方参与的应用中处理数据。隐私计算的另一趋势是同其他领域的技术相融合，例如区块链技术，不断拓展应用领域。[①]

隐私计算的性能、效率和自身的安全性一直是研究的重点，性能瓶颈阻碍了隐私计算的规模化应用。采用一体化的硬件和软件可以有效提升隐私计算的处理能力。由于软硬件协同加速大多针对特定的场景和算法，技术的通用性还有待提高。另外，数据、平台、企业、应用的互联互通也是隐私计算面临的挑战之一。

2. 隐私计算在金融领域的发展

金融业是隐私计算的天然适用行业。数据的多源性、私密性，建模的复杂性与应用的关联性促进了隐私计算与金融业务模型的加速融合。随着数字货币的兴起，国际清算银行和美联储不断聚焦支付数据的隐私保护，隐私计算逐渐成为解决数据安全流通的重要手段。目前，隐私计算主要应用于风险防控、产品营销和安全合规等方面，涉及场景包括涉农信贷营销、中小微企业融资服务、跨境结算业务风控和金融产品风控等。

---

① Ant Group and Gartner，"Best Practices of Privacy Preserving Computation"，2021.

数据保护、数据共享和系统效率依旧是金融领域中隐私计算关注的重点。在保证个性化的隐私强度，遵守隐私保护监管的前提下，金融企业应促进各类数据要素的流通共享。未来，随着算力的提升，隐私计算与区块链技术、云计算等前沿技术相融合之后，可以改变和创造更多的金融场景，加速数据价值的实现。

（二）隐私计算技术的金融应用场景与典型案例

1. 隐私计算与联合风控

传统信贷风控用收支、历史信贷记录等行内数据进行分析，企业迫切需要融合外部数据；而数据合规使用的监管使企业不愿也不敢共享数据。联邦学习、多方安全计算实现了"数据可用不可见"，解决了数据保护和应用之间的矛盾，提高了行业整体水平。

中国工商银行通过联邦学习引入北京金控的不动产数据，与行内贷款企业的时点贷款余额、注册资本、账户余额等数据联合建立企业贷中预警监测模型，预计此联邦模型将准召率提升约4%，提升银行风险监测业务能力。

2. 隐私计算与联合营销

隐私计算技术在数据安全基础上，让数据在机构间、行业间流通共享。通过整合多源数据构建多维度数据分析体系，从多方面、多角度刻画用户行为。以"千人千面"的细粒度用户画像为依据制定营销方案，为每位客户提供定制化服务，从而提高服务质量和客户满意度。

某银行在优化客户授信额度业务时，使用富数科技提供的联邦学习架构，在已有用户历史信贷记录、消费行为等行内财务金融数据之外，整合通话时长、银联卡交易数据等外部数据联合建模，用多维度数据进行精准营销，用户提现率提升10%以上。

3. 协同发展

数据安全问题不能靠隐私计算单一技术解决。区块链作为分布式账本系统，公开透明、去中心化、不可篡改等特点使其成为网络存证、确权的首选方案。微众银行以区块链、多方安全计算等关键技术为技术底座，汇聚超

3000家企业构建隐私计算生态圈，涉及政务、金融、社会治理等多个领域。"区块链+隐私计算"已成为当前金融科技领域新的探索方向。

4.隐私计算算力加速方案

基于在高性能数据中心、网络通信等领域的深厚研究，星云Clustar推出了业界首款硬件异构算力加速方案。该方案采用星云Clustar自主设计研发的多任务并行、多引擎架构，支持GPU和FPGA加速，能够灵活加速多种类型的加密工作负载，大幅提升分布式计算的通信效率与计算能力（见图2）。测试数据显示，异构算力加速方案能够在功耗降低70%的前提下，实现隐私计算系统端到端10倍的性能提升，计算节点之间的延迟降低300%以上。

星云Clustar根据隐私计算应用框架，创新性地设计了基于FPGA的隐私计算加速架构。该架构可支持多达16个任务的并行计算，支持多达300个模拟计算引擎，同时支持最高位有4096比特位宽的数据密态运算，为隐私计算的实际作业实现70~100倍的单点性能提升，特别适合应用于高密度、海量密态计算场景。

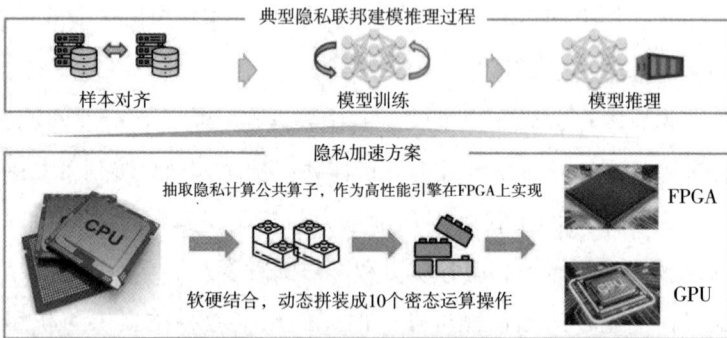

图2 星云Clustar解决方案逻辑

星云Clustar硬件异构算力加速方案，对联邦学习中最常用的复杂算子进行定性分析和硬件优化，采用近似Numpy的异构加速算子接口，便于用户对机器学习任务的加速（见图3）。

基于硬件驱动设计，自主研发的软硬交互系统可以实现对硬件的高性能稳定调用；同时，用户可指定使用GPU或FPGA执行计算。

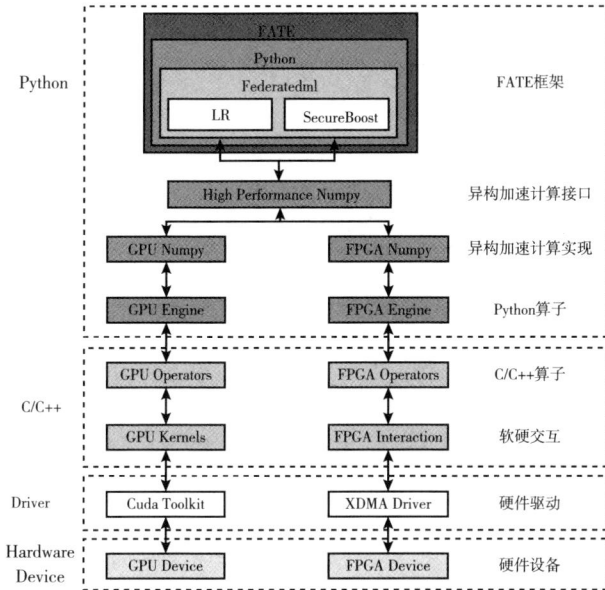

图3 星云 Clustar 技术逻辑

案例：某头部互联网银行纵向联邦学习信贷应用场景

星云 Clustar 为某头部互联网银行定制了基于 NVIDIA GPU 和 Xilinx FPGA 的联邦学习异构加速一体机。GPU+FPGA 的算力大大地提升了联邦学习整个端到端的计算性能。

在项目中，异构加速一体机通过对 FATE 联邦学习过程中的数据加密、数据解密、数据混淆、密文矩阵乘法、密态加法、密态乘法、模幂算子、模乘算子等操作进行解构和重组加速，实现了性能的成倍提升。

具体系统加速方案：FATE 联邦训练流程和基本的数据源抽取由 CPU 控制，训练过程中的数据计算则由 FPGA 和 GPU 来承担。FPGA 主要负责同态加密计算、密文矩阵运算、密文乘法运算、模幂运算，GPU 主要负责同态解密运算、密文求和运算、数据混淆运算、密态加法运算、模乘运算等其他运算。实际工作中 FPGA 和 GPU 是独立且并行工作的，能同时进行吉比特级别的大数据量运算，且 FPGA 和 GPU 单个芯片也分别支持多任务并行执行计算。

在实际场景中，数据量超过 1000 万个级别，数据特征维度超过 30 维，进行 FATE 纵向联邦训练，加速效果与 CPU 多核相比提升 3 倍，相对于单核提升 60 倍（见表 1）。

表 1　不同数据量加速效果

Case Name	参与方 1 数据量和维度	参与方 2 数据量和维度	CPU 计算耗时（16 核）	FPGA+GPU 计算耗时	20 核性能加速比	单核性能加速比
XP-LR	1000 万×10	1000 万×30	0:39:52	0:10:38	3.75	60
使用硬件说明	CPU：Intel(R)　Xeon(R)　Platinum 8163 CPU @ 2.50GHz 16 Core GPU：Nvidia V100 FPGA：Xilinx VU13P					

实际业务训练的数据表明，FPGA 或 GPU 的异构算力加速系统能显著提高联邦学习训练性能，大幅降低模型训练耗时，加速产品版本的迭代，推进业务场景落地，提升用户使用体验，为全行业带来效率提升和商业价值。

七　新兴赛道关键技术进展与应用

（一）量子计算技术发展情况与应用场景

1. 量子计算技术的特征及发展趋势

金融数字化转型在推动传统业务信息化、日常操作线上化、决策分析智能化的同时，对金融系统的算力提出了更高要求。从某种程度上讲，算力已成为制约金融创新发展的关键因素。由于经典计算机处理器已接近制程极限，"量子隧穿效应"将导致经典摩尔定律失效，经典计算机处理器的算力提升也将愈加困难。与经典计算机处理器的流水线模式不同，量子计算机可并行处理数据，其算力随着量子比特数量的增加呈指数型增长。当前，量子计算机正逐步从原型机时代迈向含噪中等规模量子计算机（NISQ）时代。

中国科学技术大学的 66 量子比特处理器 "祖冲之二号" 和 IBM 的 127 量子比特处理器 "鹰" 相继发布，量子信息技术迭代速度不断加快，成熟期可能更早到来。

2. 量子计算在金融业的应用场景

量子计算在金融业的应用场景主要包括：信息安全、风险识别与计量、最优化问题求解、机器学习等。量子信息安全是利用数学难题抵抗量子攻击，或直接利用量子随机性、量子纠缠、不可克隆等特性构建量子安全解决方案，实现量子安全加密、量子保密通信、量子密钥分发，保障金融安全。风险管理领域主要利用量子的算力优势进行风险识别与计量、风险价值计量、金融衍生品定价、流动性风险分析、欺诈检测、反洗钱。最优化问题求解方面，利用量子近似优化等算法进行投资组合优化、投资组合对冲、高频套利交易等。机器学习方面，主要利用量子变分线路等进行异常检测、自然语言处理、风险事件聚类、隐含波动率计算等。

3. 典型案例：量子金融算法研发

中国建设银行积极推进量子计算平台的建设和算法研发，自主搭建了量子金融云平台，研发了量子金融算法，还与国内领先的量子计算厂商合作，联合发布了国内首批量子金融算法，积极推进量子物理机和量子金融专用芯片的应用和研发工作。

2021 年 2 月，中国建设银行和本源量子联合发布了行业内领先的量子金融应用算法。该算法包含的 "量子期权定价算法" 和 "量子风险价值计量算法" 重点聚焦金融市场，利用量子计算不断优化蒙特卡罗模拟模型。这套算法在技术上提升了期权等资产的定价速度并识别套利机会，针对风险管理，通过强大的量子并行算力缩短在险价值（VaR）的计算时间。

（二）工业互联网发展情况与应用场景

1. 工业互联网的定义

工业互联网是高级计算、分析技术、感应技术、互联网与全球工业系统连接融合的结果。它把设备、生产线、工厂、供应商、产品和客户连接到一起，并共享工业经济中的各种要素资源，从而通过智能化、自动化的生产方式降本增效，帮助制造业延长产业链，推动产业转型发展。[①]

2. 工业互联网在金融业的应用场景

工业互联网是数字经济的重要发展方向，目前金融业在产业互联网和工业互联网领域的主要实践是将传统业务模式中需要线下操作或难以实现的部分通过数字化提高效率，打通全周期信息流、商流、物流、资金流，实现"四流合一"，从而有助于金融机构评估信用风险。药品行业和大宗商品行业的供应链金融科技平台已经落地。

此外，金融业在"三农"融资、实物贵金属溯源、数字化资产、存单质押、定制化保险、智能家居金融、尾箱及现金管理、抵押物管理、档案管理等领域已经开展工业互联落地应用的探索。

3. 典型案例：国内首个金融业工业互联网平台

在传统的大宗商品行业，外贸企业缺乏担保物，传统方式授信融资难，对盘活商品存货融资需求强烈。银行也存在业务痛点，集中在货物真实性难评估、货物完备性难监管、数据真实性难确认、仓单货物确权难和资产处置难等方面。

中国建设银行搭建了国内首个工业互联网平台，并建设了金融仓储监管系统。综合各项领先技术探索攻克相关难题，利用工业互联网标识等感知技术实现电子化交接和批量识读，同时有效融合托盘系统、智能货架、移动无线通信技术等，将仓储各环节业务要素纳入精细化管理体系。可信存货资产可以提供便捷化线上融资服务，清晰划分各参与主体的法律责任，从而提升银行业务智能化风险管理水平。

（三）AR/VR 发展情况与应用场景

1. AR/VR 技术的发展现状及趋势

AR/VR 技术主要包括感知交互、近眼显示、网络传输、渲染处理等。

[①] 李勇坚、丰晓旭、李坚飞：《工业互联网推动经济高质量发展的实施路径》，《黑龙江社会科学》2020 年第 3 期。

感知交互技术将聚焦追踪定位、环境理解与多通道交互等热点领域。近眼显示技术以沉浸感提升与眩晕控制为主要发展趋势。网络传输技术的发展呈现传输容量大、智能化、多业务的特点。渲染处理技术遵循渲染优化算法与渲染能力提升双轨并行的发展趋势。

2. AR/VR 技术在金融业的应用场景

国内外商业银行均积极尝试将 AR/VR 技术应用到业务场景中，能够增强客户体验并提升员工效率，包括通过 AR/VR 技术提供金融服务、数据可视化以及员工内部培训等。客户可以在家借助 VR 设备获取各种金融服务，比如远程与员工或数字员工进行互动、办理银行业务等；也可以通过 VR 设备实现实时数据的可视化，如账户信息、市场指数和货币信息等；AR 设备让银行交易员同时看到多个市场的数据，发出交易指令；VR 技术也被用于银行员工的内部培训，将员工置身于虚拟的场景中，与"虚拟同事"共同处理可能的突发事件。

3. 典型案例：银行智慧网点及智慧营销应用

平安银行曾在新春营销期间推出了独具特色的智慧营销活动，凭借 VR 技术打造了大规模的虚拟街景，为用户呈现了一个唯美的奇幻世界。同时，也为用户打造了一次虚拟与现实结合的沉浸式交互体验，用户不仅可以在其中自由进行 VR 观光，还可以体验多样的优惠活动。例如，"平安商号"中有平安口袋商城的积分抵扣活动，海量商品全场包邮；"五折美食府"代表的是 5000 家各种门店"周三刷平安信用卡低至五折"的活动。

通过引入 AR/VR 技术打造智慧营销活动，平安银行以制作精良的沉浸式画面、丰富有趣的互动活动吸引了大量用户的参与，而用户对于活动的分享又进一步扩展了影响范围。在多渠道推广的助力下，平安银行的影响力和营销效果得到了有效提升。

参考文献

中国人民银行：《金融科技发展规划（2022—2025 年）》，2022。

腾讯研究院：《腾讯隐私计算白皮书（2021）》，2021。

中国信息通信研究院编写《区块链白皮书（2021 年）》，2021。

北京金融科技产业联盟：《金融云原生 2.0 发展应用白皮书》，2022。

李伟主编《中国金融科技发展报告 2020》，社会科学文献出版社，2020。

李伟主编《中国金融科技发展报告 2021》，社会科学文献出版社，2021。

金融科技理论与应用研究小组：《金融科技知识图谱》，中信出版社，2021。

徐忠、邹传伟：《金融科技前沿与趋势》，中信出版社，2021。

刘勇等：《金融科技十讲》，中国人民大学出版社，2020。

〔美〕小杰伊·D. 威尔逊：《金融科技 Fintech 定义未来商业价值》，王勇、段炼等译，人民邮电出版社，2018。

〔日〕柏木亮二：《FinTech：金融科技指引未来》，姚待艳译，人民邮电出版社，2019。

刘瑾：《英国 FCA 监管科技（Regtech）研究》，金融科技研究院，2019。

王俊皓：《大数据技术的发展现状和未来趋势》，《中国新通信》2020 年第 21 期。

金磐石：《量子信息技术在金融领域的探索实践》，《金融电子化》2022 年第 2 期。

宋汉光：《智能化票据交易风险监测预警平台建设》，《金融电子化》2020 年第 12 期。

谭立、孔俊：《多方中介计算：一种新的隐私计算方法》，《经贸实践》2021 年第 10 期。

李冰：《数字人民币试点城市扩容一周　有平台新增用户超百万》，《证券日报》2022 年 4 月 13 日，第 1 版。

《2020 年人工智能十大技术进展及 2021 年十大技术趋势》，豆丁网，2021 年 2 月 27 日，https：//www. docin. com/p-2607326094. html。

《多方安全计算金融应用技术规范》（JR/T0196-2020），原创力文档知识分享平台，2022 年 3 月 3 日，https：//max. book118. com/html/2022/0301/8117125116004060. shtm。

《中国金融科技和数字普惠金融发展报告（2022）》，道客巴巴在线文档分享平台，2022 年 4 月 20 日，https：//www. doc88. com/p-19716167352671. html。

《腾讯研究院〈影响 2022 年的十大科技应用趋势〉（附下载）》，网易网，2022 年 1 月 13 日，https：//www. 163. com/dy/article/GTKARPNV0552NMG9. html。

《可解释 AI 发展报告 2022》，腾讯网，2022 年 1 月 11 日，https：//xw. qq. com/cmsid/20220112A0CHN700。

《2021 中国金融科技企业首席洞察报告正式发布！（附全文）》，"中关村网金院"百家号，2021 年 7 月 27 日，https：//baijiahao. baidu. com/s？ id = 1706368268633235782

&wfr＝spider&for＝pc。

《工业和信息化部关于加快推进虚拟现实产业发展的指导意见》，中国政府网，2018年12月21日，http：//www. gov. cn/zhengce/zhengceku/2018－12/31/content＿5442943. htm。

《隐私计算白皮书（2021年）》，道客巴巴在线文档分享平台，2022年5月16日，https：//www. doc88. com/p－39239696189777. html。

《2022年中国隐私计算行业研究报告》，"艾瑞"百家号，2022年5月30日，https：//baijiahao. baidu. com/s？id＝1729819117561649749&wfr＝spider&for＝pc。

《开启新纪元：隐私计算在金融领域应用发展报告（2021）》，"零壹财经"百家号，2021年10月28日，https：//baijiahao. baidu. com/s？id＝1714813597822625409&wfr＝spider&for＝pc。

《生态重塑：区块链+隐私计算一线实践报告（2022）》，零壹智库，2022年4月27日，https：//max. book118. com/html/2022/0425/7055015003004115. shtml。

IEEE，*The Impact of Technology in 2022 and Beyond*：*An IEEE Global Study*，2021.

IBM，"What is Cybersecurity？" 2020，https：//www. ibm. com/topics/cybersecurity.

Gartner，"Forecast Analysis：Artificial Intelligence Software，Worldwide，" October 20，2021，https：//www. gartner. com/en/documents/4007140.

The Enterprisers Project，"Artificial Intelligence（AI）：7 Trends to Watch for in 2022，" January 18，2022，https：//enterprisersproject. com/article/2022/1/artificial－intelligence－ai－7－trends－watch－2022.

Google，"Introducing Pathways：A Next-generation AI Architecture，" October 28，2021，https：//www. blog. google/technology/ai/introducing－pathways－next－generation－ai－architecture/.

Gartner，"Top Strategic Technology Trends for 2022，" 2021，https：//www. gartner. com/en/information－technology/insights/top-technology-trends.

IBM，"AutoML IBM AutoAI，" 2022，https：//www. ibm. com/cn－zh/cloud/watson－studio/autoai.

IBM，"IBM FactSheets Further Advances Trust in AI" July 9，2020，https：//www. ibm. com/blogs/research/2020/07/aifactsheets/.

运营服务篇

Operation Service

B.11
金融敏捷化创新体系建设探索

任妍 李伟 林冠峰 何琳*

摘　要： 为提升金融机构对内外部剧烈变化的适应能力，提升业务产品的创新能力，强化竞争优势，本报告从敏捷体系的定位和发展入手，分析组织敏捷、业务敏捷和技术体系敏捷的框架和内涵。本报告结合实践案例对难点问题进行着重分析，认为金融机构应畅通内外部沟通渠道，增进跨部门、跨机构的协同，提升对市场和需求的敏捷响应能力，技术对业务创新的支撑能力。金融机构数字化转型升级为构建敏捷创新体系提供参考。

关键词： 敏捷组织　创新机制　敏捷研发　数字化协同

---

* 任妍、李伟，阿里云计算有限公司；林冠峰、何琳，中国民生银行股份有限公司。

一　敏捷创新体系建设背景

（一）外部环境变化要求提升敏捷响应能力

1. 政治经济形势和监管规则变化，要求金融机构提升适应能力

当前，国际国内形势日益严峻复杂，"逆全球化"思潮不断抬头、贸易保护主义愈演愈烈，双循环格局是我国应对新形势、新挑战的重要举措。双循环格局基于国内国际两个市场、两种资源，推动供应链、产业链紧密结合，实现更高水平的供需动态平衡。这一格局的构建和运转需要金融资源的支撑。外部环境的复杂多变要求金融机构提升自身的适配性，及时洞察环境和市场，采取措施主动应对。

2. 消费互联网和产业互联网发展，要求金融产品服务随"需"应变

数字经济时代，新技术和新模式在消费领域实现了全面应用，伴随消费者向数字世界的迁徙，商业模式、市场格局、产业环境不断变化，消费者对个性化、实时性、互动性的要求越来越高，推动产品服务的研发、生产、营销、贸易做出相应调整。随着产业数字化的深化，产业链逐步贯通，上下游的连接变得更加紧密，金融产品服务变得更加多元，服务响应时间进一步缩短。

3. 竞争格局变化，金融机构通过开放的生态体系塑造竞争优势

随着监管趋严，以区域性银行为代表的三千多家银行经营范围受限，同时，面临全国性银行业务下沉的挤压，必须围绕区域经济提供金融产品服务，在服务中小微企业的过程中，存在产品服务同质化的问题。因此，要想在激烈的竞争中塑造优势，一方面要强化自身的经营管理能力；另一方面要联动生态合作方，优势互补，以生态优势强化自身的竞争优势。

（二）金融机构转型发展要求组织更敏捷

1. 跨部门、跨条线协同

随着金融机构数字化转型升级逐步深入，数字技术、产品与平台拉近了

关联部门与团队人员之间的距离，要求跨部门、跨条线紧密协同与联动。在传统的金融机构，总部（行）各业务部门、总部（行）与分支机构、业务部门与职能部门、业务部门与技术部门之间客观存在沟通协作上的壁垒，"烟囱式"架构难以维持企业数字化发展。如何通过机制体制、协同支撑平台来搭建关联协作人员的沟通桥梁，成为新时期金融机构实现组织敏捷的重要课题。

2. 资源聚焦与有效利用

数字化转型发展时期，传统金融机构纷纷开展数字化业务。无论是来自同业的竞争还是异业的角逐，对于资源投放需要更加理智、客观与精准，改变过往"既要又要"的老旧思维，在企业级视角高度聚合发展力量。在战略上聚方向、在业务上抓重点、在技术上积迭代，形成合力将企业带入高质量发展之路。金融机构应适时适当地检视资源使用率，不断沉淀数字化发展的企业级知识经验，不断校准数字化转型的机制与举措，确保企业资源的平稳高效利用。

3. 基础技术设施响应能力提升

金融机构在发展数字金融时遇到的最大障碍之一是基础技术设施难以适应与满足数字化时代企业发展诉求，主要表现为基础技术设施弹性不足与研发投产时效性不足。企业基础技术设施能否具备与数字化转型相匹配的响应能力，是新时期金融机构数字化转型发展面临的重大考验。金融机构纷纷开展云化、微服务化、分布式等架构改造，积极培养 DevOps 敏捷研发能力，主动构建云原生应用研发体系，旨在构筑数字金融时代企业级敏捷创新体系。

二 敏捷创新体系内涵与架构

（一）敏捷创新体系的内涵与定位

为应对日益复杂的内外部环境，落地组织发展战略，金融机构积极借鉴新理念、新模式和新技术推动组织优化、业务创新和技术升级，构建灵活、柔性、快速创新的业务、管理和技术体系。

敏捷创新体系是组织战略级别的、支持组织高质量发展的新型创新协同网络体系。其主要特征有以下几点。

一是在目标层面上的用户价值导向。用户价值是金融机构经营管理的起点和落脚点，敏捷创新体系帮助金融机构中的各部门快速准确地感知用户需求和市场变化，协同内外部资源为用户创造独特价值。

二是在组织层面上的柔性动态、高效协同。为应对市场变化而进行的业务产品创新，需要组织阵型、激励机制、人才体系、技术工具等做出快速调整，并与组织目标相匹配，确保金融机构内部上下级、前后台之间，内外部之间可以顺畅、合规地进行信息和资源交换，及时获取必要的资源，在变化中谋求发展。

三是在实施层面上的数字化与智能化支撑。敏捷创新体系建设会给传统组织带来较大冲击，它之所以能获得高层的支持和执行层的参与，重要的一点是它能让组织看到正向结果，且有评价和迭代机制。组织的运行情况需要借助数字化的能力进行呈现，并及时优化迭代。

敏捷创新体系是金融机构应对不确定性的重要机制，如在当前金融机构践行数字化转型的过程中，敏捷创新体系可以帮助金融机构及时洞察和矫正发展方向，加快转型速度，帮助金融机构在效率与安全、合规与发展之间找到适当的演进路径。

（二）敏捷创新体系的框架

敏捷创新体系是在组织战略的指导下，支撑组织和业务发展的一套体系，包括组织敏捷体系、业务敏捷体系和技术敏捷体系（见图1）。

1.组织敏捷体系

一是组织机构扁平化。组织敏捷的实质是对人力资源的重新配置和充分利用，突破原有的职能型组织造成的边界感，围绕业务方向成立最小经营单元（Value Creation Units），汇聚多个职能条线的人员，形成直接面向客户、提供端到端服务的组织。近年来，多家金融机构开展部落制改革，探索项目与职能交错的组织阵型，成为敏捷创新的先行者。

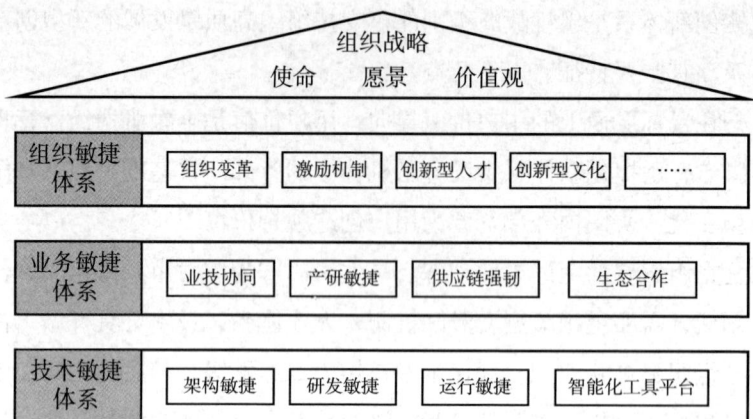

图1 敏捷创新体系架构

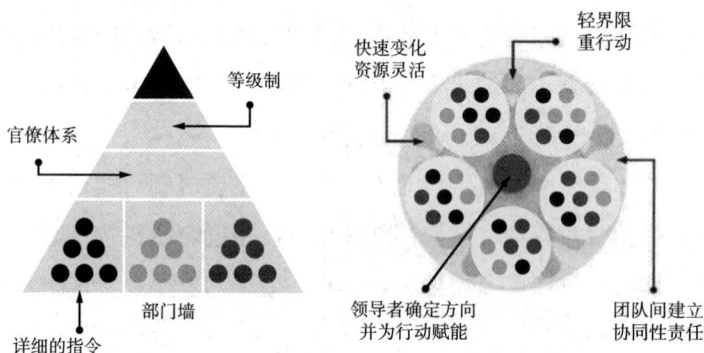

图2 从传统组织到敏捷组织

资料来源：麦肯锡《敏捷组织的五大标志》。

二是激励机制创新：从关键绩效指标（KPI）到目标和关键成果（OKR）。敏捷组织实现了端到端的沟通和交付、任务的快速分解，有利于提高协作效能。但各敏捷小组相对独立，想要在快速奔跑的过程中保持战略方向，则需要有个"指南针"来校对方向，设计与组织相配套的机制来激发每位成员的动力。实践中，部分金融机构探索以"OKR+KPI"的方式建立兼顾稳态与敏态的绩效管理模式，如构建灵活敏捷的部落制架构和激励机制，以OKR推动具有挑战性的战略目标落地，建立差异化的分级评审机制，按季度对"部落长"等关键角色进行评价，定期复盘、强化管理，有效保障了敏捷组织的实施成效。

三是创新生态合作，开辟数字化创新试验田。金融机构在积极推动成熟技术应用的同时，也通过联合实验室跟踪新兴技术，促进创新应用场景的孵化，通过数字化工厂打造数字化创新样板间。在金融业，主要是由数字化的专业团队开展业务合作，从客户视角出发推动客户旅程的流程梳理和再造。

四是数字技术支撑。敏捷组织的目标是快速洞察市场和响应变化，需要借助数字技术广泛地引入组织运行、市场洞察以及用户服务等方面的信息，高效地分析多源数据，并以直观、友好的方式便捷地展示出来，向高层和执行层展示组织目标的衔接和推进情况，以及市场变化的响应情况；敏捷组织需要一系列数字化能力支撑，包括数据采集处理的能力、内外部高效沟通协作的能力以及整合资源的数字化运营能力。

五是创新型人才队伍建设。敏捷组织能够顺利组建和运转的关键要素是人才队伍。组建适合敏捷组织的人才队伍，既需要能起到目标感召和引领作用的高层人才，也需要能带领跨职能团队快速创新的中层人才，同样需要具备专业性和多元化技能的基层人才。构建能根据组织目标快速学习、理解业务和技术的复合型人才队伍对敏捷创新体系的建设至关重要。

2. 业务敏捷体系

业务敏捷的目标是快速洞察变化，通过有效学习，形成对市场、技术、团队等内外部变化的快速适应能力。业务敏捷通常从贴近客户服务的条线入手，优化中后台供给，创新配套机制，形成前台灵敏、中后台联动的敏捷业务体系。

一是前台业务贴近客户服务。借助数字化手段，依托开放银行等理念，将支付结算、信贷服务、账户管理等各类金融业务融入生产生活场景，在缴纳税费、供应链交易、出行娱乐等过程中无缝使用金融服务，银行可以借助生态伙伴看到客户的浏览、选用、复购等全过程，通过高频金融服务增加客户触点，基于对客户的了解，推出品类丰富的产品和服务。为实现金融服务创新，银行积极引入数字技术，利用区块链、电子围栏、卫星遥感等技术，突破传统金融服务堵点，实现商流、物流、信息流的及时获取和融合利用。

二是优化中后台供给。强有力的中后台是前台创新的有力支撑，各金融机构逐步将开放、持续迭代的中后台作为转型发展的重要平台。以风控为例，金融服务创新核心使风控体系与时俱进，风控模型需要应对海量数据、繁杂的规则体系，以及场景多变等多重挑战，智能化的风控体系可以结合业务需要形成多元化的风控模型。

三是创新运营管理模式。顺应数字经济发展，金融机构构建在线协同机制，创新运营模式，提升服务能力。在服务中小微企业时，充分结合线上服务的便捷和线下服务的周到，依托移动银行，将具有丰富线下服务经验的客户经理引入线上，通过在线形式延伸服务半径，为更多的中小微企业提供专属服务，探索线上线下一体化的服务形式。

四是联动生态提供综合服务。细分客户旅程不同阶段所需的服务内容，联动生态合作方共同为客户提供服务，形成快速、开放、多元、共创的开放平台。

3. 技术敏捷体系

技术敏捷体系是面向业务提供的快速交付、持续迭代的技术体系，包括架构灵敏、基础设施弹性、低代码开发工具以及智能化的运行管理等多个层面。

一是分布式云原生架构敏捷。云原生架构通过将云应用中的非业务代码部分剥离，使业务不再受非功能性业务中断困扰，进而具备轻量、敏捷、高度自动化的特点。

金融级云原生架构是将过去在应用层做的大量工作（如弹性扩展、服务升降级、容灾切换、灵活资源部署等）下沉到云平台层去开展，让应用更加关注客户体验与业务逻辑，更具备弹性与韧性。同时，为实现安全性、强一致性、可靠性和容错性等目标，金融级云原生架构采取"强局部自治、弱中心控制"原则，把需要综合多方因素判断的复杂逻辑交由全局系统（中央大脑）完成，发挥其汇聚全局要素和高效计算的优势，而大量的日常简单判断和执行动作则要放在局部系统内闭环完成，提升容错性和敏捷应变能力，进而提高整个系统的稳健性。

二是体系化效能平台助力研发敏捷。敏捷研发体系的关键环节包括团队管理、产品管理和过程管理，既需要研发团队的相对稳定和合理安排，也需要对频繁变化的产品需求进行排序和把控，更需要将流程落地。因此，实现研发敏捷需要多种工具支撑，包括涉及任务协同、项目管理、需求迭代、研发测试、部署运维、交付变更等环节的各种工具。

实践中，部分机构借鉴互联网公司的研发经验，搭建统一的研发管理平台（见图3），包括基础服务、工具服务、协同服务、场景服务等多个层面，既提供企业级的标准化、共性的流程服务，也面向各团队提供定制化的服务。

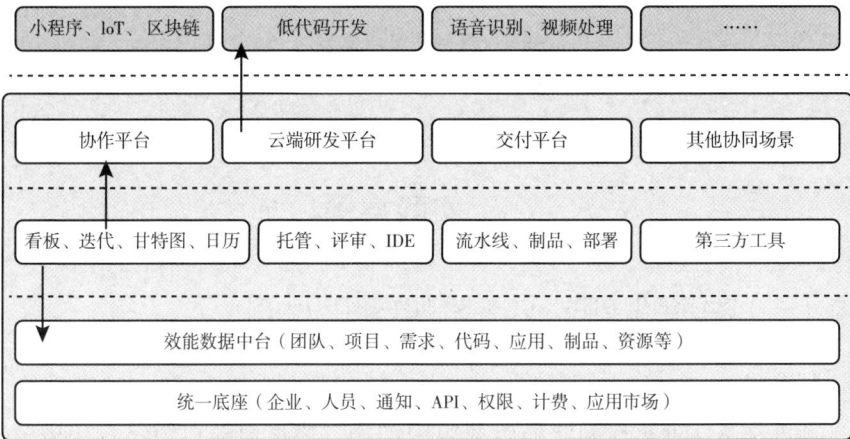

图3　统一的研发管理平台

三是运行敏捷。系统将从数据运维（DataOps）转变为人工智能运维（AIOps）。无论是在传统集中式架构下还是在分布式架构下，运维工作都涉及多地多中心的各种设施、设备和海量监控数据。由于工作繁杂，"人肉"运维往往不可持续，于是转向基于自动化脚本的工具运维。运维工作逐步走向体系化、平台化、数字化和智能化。

数智化运维是将运维工作的组织、流程、人员、数据等进行分析和系统化的数据建模，将运维操作和数据封装成服务，实现灵活的任务编排和执行。数智化运维用软件工程的理念解决大规模分布式集群运维管理问题，通过标准化、数字化、智能化的管控手段提升运维的效能，控制运维的成本，提升应对异常的主动性，进而为技术体系的持续完善提供更高的响应度和更大的空间（见图4）。

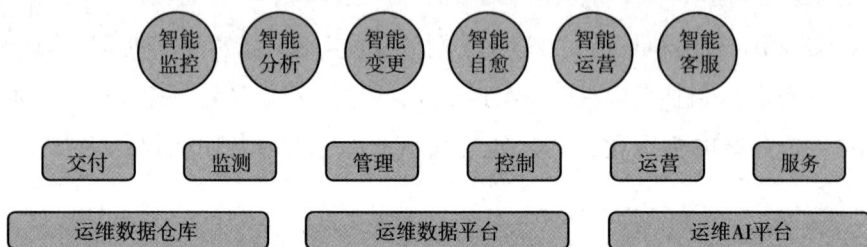

图4　数智化运维体系

三　实践案例

（一）敏捷组织实践：以部落制敏捷组织为例

1.背景

部落制是一种柔性网状的敏捷组织结构，最早由瑞典数字音乐服务商Spotify Model 公司在 2012 年提出，部落制由小队（Squad）、部落（Tribe）、行会（Chapter）、分会（Guild）等多种组织单元组成。部落制敏捷组织通过职能管理和任务管理的融合，形成矩阵模式，促进跨职能的协同。其中，由职能部门负责岗位专业能力培养，由任务团队负责业务目标制定。部落制敏捷组织融合了各职能条线的专业人员，组织得以实现自闭环且能够对结果负责。

2.行业实践

荷兰国际集团（ING）是国际上实施敏捷体系的典型代表。根据内部环境的成熟度，ING 分阶段构建企业级敏捷组织。① 一是建立敏捷项目组，实现试点项目的敏捷管理，探索建立相关的标准和规范；二是建立敏捷项目群，将敏捷项目与战略规划相关联，从产品、流程、数据等多个维度系统提升敏捷项目的成熟度，配套搭建支持敏捷转型的数据中台；三是全面敏捷，推动包括组织架构调整等在内的整体计划实施。

国内各银行在科技治理和业务支撑方面面临多重困难，如技术体系复杂度高，自主研发的比例较低，对质量和进度的把控不足；各类应用以定制化开发为主，外包服务商的成熟度差异较大，服务能力不同。而业务的发展要求科技服务"又快又好"，与银行有限的科技力量和服务能力形成鲜明对比。因此，自 2015 年开始，部分股份制银行和城商行开始进行敏捷银行转型。

以某银行为例，从研发体系着手推动敏捷组织建设，在需求管理、设计管理、任务管理、测试管理、上线管理等方面进行"端到端"的数字化、可视化和敏捷化转型，围绕零售、互金、公司、资管等业务设置六大部落，下设若干小队，将产品、开发、测试人员划入小队。部落和小队可直接面向业务和产品，从而提升响应速度。在此基础上，选择部分小队与业务融合，通过派驻等方式，实现技术与业务紧密融合，从而提升业务质量。

随着敏捷体系不断深化推广，该银行持续优化敏捷组织的划分和管理，配套相应的激励机制，利用中台支撑敏捷小队的业务创新，形成敏捷小队与中台体系配合的较为完整的敏捷银行新模式。

3. 行业示范

实践中，各家金融机构在建设敏捷组织过程中采用不同的方式，部落制是其中的一种典型做法，具体的组织架构和职责划分需要根据各家金融机构的实际情况进行设定。往往是从零售业务、科技体系等入手，循序渐进，并需要配合适合敏捷组织的文化氛围和激励机制，确保创新型组织与稳定的中台体系相结合，保障合规和安全。

---

① 赵志宏：《推进敏捷银行转型需要把握的几个问题》，《当代金融家》2019 年第 11 期。

（二）创新模式实践：以民生银行创新实验室为例

1. 建设背景

坚持科技赋能，拥抱数字金融。在人工智能、大数据、区块链、5G 等新技术与金融日益融合的趋势下，民生银行将数字金融作为全行战略转型的重要方向，从"战略目标牵引""重大任务带动""组织流程规范""科技人才发展"等方面出发进行科技体制机制创新。在银行领导的指导与支持下，总行信息科技部牵头制定金融科技相关战略举措，明确将"科技引领、数字民生"作为全行科技金融发展战略目标，并围绕该战略目标，布局战略力量，配置战略资源。

2. 建设方案

在现行机制体制下，科技信息管理委员会作为全行科技金融管理的"指挥部"，负责全行科技金融发展规划、管理和决策；创新管理委员会是全行产品、模式、技术与管理创新的"方向盘"；总行信息科技部负责牵头制定全行科技金融战略规划举措，该部门成为数字金融实施落地的"大本营"；民生科技公司是探索实践民生银行数字化发展契机的"先锋队"，围绕 B 端、C 端、F 端构建泛金融数字化生态，全面服务母行；"大本营"下设科技创新中心，已设立人工智能、区块链、物联网三个实验室，同时配置了横向产品研究与纵深技术研究团队。

民生科技公司探索成立跨条线创新敏捷团队，加速推进创新落地。参考业界加速器模式，通过"科技加速器"联合创新实验室，建立外部前沿技术的快速引入机制。针对前瞻应用型技术研究，从技术洞察、研究、原型构建到试错，提供全流程科技创新探索保障机制——"技术预研管理"。针对该机制，企业探索设计了从开题、论证到结题的关键流程，立项流程简化、技术引入高效，推动前沿技术研究工作取得成果，并在业务场景中快速转化为业务价值，打造民生银行金融科技的"天使投资平台"。

3. 创新机制实践

科技创新研究中心是民生银行前瞻性应用型技术的实验基地，践行科技轻组织"动态裂变"的理念，团队设置根据新技术动向与趋势进行动态调整，根据业界趋势设立重点领域实验室，同时配备新技术横向推广与中长期技术纵深研究的资源，打造创新技术应用落地闭环。科技创新工作模式发展经历了以下几个阶段。一是新技术孵化器阶段。特征为单体创新、概念探索、原型论证与孵化交付。二是联合创新工厂阶段。聚焦跨团队的技术应用推广，将新技术赋能交付团队、分行科技。三是科技创新工作平台阶段。布局创新技术，设计新技术引入机制，全过程管理外部联合实验室的运行与产出，推行技术预研文化与辅助制度，搭建"引荐—储备—落地—传播"的组织级创新平台。目前，科技创新研究中心聚焦人工智能、区块链、物联网、5G、虚拟合成等新应用技术，携手业务部门与研发交付团队，积极推动数字化创新，推动民生银行科技创新与业务的深度融合。

（三）敏捷研发体系实践：以网商银行为例

1. 建设背景

网商银行是中国银保监会批准成立的国内首批民营银行之一。从建立之初，网商银行就是构建在云计算基础设施之上的金融机构，数字化能力是网商银行重要的核心优势。随着业务量的增长，网商银行从"两地三中心"的架构升级到异地多活架构，并借助云原生技术提升其运行效能，实现资源的动态扩展和精细化管理。

在业务持续创新和技术体系逐步演进过程中，网商银行科技团队面临大量需求快速变化、交付时间紧、风险控制难、项目规模大、跨团队协同难等问题。为提升研发效能和代码质量，保障业务连续运行和安全合规，网商银行开启了敏捷研发体系建设之路。

2. 建设过程

鉴于金融业务对业务连续性、数据安全性、数据一致性等各方面都有着极高的要求，网商银行参考并整合了统一软件开发过程（RUP）、XP、迭代式增量软件开发过程（SCRUM）等方法体系的精髓，大胆精简、适度扩充，建立了一套适合金融业的支持大规模多项目并行、快速迭代的敏捷研发体系，从而保证了金融业研发过程的完整性、规范性、严谨性。同时，该研发体系通过综合运用云计算、大数据、人工智能等多项数字技术，构建了针对研发流程各环节的工具体系，持续提升各环节的自动化、智能化水平，从而提升研发过程的效能和质量，实现研发过程的数字化和智能化管控，形成了一套兼顾稳健与敏捷的"双速"研发体系（见图5）。

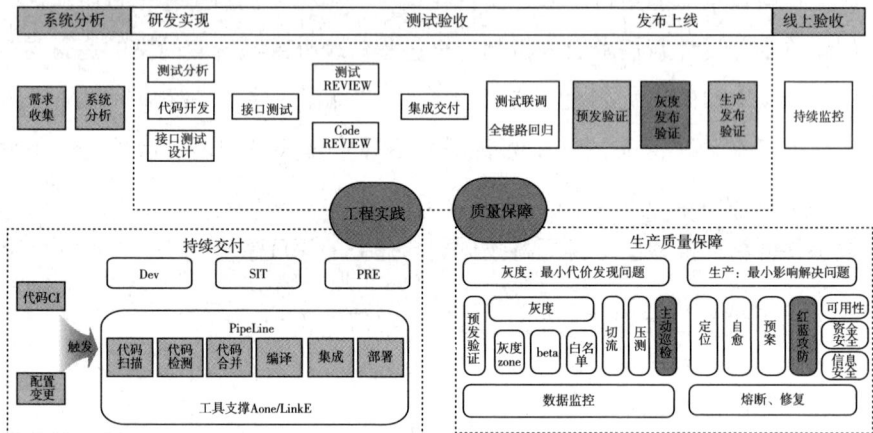

图5　快速迭代敏捷研发体系

创新工作方法优化研发流程。对从需求提出到产品发布上线的研发全流程进行细致分析和设计优化，实现各环节的优化，基于研发管理平台实现统一排期和调度，持续提升整体效能。

智能化提升研发效能。对研发全链路的技术工具进行规范，利用数字化管控提升效能；基于体系化的工具支撑，对研发全过程操作进行追踪和分析；基于数据分析提升每个环节的处理能力，进而实现整体效率的最大化。

激励机制兼顾业务导向和技术创新。围绕小微金融、交易银行等核心业务设立业务单元，由来自产品、科技、运营、合规、风险团队的人员共同组建业务团队。技术研发由产品经理驱动，形成业务单元与职能部门相互促进的矩阵式架构。其中，对科技人员的考核既包括其对业务目标的支持，也包括其运用新技术、新方法提升效能、支持创新的能力。

强化风险管控。以可灰度、可监控、可应急的原则，严格控制管理权限，对于重要变更设置预发布、灰度发布和正式发布多个环节，逐步进行小范围风险可控的验证。这有助于及时发现问题，通过快速迭代解决各类问题，确保在风险可控的前提下，实现快速创新。

3. 敏捷研发体系取得的成效

随着敏捷研发体系逐步完善，网商银行整体研发效能得到显著提升，产品迭代速度持续提升，约 2 周迭代一个版本，对于重要且紧急的需求，能够实现每周迭代、快速优化。约 800 人的技术团队支撑了全行所有应用的自研，落实了自主可控要求。整个技术研发体系兼顾稳健与创新需求，能够发挥良好的行业示范效应。

敏捷研发体系建设是一个持续渐近的过程，随着架构和技术的演进，网商银行正在探索适用于云原生架构、算法治理要求的新型敏捷研发体系。

（四）数字化协同实践：以湖南省农村信用社为例

1. 建设背景

湖南省农村信用社成立于 1951 年，包括 1 家省联社和 102 家农商银行。目前，全系统有 38526 名员工、3951 个网点、14153 台自助设备，是湖南省规模最大、客户最多、服务最广、税收贡献最大的金融机构。[①]

为适应湖南农村信用社两级法人、点多面广的组织架构，构建数字化的组织管理体系，省联社启动了基于"云钉一体"的新一代协同办公平台建设项目（见图 6）。

2. 建设内容

该项目采用统分结合的集约化建设模式，基于省联社"福祥云"新一代专有云平台，建设全省统一的新一代协同办公平台及开放能力体系，有效实现各上层应用的统一接入、统一监管，打通数据流和业务流渠道。主要内容包括以下几点。

---

① 数据来自湖南省农村信用社。

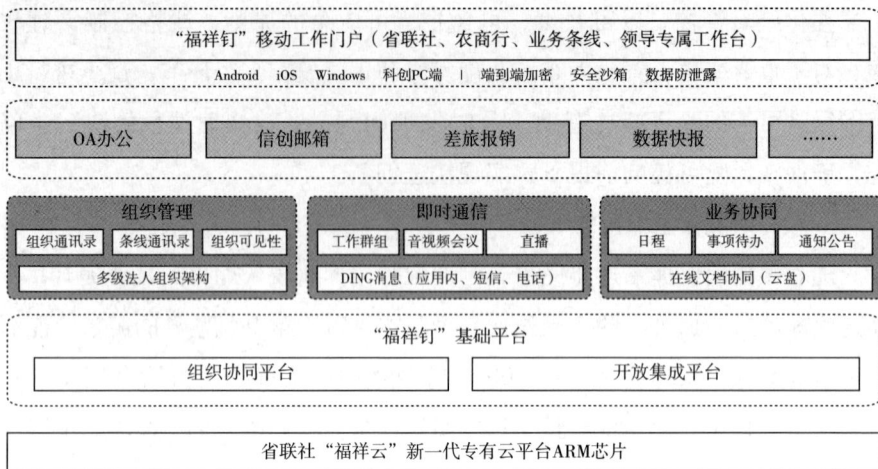

图6 湖南省农村信用社"云钉一体"新一代协同办公平台架构

一是统一即时通信。为省联社及各法人单位提供统一通讯录、即时消息、文件传输、工作群组、音视频会议、直播等在线沟通协同功能，与人力资源系统连通，实现全系统近4万名员工、100多家法人单位的信息共享。

二是统一工作门户。为省联社及各法人单位建设统一工作门户系统，支持定义法人单位工作门户、部门条线工作门户、领导个人工作门户，通过开放应用程序接口（API）、软件开发工具包（SDK）等方式将各法人单位应用接入工作门户，支持"千人千面"，实现全系统移动协同办公。

三是统一运营管理。提供多级组织架构、权限体系、安全及审计等方面的管理功能，实现金融场景下对移动应用的精细化管理，建设协同数据分析系统，支持组织活跃度、员工活跃度、应用活跃度等数据指标分析。提供多端数据采集服务接口，支持平台各接入业务系统的功能埋点、数据采集、热点分析，为进一步优化功能、体验及推动场景化应用开发提供数据支撑。

3. 数字化协同工作成效

创新工作沟通方式。组织内沟通由点对点向多点对多点转变，权限范围内快速找组织找人，极大地提升了沟通协作效率。任务的下发和传达由以往的几天级压缩为分钟级，效率提高近百倍。

创新工作协同方式。各法人单位、各部门之间业务流、数据流、审批流在平台汇聚，实现全省联社各管理部门、农商行机构、基层网点的流程优化和业务协同，消除流程断裂及信息孤岛现象。

创新移动工作模式。将原有 PC 电脑上的业务系统功能整合接入移动工作平台，实现随时、随地、全天候移动办公、掌上办公，可及时响应内部和外部需求，极大地提高了工作效率。

此外，新一代协同办公平台融合了云平台和"福祥钉"的安全防护体系，严格遵循有关安全保密要求，采用端到端的数据加密，实现一人一密、一话一密、一次一密。通过构建安全沙箱，引入数据远程擦除、密钥销毁技术等，全面保障了敏捷体系的沟通及数据安全。

四　敏捷创新体系建设重点及应对策略

（一）战略布局：敏捷组织支持战略快速落地

金融机构开展数字化转型升级，需要具备与数字化战略相匹配的对市场快速响应的组织能力，而建设敏捷组织是在新时期外部环境不断变化的过程中提升企业适配能力的有效手段。

组织的敏捷化转型往往会遇到诸多困难，需要战略布局与顶层推动，敏捷组织不仅要在组织架构的形式上发生改变，更重要的是依托数字化协同平台的多层级组织框架逐步演变为与业务战略相匹配的扁平、弹性的企业协同架构。以此确保企业全员对业务战略保持统一的认知，对业务战略的执行是可跨条线协作完成的，对业务的运营是可复盘与迭代的。

（二）机制设计：敏捷创新模式

1.敏捷流程

在组织敏捷化转型过程中，伴随组织架构的调整与流程的变革，金融机构需清晰划分稳态与敏态业务，通过中台业务架构稳固支撑中后台金融能力。面对瞬息万变的市场与客户需求，金融机构需要构建敏态化的内部流程，即"敏捷流程"来提升企业自身响应能力。敏捷流程的理论与方法并非新鲜事物。数字化时代企业采用敏捷流程的关键点在于站在客户视角，并立足于实际针对核心业务单元，通过数字化技术快速赋能。敏捷流程的设计主要解决跨部门审议、授权管理、资源聚焦、业技融合等问题。

2. 创新管理

金融机构数字化转型升级离不开数字技术。长久以来，金融产品都很"传统"，并未发生实质性改变，说明金融机构难以通过提供绝对差异化的产品或服务来建立竞争优势。通过对数字技术的创新运用，金融机构能够在渠道、运营、商业模式等方面进行优化提升，将技术黏性与创新理念融入实体经济中，促进实体经济的高质量发展。如何引导与管理创新，将成为新时期金融机构发展的重要课题。一方面，金融机构的内部创新管理，需要在"自上而下"与"自下而上"两个方向汇聚，根据业务战略与自身特点，将创新向企业发展方向引导，通过灵活的小团队组织、财务机制保障、弹性的激励机制等驱动企业创新发展。另一方面，对于金融机构的外部创新活动，可根据企业自身发展阶段进行规划与设计，如采取孵化器、加速器、合作创新等形式。

3. 创新文化

数字化时代，金融机构的创新文化已逐渐开始与科技文化融合，交融形成数字化思维和理念。如今，大多数金融机构的创新舰船已驶入了金融科技赛道，"审慎包容、鼓励创新"是新时期金融机构创新文化的风向标。金融机构一般可通过设立创新空间、组织创新竞赛、开展创新讲堂等丰富的形式引导与号召全员开展创新活动。

（三）技术支撑：数字技术提升敏捷能力

1. 技术增进高效协同

在敏捷业务开展和敏捷组织构建过程中，人员跨部门的交流增加，涉及大量分工、跟踪、反馈、研讨、设计、开发环节和模块，每个环节和模块都需要快速找到合适的人员，确保信息传递的准确性，而使用表格或邮件的传统信息传递方式费时费力。

金融企业可通过引入协同办公平台构建涵盖组织沟通、业务办理、人员管理等一站式的业务和办公体系，一方面贯通各类业务和管理系统，为各部门提供统一的办公入口和可视化的流程追踪，支持业务快速创新；另一方面连通大数据平台，根据管理要求，把必要业务和管理数据沉淀汇聚到大数据平台进行分析，这可以帮助管理层了解跨部门互动情况，并与人力资源模块联动，为人才盘点和人才培养提供支持。

2. 低代码技术平台降低业务敏捷难度

敏捷研发体系建设过程中的一大难点是需求多变、难以把控。需求频繁变化会引起研发全过程调整，会对开发周期和质量造成严重影响。

金融机构可采用低代码技术平台，支持敏捷团队通过配置的方式开展产品的原型设计和开发工作，让业务人员所见即所得，快速形成较为精简的原型，再逐步迭代。低代码技术平台可以使业务人员成为产品研发的重要角色，符合技术普惠发展的大趋势。

3. 建立科学的度量体系，提升研发效能

在敏捷研发体系建设过程中，各金融机构通常把提升研发效能作为目标，但对于什么是较高的研发效能却很难清晰界定。

研发敏捷是科技部门数字化转型的重要内容。以某民营银行为例，通过数据驱动的方式，实现研发过程的线上化，对会议、工单、需求、项目、代码、目标等进行全方位数据采集、多维度数据分析，找到评估研发效能的关键指标，让管理层清晰地看到研发管理的流程和问题，有针对性地设置关键目标，并能够凝聚各部门共识形成合力。建立科学的度量体系，有助于金融机构针对测试环境部署周期长等问题提出应对策略并逐一解决，进而提升整体研发效能。

B.12

金融一体化运营中台实践探索

范修来 等*

摘　要： 本报告围绕金融机构在数字化转型中面临的内外部变化，以及在业务、数据、技术、运营、组织、人才方面面临的难点，深入分析中台的由来、定位和其推动数字化转型的价值，提出一体化运营中台的整体框架、能力体系和实践案例。并着重分析了一体化中台建设过程中的关键成功要素，包括组织保障、激励机制、人才队伍建设和运营模式创新等，为加快金融机构数字化转型、实现高质量发展提供参考。

关键词： 业务中台　数据中台　技术中台　数字化转型

一　建设背景

根据《金融科技发展规划（2022—2025 年）》，一体化运营中台包括业务中台、数据中台和技术中台。运营中台体系是新时期金融机构适应市场变化、提升经营管理效能、增强数字服务能力、塑造核心竞争力的重要支撑。

（一）金融机构转型发展面临的挑战与机遇

近年来，国际局势复杂多变，新冠肺炎疫情给经济发展带来诸多影响，金融机构亟须提升应对复杂局面的能力，为实体经济和民生发展提供支持。

---

* 执笔人：范修来、吴玉虎、朱颖茵、戴蕾、吴旭、李娜、孟辰、任妍。范修来、吴玉虎、朱颖茵，上海浦东发展银行；戴蕾、吴旭、李娜、孟辰、任妍，阿里云计算有限公司。

各金融机构通过实施数字化转型来推动产品和服务创新，有效提升了营销和风控能力。然而，在传统的组织架构和管理机制下，新技术难以与业务充分融合，迫切需要推动机制创新，打造企业级的科技与业务协同组织，进一步提升对市场和客户需求的响应速度与竞争力。

（二）以中台体系建设为重要抓手的数字化转型

2020 年 9 月，国务院国有资产监督管理委员会在《关于加快推进国有企业数字化转型工作的通知》中提出"探索构建适应企业业务特点和发展需求的'数据中台''业务中台'等新型 IT 架构模式"。中国人民银行在《金融科技发展规划（2022—2025 年）》中要求金融机构夯实一体化运营中台，激活数字化经营新动能。

中台体系的价值可以从以下四个方面进行分析。一是架构层面，中台强调"复用"的设计理念，支持业务快速组装和落地，实现敏捷创新与快速试错；二是数据层面，中台将全面提升企业级数据能力作为整体目标，充分发挥数据要素价值，推动数据业务优化升级；三是技术层面，建立基础设施云化、全面应用云化的云原生技术中台，建设先进、敏捷、智能的技术管理和运维管理体系，进而提高技术对业务的支撑和保障能力；四是业务层面，基于企业级业务架构的规划，提取共性业务功能，构建可复用的能力中心，实现业务与技术的解耦，促进业务创新，提升客户体验。

二 一体化运营中台架构与能力体系

一体化运营中台的定位是构建科技赋能、数据驱动、业务联动的企业级数字化服务中枢。

（一）一体化运营中台的定义

中台理念，是将企业的核心能力以数字化形式沉淀到平台，形成以服务为中心，由业务中台和数据中台构建起数据闭环运转的运营体系，供企业更高效地进行业务探索和创新，以数字化资产的形态构建企业核心差异化竞争力。中台包括战略、组织、平台、数据、标准、规范等一整套体系，强调能力共享和复用，支持供需快速匹配和迭代演进，最终降低试错成本，提升快速创新能力。

在一体化运营中台中，业务中台、数据中台和技术中台三者有机结合，彼此相互支撑，形成一个有机统一体，通过各自的能力开发以及能力协同，实现对业务前台的强力支持。同时需要搭建一套运营体系确保中台架构顺畅、健康运转（见图1）。

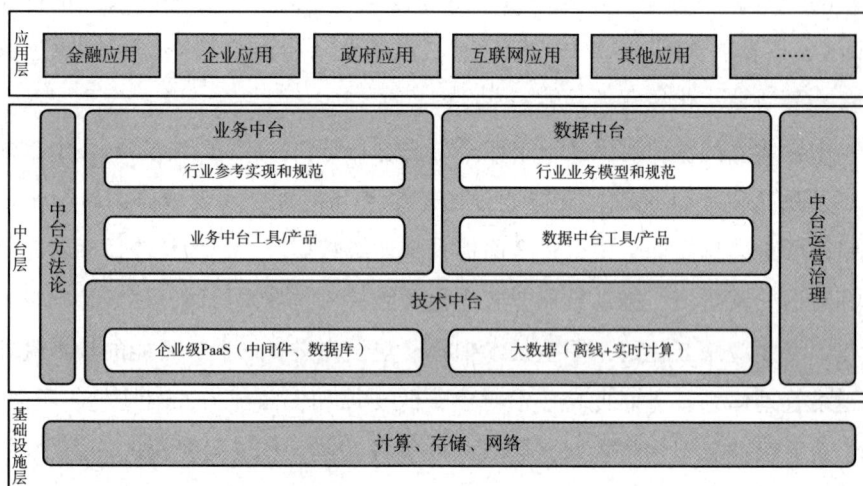

图1 一体化运营中台架构

资料来源：浦发银行、阿里云。

（二）一体化运营中台的能力体系

1. 业务中台能力体系

业务中台，利用业务建模理论、共性业务能力聚合实现可复用业务组件，通过能力地图与动态治理确保架构科学合理，从而基于企业核心竞争力构建共享能力中心，实现快速业务组装，以敏捷应对未来充满不确定性的创新业务。

业务中台共享能力识别的原则包括以下几点。

一是功能和数据具备共享价值。架构底层的公共和共享功能没能与架构上层的业务耦合，让业务能力沉淀到中台成为一个独立的服务中心。

二是有价值的业务数据汇入和沉淀。企业运营的主体是数据，中台各服务中心最大的业务价值也是通过数据呈现的，如果没有核心业务数据汇入，中台也不以一个独立的服务中心存在。

三是功能不断完善且能满足客户日渐丰富的需求。从功能角度来看，如果一个服务中心的功能比较单一、逻辑简单，甚至一旦构建好后，很长一段时间都不需要进行持续的功能改进，那么其没必要成为一个独立的服务中心。

四是功能边界清晰，具有独立运营价值。为了让不同的团队针对该服务中心进行运营，每一个服务中心的功能边界都要足够清晰。功能边界不清晰的现象会导致业务协同成本剧增。

从中台架构层次体系来看，业务中台分为渠道层、产品服务层、商业能力层和基础能力层。每一层通过能力封装为上一层提供服务，同时横向提升数据中台实时的数据归集能力，形成业务的数据化过程。此外，业务中台的分层拆解在促进能力复用的同时，也提高了架构复杂性，需要一套成熟的架构治理和运营体系来确保已有的业务能力能够被持续复用和管理。

业务中台具备支撑业务敏捷与技术敏捷的特性。一方面，通过能力中心的沉淀、共享与复用，可以让业务创新与试错更快速、更轻便地落地实现，缩短从创意提出到业务投产的时间周期，实现业务敏捷；另一方面，服务中心内聚的能力，已经集成了关键且核心的技术组件，在性能、稳定性、隔离性、监控应急能力等多个视角，真正屏蔽了与业务无关的技术复杂性，有利于提升业务研发的效率，实现技术敏捷。

2. 数据中台能力体系

数据中台，通过全域数据资产建设、智能化数据分析手段以及多样数据服务能力，实现全企业数据的采集、建设、管理、应用和反馈的闭环，打通各层级与多业务间的数据壁垒，实现数据的统一整合与运营，提高企业整体运行效率，实现数据对业务的赋能。

数据中台能力体系以数据的"采、建、管、用"为主线进行梳理与建设。"采"包括数据采集的频度划分、采集内容以及企业内外部数据的采集和获取方式划分。"建"包括数据平台建设、数据资产建设以及在此过程中的数据敏捷研发。"管"主要是指数据资产管理，面向数据的使用者和管理者，提供宏观和微观的数据治理方法与工具，提升数据质量。"用"包括数据服务和数据应用，数据服务具备基础通用性能力，支撑数据应用；数据应用面向不同的应用场景提供便捷的服务。

数据中台的建设过程有别于原有传统数仓的构建，实时数据的采集需求越来越广泛。

一是进行全域数据采集、实时数据采集，埋点、秒级等能力变得尤为重要。

二是数据作为企业的核心资产，需要按照分层的逻辑对其进行加工计算，沉淀具有复用能力的数据资产，可按照四层进行划分，分别是原始贴源层、模型集成层、应用萃取层和集市层。

原始贴源层数据保持与源系统一致。模型集成层采用维度建模的技术，从企业视角创建实体表和维度表，进而进行一定程度的汇总分析。应用萃取层是沉淀可复用数据能力的核心，主要内容是构建企业级指标体系和标签体系；统一的指标和标签规则是实现数据能力复用的重要基础，指标和标签在各业务部门及业务场景中不断扩展，体系不断丰富和迭代，进而实现面向企业业务经营全过程的、持续完善的指标体系和企业级标签库。利用高效的标签萃取技术，通过标签及标签组合衍生的画像来实现对各类客户、风险的全面洞察。集市层是根据业务分析需求，面向不同业务领域构建的数据集市，对内外部提供数据服务。

三是面向数据的使用者和管理者，提供宏观和微观的数据治理方法与工具，提升数据质量。通过数据资产管理让数据资产可见、可用、可管，需要借助高效的数据资产管理方法与工具实现对数据资产的全盘把握与科学分析，让业务用户可以清晰查看及快速使用数据资产，准确评估并合理使用数据资产，智能诊断和高效管理数据资产。

四是通过基础数据推送、数据接口和数据产品等为业务提供便捷的数据服务。基于数据服务提供的基础能力提升数据应用能力，如商业智能（BI）类数据应用，该类应用主要包括统计报表、清单查询、数据分析门户、实时数据查询等类别；虚拟现实（AI）类数据应用主要包括语音识别类应用、图像识别类应用、自然语言处理类应用以及生物特征识别类应用等。

3. 技术中台能力体系

纵观金融IT 40年发展史，其大致经历了"分散式架构—集中式架构—'分布式+集中式'双核架构—全面分布式云原生架构"的多次变迁。分布式架构是云计算的实现形式，云计算是传统分布式架构的延伸。面对数字化转型需求，金融机构业务发展需要更高的支持敏捷创新的技术支撑能力、数据计算能力、智能探索能力。因此，技术中台将构建统一的技术框架，通过平台能力共享，让应用享受中台服务。技术中台架构原则包括以下几个方面。

一是服务化原则。通过服务化架构把不同生命周期的模块分离出来，分别进行业务迭代，服务内部的功能高度集聚，通过公共功能模块的提取深化软件的复用程度。

二是弹性原则。系统的部署规模可以随业务量的变化自动扩大或缩小，无须根据事先的容量规划准备固定的硬件和软件资源。

三是高容错（面向失败的设计）原则。在应用架构设计时，需要时刻关注系统的可用性，关注潜在的"黑天鹅"风险。

四是可观测原则。构建系统资源、容器、网络、应用、业务的全栈可观测体系，确保业务系统的稳定运行。

五是韧性原则。在系统设计方面，尤其是涉及核心行业的核心业务链路（如支付链路、交易链路）、业务流量入口、依赖复杂链路，其韧性设计至关重要。

六是过程自动化原则。需要对企业内部的软件交付过程进行标准化，在标准化的基础上进行自动化，让自动化工具理解交付目标和环境差异，实现整个软件交付和运维过程的自动化。

七是零信任原则。默认情况下不应该信任网络内部和外部的任何人、设备或者系统，需要基于认证和授权重构访问控制的信任基础。

技术中台对金融机构 IT 架构演进的价值在于基础设施的云化、应用架构的现代化、业务系统的创新化。技术中台可以更好地推动金融机构的 IT 体系变革，通过构建业务中台、数据中台、技术中台推动金融机构快速实现金融创新。

（三）一体化运营中台在推动金融机构数字化转型中发挥的作用

在数字化业务高速发展的今天，围绕不断丰富的数字化渠道、数字化产品和创新业务，各类数字化系统应运而生。站在企业级数字化转型视角下，统一系统建设定位与目标，提升企业级系统效能，为未来的数字化机会提供稳定的企业级能力平台的重要性不言而喻。

1. 实现资源复用，提升共性服务能力

一体化运营中台的构建过程是站在企业核心业务模式视角下，不断识别和沉淀共性商业能力的过程。未来数字化企业将受益于一体化运营中台研发能力体系的搭建，让数字化转型从业者不断从业务目标和商业价值角度出发，提升一体化运营中台的商业能力。在避免业务发展过程中系统能力重复建设的同时，通过一体化运营中台，提升数字化系统效能，赋能业务创新，为用户提供一致、稳定的数字化体验。

2. 支持敏捷创新，组件灵活组合让业务创新更便捷

一体化运营中台的商业能力会经历一个生产、消费、再生产、再消费的循环过程。商业能力的消费过程，就是将企业级商业能力价值变现的过程。业务创新的过程中，一体化运营中台通过对用户、产品、渠道等运营数据的分析，为业务创新提供决策依据。同时利用企业级可复用能力平台，围绕业务创新，快速搭建业务场景，并使其有效运行在稳定的技术底座之上。一体化运营中台通过三大中台能力体系的协同，为企业提供敏捷、灵活、便捷的数字化转型体验。

3. 发挥数据价值，提升经营管理与决策的数字化水平

在数字化转型过程中，如何有效挖掘和利用数据价值逐渐变成重要课题。在数字化渠道不断拓展的过程中，用户与企业的交互形式日益丰富。从自身和生态渠道上，企业采集了大量的用户信息、行为和偏好数据。通过不断的数据采集和汇总管理，数据价值不再单纯围绕特定渠道或系统，而是在汇集过程中，形成了企业级的数据模型视角。企业级数据模型通过一体化运营中台，不断提升数据质量，建立数据关系、数据血缘，通过交叉对比和分析，帮助企业更加了解用户、了解市场，为后续的业务决策以及经营管理提供更加直观、有力的数据依据。

4. 创新业务模式，加速产品及服务创新，提升用户体验

数字化企业受益于一体化运营中台敏捷业务场景的快速搭建。创新业务模式快速投入市场，运营数据的不断收集以及运营数据与存量数据的交叉分析，帮助企业快速了解市场和用户反馈，识别创新场景中的优化点。通过业务模式的不断演进优化，提高产品和服务投入市场的效率，形成数字化创新产品从生产到应用再到生产的正向循环。在企业不断通过创新业务模式学习市场、学习用户的前提下，创新业务模式催生新的业务创新机会，提升用户体验。

三　一体化运营中台的成功要素

（一）中台战略为体系建设指引方向

中台的核心目标是让企业聚焦核心能力，塑造新的竞争力，需要业务、数据、技术、组织等的多方协同。因此，中台不是单纯的 IT 项目，而是企业"一把手"工程，需要以企业级战略为指引，统一认知。中台也是中国企业信息化领域的首创概念，是顺应市场发展规律，从实践中逐步形成的共识。一体化运营中台能力建设的提出也意味着中国领先企业的数字化转型进入了深水区。"如何建、建什么、目标是什么"需要结合金融机构自身实际制定切实可行的实施方法，才能进行有序推进。

（二）组织与文化是中台落地的基础

一体化运营中台的建设涉及多个部门、多个层级，对原有业务流程和激励机制有所改变。因此，需要企业对组织架构与文化进行相应调整。实践中，多家银行开始探索扁平化、网格式的管理模式，设置多专业部门融合的部落和小队，形成业务创新的闭环模式，有效提升组织架构的灵活性。同时，一体化运营中台建设需要配备专业化的中台团队，承担共性组件的建设和保障责任，与前后台实现剥离和协同，这对于金融机构而言是一项新挑战。为促进能力复用和联合创新，企业内部需要形成鼓励创新、平等互信、简单高效的文化氛围，通过领导以身作则、考核激励和各类活动，促使共享和创新的理念深入人心。

（三）数字化的人才体系是可持续发展的保障

数字化人才应具备跨部门、跨领域协作能力，掌握数字技术基本知识和跨界知识，具有批判性思维和创新思维，拥有良好的工作与学习自驱力。数字化人才还应具备对业务或技术观点进行独立思考，并通过分析、比较、综合，进而达到对事物本质更为准确和全面的认识的能力，应善于利用数据分析结果寻找到最佳解决方案。通过工作与学习自驱力，数字化人才能够自主寻找各种资源，并将新的体验应用于新的创新场景中。因此，一体化运营中台需要构建学习型组织，持续迭代进化，实现人才数字化能力的可持续发展。

（四）运营机制创新为一体化运营中台注入活力

在数字化转型过程中，稳健的技术资源是数字化转型的基石，它为数字化业务模式稳定有效的运行提供了坚实的基础。基于可视、可用、可管的原则，数字化应用管理平台让企业管理者一站式了解应用运行情况，为高效生产提供保障；企业管理者应制定一套统一标准的 IT 建设与技术规范，搭建匹配企业能力的工艺体系，逐渐形成共享的一体化运营中台。借助技术工具维护和保障企业级架构资产，利用低代码开发、工程脚手架等技术工具，有效管理不同研发资源的研发质量；不断创新的业务模式，需要更加灵活、更加敏捷的运行机制，以此来保障数字化产品的快速迭代。企业要打破原有竖井化的运营机制，以更加宽泛的视角去看待不同业务部门的合作，以数字化创新机会为牵引，协同不同业务部门人员，围绕数字化产品，不断沉淀和挖掘企业能力。打破应用"烟囱式"的建设方式，保证数据实时打通、实时在线，在一体化运营中台的帮助下，支撑前台业务开发，快速实现组合服务打包和配置，满足业务需求。

（五）中台建设需要设计合理的实施路径

规划先行、架构落地：通过制定企业战略、业务设计和技术路线，制定目标和计划。

建设中台、夯实基础：以业务带动中台建设，中台是企业未来 IT 资产基石，设计采用"自上向下"的策略，落地实现采用"自下而上"的策略。

业务配套、迭代创新：基于中台构建前端业务，快速迭代、注重创新和试错；业务和技术密切互动，共同创新；以可落地为主要关注点，以向业务要数据为根本目标。

数据智能、优化运营：构建数据中台，推进数据智能化发展，提升运营效率；开发数据服务平台，挖掘数据价值，赋能业务创新。

四　中台体系实践案例

（一）数据中台整合客户信息，统一数据服务

1. 背景与痛点

客户信息是多个应用高频使用的共性数据，若分散管理，容易出现客户数据不一致的问题，难以全面洞察和服务客户。

2. 过程与成效

浦发银行的客户信息管理系统（ECIF 系统），是"交易型"客户信息

管理和共享平台，集中管理全行对公、零售、金融机构三大客群，覆盖境内客户、海外客户及离岸客户，目前存储上亿条客户信息，面向全渠道提供高效的客户信息集中创建、维护及共享服务。

ECIF 系统核心思想是构建围绕集团客户的 OneID 数据连接体系。一是高效整合来源于各业务系统的客户合约、风险、营销服务等有价值信息，有效发挥客户信息枢纽服务功能，为快速、精准客户营销提供有力的客户视图支撑服务。二是通过企业服务总线系统、事件平台向下游系统实时订阅或批量下发客户信息，保证客户信息在全行各业务系统的一致性。

3. 亮点与示范意义

该系统作为企业级中台建设成果的重要组成部分，是数据运用和业务能力输出的有机结合，以客户信息为核心，参考 OneID 数据连接体系，形成可复用的客户数据资产，提供统一服务并规范管理。该系统有以下几点优势。

一是形成统一且可复用的客户数据资产。构建统一的、可被全行各业务系统复用的客户数据资产，客户数据资产是中台数据资产的重要组成部分。构建统一客户识别号，与客户号关联，形成跨终端、跨设备、跨账号的多业务线客户数字身份归一。

二是提供统一的客户数据服务。在遵循监管合规要求的前提下，通过提供统一的客户数据服务，在全行范围实现客户数据共享。

三是全周期、多技术共同保障数据安全。为保护客户信息安全，在客户信息的获取、使用、保存、销毁等过程中，采取有效的管理措施和技术手段，防范客户信息泄露等风险。

（二）业务中台支持代发及批量获客新模式

1. 项目背景

代发业务包括发放工资、奖金，财务报销、公积金发放以及保险兑付等。传统的代发业务往往需要客户到网点办理签约、开户手续，用户资料审核流程较为复杂。业务处理周期长致使客户体验不佳。

2. 过程及成效

2019 年，浦发银行将代发业务重构作为重点公私业务联动项目，多部门联动开展一系列代发及批量获客业务模式创新，在业务流程向线上渠道迁移的同时，实现客户多元渠道触达，参与场景合作和生态圈建设，支撑业务快速拓展。

业务方面，通过对不同企业开户流程的交叉分析，新建或升级了行内多套组件化功能，快速完成数字化流程建设及线上线下协同的服务模式构建，全面提升了服务能效及内外部用户满意度。签约效率大幅提升，从 3～5 天提升至即签即用，且代发客户无须多次前往实体网点；高效并行处理，达到 1 天单个企业单个批次批量开户 5000 笔的峰值，支撑全年 70% 批量获客，并支持线上 7×24 小时无间断服务；提升单兵作战能力，提升线下面对面交互环节效率，从单笔 5 分钟降至 1 分钟，单兵作战能力达到 350 笔/天；多模式效能提升，将 65% 的线下代发业务向线上多个渠道引流，线上代发业务占比提升至 70%，同时实现了各类代发模式的无断点服务。①

3. 主要亮点及示范意义

通过组件能力的组合，快速提供场景化的签约服务。支持将代发签约作为对公产品套餐的一项标准服务，实现对公内容：在新开户业务临柜办理时同步完成代发签约；提供对公网银、手机银行的线上签约服务，同步实时推送代发营销任务至营销人员移动端。

解耦并灵活重构各项服务。建立面向不同企业规模的批量开户业务流程，解耦原有批量开户业务环节，形成开户文件预校验、个人开户信息采集、开户合规性审核、批量开立账户、凭证交付等多个独立环节，再采取并行和离散处理，适配各类开户流程。同时，重构非公司网银的线上代发业务处理流程，建设可灵活配置的代发用户多元因子认证体系，实现全流程线上处理及不同类型用户、账户线上代发业务全场景覆盖。

复用共性服务提升安全服务能力，完成客户身份核实、产品签约组件化升级，实现 1 分钟完成面对面核身、客户信息核验及修改、介质启用及产品

---

① 数据来自银行内部业务明细表及多维统计报表。

签约等一系列操作。有效利用光学字符识别（OCR）、机器人流程自动化（RPA）、生物识别等标准技术手段，大幅提升流程自动化水平和服务效率，提升风险管控水平。

（三）多中台协同支持函证业务的全面数字化

1.项目背景

银行函证业务传统处理流程中的信息查询、汇总、登记、传达等多环节涉及大量人工操作和判断，再加上纸质传递的"原始"模式，存在较高风险。

2.过程及成效

2021年，依托浦发银行网上银行渠道，打造银行函证电子化处理流程，为注册会计师事务所、企业提供全新线上业务体验。注册会计师事务所在发起银行询证函申请后，系统可自动从数据仓库中抓取函证数据，生成电子回函并返回至注册会计师事务所。全流程运用了大数据、智能身份核实、数据表单集成、区块链、电子印章、电子表单加签等一系列基于中台的模块服务及先进技术，实现了询证函从申请、授权、处理到回函的全线上闭环管理。

电子银行询证函可以有效防控信息失真、邮寄丢件、伪造篡改等操作风险和法律风险，同时达到减人力、降成本的积极作用，无纸化处理模式也是践行低碳、绿色、环保理念的体现。

3.主要亮点及示范意义

多中台协同支持新模式：通过对数据、业务和技术公共组件的综合运用，实现授权、函证自动生成的全新线上化服务模式，切实提高了函证业务效率。

集中治理，统一服务：在业务梳理、灰度验证、取数变更等阶段持续对函证数据的准确性进行治理、迭代，通过数据中台持续提升银行函证的数据质量及实时数据能力，保障函证数据查询的效率与服务性能。

准确把握监管导向，顺应市场需求：通过加强数据治理，破除"信息孤岛"，实现数据、流程均可追溯，从申请到回函形成线上闭环，杜绝函证过程中的作假舞弊行为。

B.13
金融数智化风控与营销实践探索

陆俊　赵一薇　刘宏剑　董纪伟*

摘　要： 近年来，以 AI、大数据为核心的创新技术正加速与金融业务融合，赋能风控、营销等诸多领域，推动数智化发展的浪潮。金融业数智化转型是国家数字化经济发展的战略手段，也是金融机构打造数字化能力的重要要求。本报告围绕数智化风控与营销领域的实践情况，介绍了金融业数智化风控与营销的发展情况和技术沿革，以知识图谱技术、流式计算技术、分布式技术、多数据融合技术等为例，展现人工智能、大数据等创新技术在风险反欺诈、信用卡申请、营销反欺诈、信贷风控等领域的实践成果。本报告还分析了当前金融业在推进数智化风控与营销实践的进程中面临的数据安全、数据欺诈、"数据孤岛"和长尾用户的问题与挑战，总结了金融数智化在风控领域和营销领域的发展趋势，并从战略规划、新技术应用等多个维度提出发展建议。

关键词： 数智化风控　营销反欺诈　知识图谱　多维数据融合

一　金融数智化风控与营销发展状况

我国"十四五"规划中提出"发展数字经济"，中国人民银行发布

* 陆俊、赵一薇，中国邮政储蓄银行；刘宏剑，度小满科技（北京）有限公司；董纪伟，同盾科技有限公司。

的《金融科技发展规划（2022—2025年）》提出"高质量推进金融数字化转型"。金融业数智化转型是国家数字化经济发展的战略手段，也是金融机构打造数字化能力的重要要求。以AI、大数据为核心的创新技术正加速与金融业务融合，赋能风险控制等诸多领域，推动金融数智化发展。

（一）发展背景

当前，在数字化与智能化不断推进的背景下，从宏观环境、技术发展到客群需求、业务经营都在发生深刻变化。一是在宏观经济方面，新一轮科技与产业革命正在重塑世界经济，数字经济正成为高质量发展的新动能，网络通信、计算存储等基础设施建设为数智化发展奠定了坚实基础；二是在技术发展方面，移动设备已全面普及，大数据、云计算技术蓬勃发展，人工智能正在由认知智能向感知智能转变，隐私计算等前沿技术加速数据融合，数据价值正在逐步释放；三是在客户需求方面，千禧一代已崭露头角，客群更加多元化，对于服务的智能性、时效性、多样性的要求更高，故此，金融机构在客户营销、风险管控等方面的难度大大增加；四是在行业经营方面，以互联网为代表的新兴行业对传统金融机构产生巨大冲击，传统营销模式逐步失去优势，新冠肺炎疫情加速金融机构经营模式转变，物理网点空心化趋势明显。

（二）发展现状

围绕数智化建设的目标，金融机构将大数据、人工智能等新技术充分应用于业务的经营与管理过程，实现从基础架构到经营管理、从业务模式到作业方式的全面升级。在此进程中，金融机构坚持以客户服务为中心，以创新技术为手段，逐步向数字化、智能化过渡，不断提升风险与营销管理水平。

1. 创新应用与技术能力不断提升

一是加强数据能力建设。金融机构不断提升数字化工具与数据分析能力，通过机器学习、隐私计算、物联网等创新技术持续丰富风险数据，提升数据质量。二是加强平台能力建设。通过大数据、云计算等技术构建智能化风险决策引擎等工具，提升风险识别、风险管理和风险预警等能力。三是提高业技融合能力。将传统风险业务同创新技术融合，构建跨专业跨组织团队，实现创新技术与业务发展的融合。

2. 风控与营销管理向数智化演进

（1）风险管理模式

一是风控效率不断提升。金融机构通过大数据、机器学习、知识图谱等技术快速识别和分析用户风险，提供"端到端"的便捷服务，以实现分钟级甚至秒级的审批速度。二是风控成本不断下降。基于生物特征识别、机器学习、智能外呼、知识图谱以及隐私计算等技术，金融机构在信息获取与数据融合方面的能力得以提升，从而做到快速识别用户风险，节约审批、催收等人力成本。三是风险定价能力增强。由于机器学习、隐私计算等技术在实践中逐步应用，金融机构在行业间的数据融合、互联互通方面的能力持续提升，用户与机构间的信用串联被不断强化，金融机构可以构建更科学的风险评估与定价体系，并逐步形成行业内风险管理生态。四是风险流程管控精细。随着数据、工具、平台等功能逐步构建完成，金融机构针对风险管理的全流程、全生命周期管理进一步加强。

（2）营销管理模式

数智化转型对金融机构营销体系产生较大影响。金融机构营销体系数智化转型的核心就是围绕用户需求提供更智能、更便捷的定制化服务。同时，营销推广和运营一体化管理等都将推动金融机构在营销领域实现全渠道、全方位的融合。一是随着用户年轻化、需求多样化，金融机构应不断提升用户识别与分类的精准度，强化线上服务能力；二是丰富金融产品和服务，提供定制化的产品和服务，将产品与服务融合进用户生产生活的方方面面，拓展金融服务的边界；三是面对以互联网为代表的新兴行业在金融领域的渗透与发展，金融机构获客渠道不断拓宽，营销触点更加丰富，用户画像更加全面。

二 金融数智化风控与营销实践

（一）知识图谱技术在邮储银行智慧风控领域实践

1. 背景及意义

随着知识图谱技术日渐成熟以及计算机算力的发展，此项技术被越来越多地应用于金融业务场景，以促进金融服务向智能化、个性化方向发展。为实现全行范围的知识图谱技术统一和资源共享，中国邮政储蓄银行（以下简称"邮储银行"）结合日益增多的应用需求，规划并构建了全行统一的知识图谱技术平台。

邮储银行知识图谱系统（以下简称"知识图谱系统"）是邮储银行智能金融科技赋能平台之一，面向全行用户提供企业级知识图谱技术应用。作为企业级知识图谱技术平台，知识图谱系统可支持各业务领域专用图谱、全行范围通用图谱，支持全行级数据接入，具备知识识别、知识融合、知识存储与计算、知识服务等功能，并能够实现不同领域业务图谱的统一管理和知识复用。知识图谱系统提供数据管理、知识图谱构建、知识图谱查询、知识图谱分析、图谱维护、服务发布管理等服务，并且为用户搭建企业级知识图谱应用便捷开发、应用的环境，提供从数据到应用的全流程知识服务。

2. 系统建设及应用实践

（1）反欺诈电子渠道风险管理图谱应用

在反欺诈电子渠道风险管理图谱应用场景中，知识图谱系统结合反欺诈系统中电子渠道的规则体系，构建了业内领先的风控图谱模块。对客户间交易关系、资金流向关系进行分析，并在客户身份验证等方面进行风险识别。知识图谱系统基于图谱内嵌模型进行开发，对手机银行、个人网银等渠道的客户画像、交易画像进行图决策模型开发，建立风险关系判定体系。判定结果将回流知识图谱，并结合知识图谱识别真实交易关系，以规则、黑名单和模型识别结果作为综合判定标准，最终生成风险图谱。

反欺诈电子渠道风险管理图谱应用把传统反欺诈能力与知识图谱能力充分

结合到一起，既利用了知识图谱的社交网络识别能力，又摆脱了单独依赖规则引擎或者图挖掘技术的局限性。图谱识别交易依靠规则，规则识别风险结合模型，模型识别风险关系反哺图谱，形成"规则—图谱—图模型"立体风险管控的模式。该模式强化了图谱的风险识别能力，使得知识图谱系统能够在单纯识别交易关系的同时，更精准地识别正常关联关系、疑似风险关系和真正风险关系。反欺诈电子渠道风险管理图谱应用涉及多种实体与关系，实体数高达数十亿。知识图谱系统通过资金异动识别监控、资金流向风险监测、异常用户识别等功能，成为有效抵御风险的牢固屏障，不断提高全行电子渠道风控系统整体的智能化、自动化水平，为践行客户精细化管理、扩大业务版图提供有力支撑。

（2）信用卡申请关联识别与挖掘图谱应用

在信用卡申请关联识别与挖掘图谱应用场景中，知识图谱系统通过采集客户在线上申请信用卡时的相关信息，构建客户身份和使用设备的对应关系，依据图谱模型实现欺诈风险的识别及可视化。信用卡申请关联识别与挖掘图谱应用共包含关联指标输出、关联关系识别模型和风险结构群组三方面功能。关联指标作为图谱分析的补充，通过提取并计算关联风险特征，为风控反欺诈人员的决策提供支持；关联关系识别模型是以信用卡图谱为基础的风险量化评分模型，该模型用来评估目标对象是否具有团伙欺诈的嫌疑；风险结构群组可利用知识图谱系统的群组挖掘功能，配置相应的子图抽取实体关系以及选择相应的挖掘算法，根据规则要求配置群组筛选条件，从而挖掘并生成满足相应风险特征的异常风险结构。

信用卡申请关联识别与挖掘图谱应用涉及多种实体与关系，涉及几十亿个节点以及上百亿的边。知识图谱系统能够通过多维度分析，识别个体关联风险、团伙欺诈风险，并与现有风控决策系统联动，构建梯形防控体系，全面提升金融风控能力。

（二）同盾数字化金融营销反欺诈体系行业实践

1.背景及意义

数字化转型趋势下，营销市场逐渐饱和，业务竞争日趋激烈，客户已成为各大金融机构抢夺的重要"资源"。随着网络金融和移动支付的迅速发展，为客户提供高效、便捷的全新金融服务成为各金融机构拓展业务、转型发展的重要推动力。"赢得客户就是拥有市场"逐渐成为金融机构拓展业务的共识。金融机构不仅会针对不同营销场景下的不同客户制定差异化的营销策略，更会根据营销运营情况，频繁变换相应的营销策略和事件。

随着营销模式的改变，营销欺诈方式也发生了很大变化，风险场景繁多。从引流拉新、留存促活到转化传播，都可能存在潜在风险，"薅羊毛"、流量作弊、账户攻击、APT 攻击等新型威胁日渐增多（见图 1）。

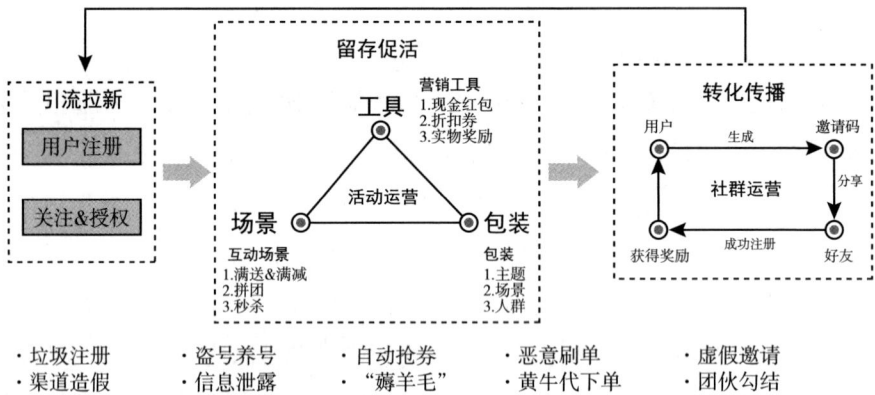

图 1　营销反欺诈场景示例

资料来源：参编单位原创。

营销反欺诈与金融反欺诈存在较大区别。金融反欺诈关注对业务规则、渠道识别能力的持续加固、提升，被动应对花样频繁的欺诈方式；营销反欺诈基于平台发起的营销活动，没有营销活动就不存在营销欺诈，平台有提前干预、压缩欺诈空间的主动权。营销反欺诈伴随营销事件的全周期，营销与营销反欺诈是同一件事情的两个方面，同时发生、密不可分。营销反欺诈要保证营销的目的能够顺利达成，使营销费用最大化落在实处，其目标与营销的目标是强关联关系，单纯考虑任意一方是不全面的。反欺诈评价结果对营销的发起和设计起到积极指导作用。

2. 体系设计与应用实践

（1）体系设计说明

当前，营销欺诈互联网攻击手段的多样化、专业化、精细化，使业务风险急剧增加，黑灰产的攻击手段进一步升级，它们可能会伪装成正常客户有针对性地绕过业务欺诈检测。一方面，依据现有规则、关联分析等进行营销欺诈风险识别分析与防控已越来越难以适应未来发展趋势。金融机构需要充分利用大数据、机器学习、知识图谱等技术，对营销场景业务数据进行深度关联与智能化分析，并结合威胁情报、黑灰产数据，识别攻击威胁与潜在未知风险，降低人工风险排查成本，提升安全纵深防御能力，构建一体化立体安全体系。另一方面，营销反欺诈体系需覆盖全链路、全场景、全流程。金融机构应将止损型攻击欺诈防范提升为事前预先防范，做好注册、签约、绑卡等环节的风控，并在营销活动重要业务链路上布防风控检测，做好事中风险识别及事后分析迭代，多业务关联分析、联防联控，以一个立体化智能的风控防御体系应对多变的营销欺诈攻击。

（2）具体实现

营销反欺诈体系如图 2 所示。事前风险预警主要包括以下几部分。

一是设备指纹。通过同盾设备指纹技术，可以获取操作设备的多重属性，从而分析该设备参与营销活动的频率、关联账号等情况，有效识别风险设备。

二是欺诈情报。及时捕捉第三方营销活动欺诈情报。

三是风险标签。基于联防联控风险名单及标签数据，适配规则逻辑，有效阻止风险。

四是风险画像。包括 IP 画像、手机号画像、设备画像，支持全局跨行业风险行为画像信息应用，准确识别风险信息，如"薅羊毛"、垃圾注册、垃圾消息等。

事中风险识别包括：将营销反欺诈决策体系与决策引擎、模型引擎及知识图谱相关应用模块融合，准确分析用户行为特征，有效识别营销欺诈行为；将不断变化的业务规则及模型剥离出来，进行动态管理和修改，从而使决策流程变得更加灵活，适用范围更加广泛，运作井然有序；采用人机对抗模式，针对识别出的风险流量进行验证码识别，提高攻击门槛。

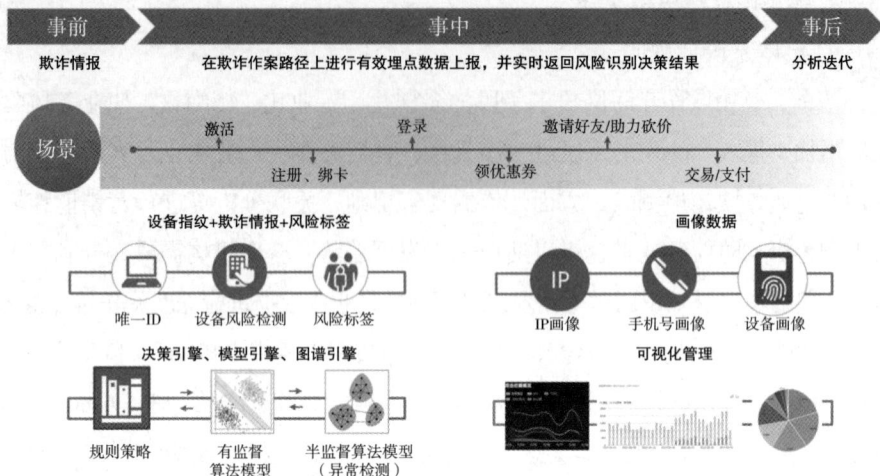

图 2　营销反欺诈体系

资料来源：参编单位原创。

事后风险分析包括：基于历史营销及流量数据，在线下进行半监督、无监督机器学习，发现更多风险特征，优化反哺规则模型。

营销反欺诈流程如图 3 所示。

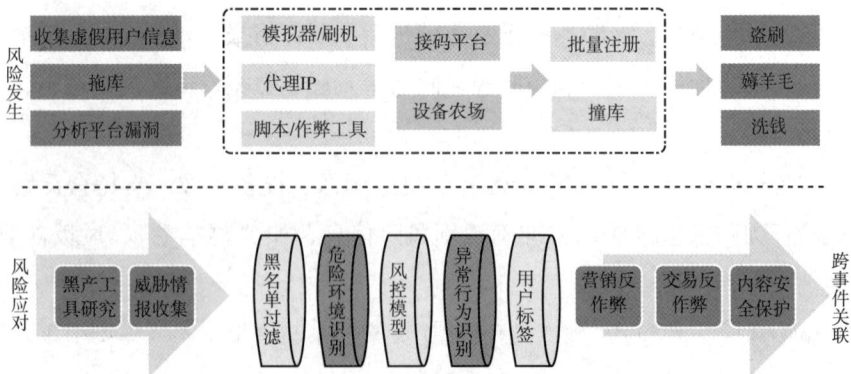

图 3　营销反欺诈流程

资料来源：参编单位原创。

同盾"天策—风险决策平台"是一套集数据处理、交易监控、分析决策、风险管理、流程定制等功能于一体的营销反欺诈智能风控平台，结合丰富的专家经验策略和机器学习模型，辅以风险态势感知及全景视图，致力于构建多渠道联动的风控全流程实时防御体系，防范营销业务欺诈风险（见图4）。

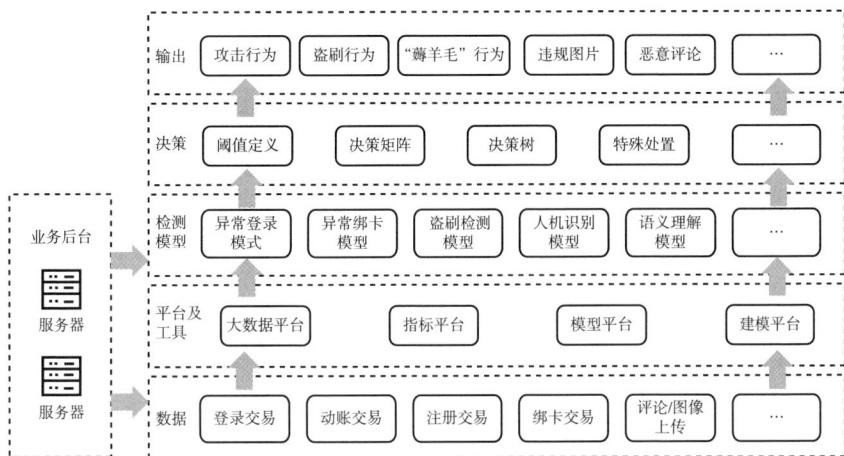

图4 "天策—风险决策平台"示意

资料来源：参编单位原创。

（3）效果及价值体现

基于上述营销反欺诈体系，同盾"天策—风险决策平台"已在行业多家金融机构予以落地实践，大数据、机器学习、知识图谱和深度学习的深化应用，提升了人工智能在营销业务场景中的应用能力。针对营销欺诈，打造一套包括名单标签筛查、设备多维度关联分析、营销要素特征识别、设备规则集、行为异常模型、风险画像等一体化的人机识别、非本人识别的智能方案，以实现对"水军"注册行为及个人、团伙"薅羊毛"行为的精准监测，将营销场景欺诈识别效能提升30%以上，满足高覆盖率、高精准率的"双高"要求。

（三）多数据融合技术在度小满信贷风控业务中的应用

1.背景及意义

风险控制是信贷业务的核心。风控的目标是准确评估每一位客户的风险水平，给予每一位客户合理利率定价及额度，在为客户提供量身定制的优质信贷服务的同时，控制资金方的风险，以实现普惠金融的愿景。

信贷风控主要应用于贷前授信审批及贷中用户管理两个场景。在贷前授信审批场景中，银行或其他非银信贷机构通过合适的风控方案决定是否允许借款者借款；在贷中用户管理场景，出资方定期评估借款者的风险水平是否发生变化，并基于风控结果调整借款者的额度、利率等。无论是在贷前受信审批场景，还是在贷中用户管理场景，风控都是由数据驱动的。过去数十年，信贷行业在评估客户的风险水平和偿债能力时通常仅使用强金融属性的数据，如征信报告、个人收入证明、银行资金流水等。进入信息化时代，特别是随着近年来智能手机的普及，用户使用社交App，在电商平台购物，在平台充值缴费，在线上打车、买车票、订酒店等种种活动都会产生数据。这些数据虽然并不直接与信贷业务相关，但对于征信报告等强金融数据是个很好的补充，使金融机构对用户风险水平的评估更为准确。

2. 系统设计及应用实践

风控是由数据驱动的。除了少数强金融属性的数据，大多数数据需要经过进一步的信息挖掘及加工，才能用于风控。实际运行中，更需要一个稳健的工程系统来保证线上授信审批流程的自动化。图5为度小满独立研发的授信审批风控系统工程架构。

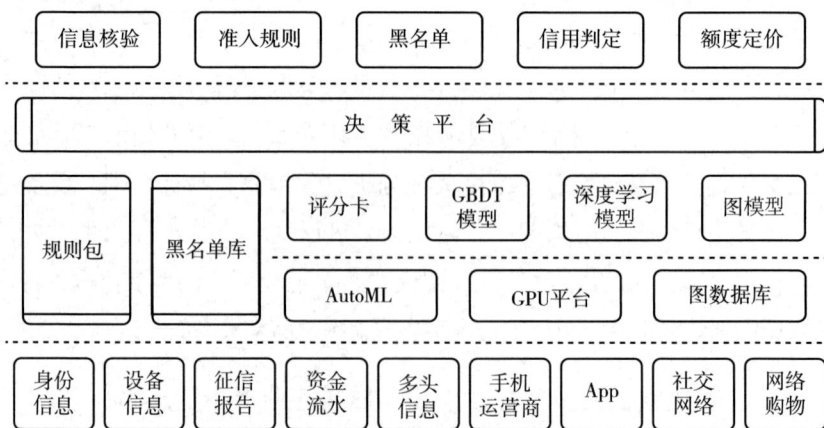

图5　度小满授信审批风控系统示意

资料来源：参编单位原创。

最顶层为授信审批的各个流程。通常各个流程是按顺序执行的。每个流程依赖的工具包以及决策逻辑都是由决策平台来调度的。决策平台上提供了各种工具包。如规则包，可用于决定申请用户是否通过，决定申请用户的信用评级，或是对用户进行分类等。若是用户被发现存在于黑名单库中，则会被直接拒绝。这份黑名单可以是在自身业务中不断积累的，也可以是从外部商业机构处获得的。

中间层是决策。过去做用户信用判定时可使用的数据较少，建模算力较弱，一般使用结构较为简单的基于逻辑回归算法设计的评分卡。如今计算机算力增长，可用于建模的数据丰度不断增加，基于决策树的梯度提升树（GBDT）模型及随机森林模型等逐渐引入业务中。相对于经典的逻辑回归模型，GBDT 模型无须在建模前对特征做烦琐的分析及加工，且能够自动学习到不同特征间的交叉信息，大大降低了建模成本，提升了建模效率。除了结构化数据，非结构化的图像、文本信息也可用于判定用户信用。借助于近 5 年来快速发展的深度学习理论及开源的预训练深度学习模型，非结构化数据被加工为用户的违约概率。另一个新兴的、迅速被重视起来的是图模型。每个申请用户在生活中都不是孤立的个体，其与一部分人在相同的地方生活和工作，与另一部分人有相似的喜好、访问相似的网站、使用相似的 App、有相似的朋友圈，会经常电话联系或者在社交平台上互动。这些关系将每个个体连接起来，形成一张网、一张图。而图模型就是在这种关系网络上建立起来的模型。通过分析申请用户邻居们的信息，得以捕捉到这个申请用户的部分信息。但凡是模型，就需要调参、尝试不同特征组合，做多次建模实验。自动化机器学习（AutoML）工具能够有效提高调参效率。深度学习模型建模过程中计算量巨大，因此需要借助图形处理器（GPU）计算平台。新型的图数据库能够有效存储关系网络。这些都是建模所依赖的基础设施。

最底层是数据。数据用来评估申请用户的信用水平。数据有不同的结构，需要有针对性地选择合适的存储形式。有些数据在用户来申请授信时被实时采集。在处理加工这些数据时，需要考虑模型运算的效率。若是在线模型过于复杂、模型运算耗时过长，将会严重影响用户的申请意愿。有些数据则需要事先加工好并存放在数据库中，这样用户来申请时可直接查询调用。

如今，用户数据种类十分丰富，各家机构及数据服务商只能掌握其中的一小部分。在用户申请授信时，金融机构需有效且经济地使用外部机构的数据，从收益和成本的角度定量评估外部机构数据的效用，设计合适的数据路由，尽可能使目标利益最大化。

三　金融数智化风控与营销面临的问题与挑战

（一）应用领域问题

随着信息化社会的发展，特别是智能终端的快速普及，各类网站服务及App服务已渗入普通人生活的方方面面。在用户使用网络服务过程中产生的海量数据，全部沉积在服务运营商的服务器里。2021年，《中华人民共和国数据安全法》《中华人民共和国个人信息保护法》的实施，解决了过往个人信息泄露及转卖、业务方应用用户信息缺乏合规指导等问题，为进一步加强个人信息保护、维护网络空间良好生态、促进数字经济健康发展提供了制度保障。短期看，由于新出台的法律法规的限制，部分用户数据无法被继续应用于信贷风控业务及获客营销业务，影响了业务效果，加大了运营难度。但长远看，行业内不合规的参与方将被加速出清，注重合规的参与方将得到激励及发展机会，行业将持续健康发展。

（二）数据领域问题

丰富的数据为营销及风控带来了便利，但数据质量不佳会影响营销及风控的效果，甚至会对业务产生错误的方向指引。电子商务、社交网络、公共政务、线上到线下（OTO）互联网平台等犹如一台台永不停歇的机器，源源不断地制造数据。然而，数据格式多样化、数据形式碎片化、数据内容不完整等问题随之而来。一方面，对海量数据的处理是给从业者提出更高的要求。从海量数据中提炼出有效的数据，需要数据加工人员既了解业务逻辑，又要具备较强的数据洞察能力。另一方面，面对海量数据，如何保证数据覆盖率成为新的挑战。以用户的交易流水数据为例，某个信贷产品的服务客群，其交易流水可能分布在不同信用卡中心，也可能分布在支付宝或微信平台内。如果仅从一处查询用户的流水记录，则可能会错估用户的收入或支出水平。

（三）技术领域问题

数据是大数据信贷风控的血液，数据的丰度、全面性、准确性决定了大数据风控的性能。当前，用户的数据并不直接由用户本人持有，而是在不同地方、不同平台上产生，并保存于平台处。这些数据就像一座座孤岛，彼此之间并未连通。单个部门或机构在针对用户进行营销及风控时，仅能获取用户的一部分数据，形成一部分画像。更为严重的是，"信息孤岛"导致了信息不对称、不透明，带来了大量的多头债务风险和欺诈风险。打破"信息孤岛"，解决信息不对称问题，需要政府、社会、企业的通力合作。

（四）业务领域问题

传统的信贷服务主要面对具有丰富的强金融数据的人群。大数据风控技术通过引入客户的弱金融数据作为补充增信的手段，有效增加了信贷业务的服务对象，让更多的人有机会享受金融服务。但依然有一部分长尾用户由于生活习惯等原因积累的个人数据少且分散，不足以定量评估其风险水平。国内人数占比较高的农民在期望获得信贷服务时，面对的就是这种窘况。针对这一现象，政府部门、金融机构以及科技企业等正在积极进行探索与实践，如利用卫星图片或无人机航拍照片来评估农作物的种植面积、长势，以此来预估收成，引入第三方担保公司或组织农户之间互相担保等。为实现普惠金融的目标，让有信贷需求的用户都能及时享受到便捷平价的服务，还需各方共同协作。

四　金融数智化风控与营销的未来趋势与发展建议

（一）金融数智化风控与营销的趋势分析

在数字化、智能化金融时代，新理念不断普及、新技术不断实践，呈现如下趋势。

1. 线上化建设持续推进

金融机构正加大线上化建设的力度，拓展多元化业务应用场景，运用创新型营销模式，进一步扩大对长尾客群的渠道覆盖，实现业务的可持续发展。

2. 线上化转型不断提速

机构存量活跃客群的开发殆尽和 P2P 等业务的消退，使金融机构逐步转向精细化经营，新延展客户也逐步下沉至三线、四线城市甚至农村市场。加上新冠肺炎疫情的反复，金融机构基于数字化、场景化、生态化的发展模式更加清晰，金融机构将加快业务线上化转型的步伐。

3. 数字金融风险治理

受数字技术快速发展的推动和影响，数字金融业务模式的更新和演进速度不断加快，数字金融风险治理的迭代周期逐步缩短。为应对新的挑战，金融机构应重视风险治理的理念重塑与方法革新，统筹推进风险治理规划的落地，并持续加强风险管理与风控技术的研究与探索。在风险治理的实际工作中，金融机构应从数字化、智能化两方面入手，通过综合运用各类新技术拓宽数据搜集渠道、完善风险识别机制、提升风险预判能力，同时也需要防范金融业务应用创新数字技术的伴生风险，持续提升数字金融的风险治理能力。

4. 数智化风控与营销受到广泛关注

金融业已进入新的发展阶段，数智化风控与营销已成为新阶段的工作重心。营销活动的开展以及风险的洞察与防御是一个动态且持续的平衡过程，两者天然具备内联的自驱动关系，营销活动的开展催生配套的风控体系建设。有效识别业务风险并开展持续化经营，将成为金融科技创新中新的探索方向。

（二）金融数智化风控与营销的发展建议

针对前文提到的金融数智化风控与营销面临的问题与挑战，建议采取如下措施。一是在应用领域重视监管合规。注重数据安全和数据隐私，通过隐私计算、联邦学习、同态加密等技术的引入及融合，保障数据使用及技术落地的合法合规。二是在数据领域提升数据质量。设计数据标准规范，做好数据的"汇、管、用"，对数据体系进行专业化咨询及梳理，保证数据质量合格。三是在技术领域统一服务与应用。打破数据及应用"孤岛"，统一服务接口，支持各业务线整合，联合运营、形成合力，建立灵活的业务场景、风险场景配置和映射机制，促进营销及风控场景快速接入和扩展。四是在业务领域解决用户长尾问题。做好关键维度的信息补齐工作，弥补关联信息缺失，设计 OneID 机制，确保数据的共享复用。

风险随业务而生，防范金融风险是一个长期持续的攻防对抗过程，金融机构在保证营销发展、用户体验的同时，需要持续的、动态的管理风险。新冠肺炎疫情发生、国际形势变化对人们的生活及社会经济产生了巨大冲击，但同时也带来了新的机遇。金融机构在不断加快数字化转型，产生新的营销模式的同时，还须持续增强风控意识。金融机构须注重数据安全和数据隐私，通过大数据、云计算、联邦学习、AI 等技术的引入及融合，以技术、数据、业务有机结合的方式，提高整体防范风险的能力，构建业务营销与智能风控相平衡的多元化金融业务模式。

B.14
金融服务流程智慧再造实践探索

李鸿春 崔 蕾*

摘 要： 金融服务流程智慧再造是金融数字化转型升级的重要路径，本报告围绕重塑智能高效的服务流程、搭建多元融通的服务渠道、打造绿色普惠的服务体系、强化无障碍服务水平等方面，分析了金融业在服务流程智慧再造方面的应用现状与成效。结合实践案例分析，本报告进一步阐述了智慧再造的关键举措，涵盖监管引导、体制完善、场景丰富与人才选育，并针对进一步深化金融服务流程智慧再造提出了趋势性的构想与展望。

关键词： 智慧再造 多元渠道 绿色普惠 无障碍服务

一 金融服务流程智慧再造方面的应用和成效

（一）重塑智能高效的服务流程，提升服务效率

1. 提升业务运营效率

服务是银行在社会生产生活中承担的重要工作。银行的服务从流程上大致分为营销、受理、审批、处理、报送等五个环节，其中受理、审批、处理三大流程直接关系到银行的客户服务质量和效率。通过金融科技能力来优化这三大流程是提升服务效率的关键。在业务受理上，包括

＊ 李鸿春、崔蕾，神州数码信息服务股份有限公司。

建设银行、民生银行、江苏银行在内的不同规模的银行，都在尝试通过建设智慧厅堂来优化网点服务，更高效地受理客户服务请求，提升客户体验。除此以外，在业务审批和处理上，也有越来越多的银行使用机器人流程自动化（RPA）技术业务处理系统。工商银行已将 RPA 技术使用在了个贷核查中，以此代替专业人员的重复性劳动，极大地提升了个贷核查效率。配合已建设的各类提升服务流程的应用系统，以建设银行、邮储银行、中国银行为代表的商业银行，正在通过业务建模的方式重新梳理服务，通过建立模型的方法来优化流程，为服务流程重塑、效率提升打下坚实基础。

2. 提升科技交付效率

如何提升科技本身的交付效率也成为服务流程重塑的关键命题。当前，科技交付效率提升的着力点主要在开发运维一体化建设、科学的应用成效评估以及使用新技术打破部门、角色、时序等传统服务束缚等三个方面。第一个方面，不仅大中型银行的科技部门在全力推进开发运维一体化建设，类似中国信息通信研究院等行业组织也在积极制定衡量开发运维一体化能力的成熟度模型。第二个方面，银行未来可以通过最小化可行产品的验证方法，辅助以云原生、微服务系统架构中的灰度发布、蓝绿部署等技术能力，来进行迭代式的交付尝试。第三个方面，能够看到 RPA、影像识别、语音识别、文本分析等职能化技术越来越多地使用到应用系统中，用以实现信息的快速识别和业务的快速处理，配合受理、审核以及处理三大流程的优化和效能提升。

（二）搭建多元融通的服务渠道，提升服务质量

1. 银行网点智慧升级

传统银行在多年的发展中，建立起深入大街小巷的物理网点。这些线下的服务渠道能带给客户情感上的安全信任，提供复杂的专业化金融服务。到目前为止仍是银行服务中最重要的渠道之一。从提升业务营运效率的实践来看，大多数银行都将网点的智慧升级作为重要举措。银行网点的智慧升级，

关键在于如何利用多媒体和5G移动网络实现业务的厅外延伸，如何利用更好的引导模式减少客户等待和摸索时间，通过打通网点内设备和应用系统的数据通道来简化业务受理环节（尤其是各种信息的录入和繁复的客户交互过程）。银行智慧网点的发展最早从少数使用远程视频柜员机（VTM）等单一视频服务模式的网点开始，随后免填单机、自动排队机、视频自助机等陆续被推广到普通网点。越来越多的类似民生银行智慧银行体验店等的全方面服务流程智能化和多媒体化的全新类型网点面世，银行智慧网点给客户带来高效、便捷的线下综合金融服务体验。

2. 电子渠道迭代升级

银行网点智慧升级推动了银行电子渠道的发展。在电子渠道的发展中，App 的迭代更新是重头戏。最典型的像招商银行的 App，几乎是以每年一个全新大版本的速度升级，每周都会更新数十个功能，迅速打造以两个 App 为中心的客户服务入口。如今各家银行几乎把所有的零售业务功能都搬上了 App，同时也在快速推进企业服务的专用 App 开发，如民生银行小微 App。除了 App 的开发以外，电话银行、网银、短信平台以及新型的微信银行等其他电子渠道，也在持续优化、相互融通，配合渠道中台等系统的建设，提供多端末入口的统一渠道服务。既可以有效利用不同渠道特点，重塑电子渠道的服务流程，又可以由中台提供统一的基础服务和金融产品，快速在各电子渠道完成金融服务内容的升级更新。

3. 服务线上线下协同

线下和线上不同渠道的服务能力提升，极大地推动着相互协同服务能力的提升。例如，客户想现金取款，可以通过手机查询就近的自助机具是否有足够的配钞，如果没有可以预约就近网点，然后系统会安排合适的时间通知客户去网点取款。客户进门的一刻即由系统通知客户经理进行接待，客户全程无须再填写任何纸质单据，客户领走现金后系统自动推送后续服务给客户。利用5G等先进的通信技术，将线下网点的人工服务和电子渠道的自助式服务在信息流、服务节点两个层面全部打通，带给客户最便捷的服务。在未来的发展中，银行在服务层面将不再强调线下和线上的区别，只需要按照具体场景的客户需求灵活组合不同渠道上的服务内容，相互协同完成服务流程。

（三）打造绿色普惠的服务体系，优化资源配置

1. 小微金融产品数字化提速

银行在服务小微企业的过程中，最难解决的是对授信企业的信息评估，以及信贷专员如何覆盖客群的问题。因此小微企业传统贷款可得率低、缺少更有针对性的授信产品，融资既难又贵。在服务体系优化过程中，可以利用5G、VR等技术扩大服务覆盖面，利用机器学习技术帮助银行对小微企业信息进行分析，提升金融服务的可得性；在解决融资贵的问题上，可以通过融合AI技术的智能风控系统减少银行对人工审核的依赖，充分利用产业数据、物联网数据、区块链数据来自动识别小微企业经营情况，减少风险成本；在解决融资精准度问题上，可以定制精细化的数字金融产品，缓解小微企业的供需压力，利用多重数据监测手段确保资金的"精准滴灌"。近几年，银行通过技术手段优化流程，针对小微企业客户推出了大量金融服务，个性化小微金融产品层出不穷。中国人民银行2022年第一季度金融统计数据新闻发布会介绍，国内普惠小微贷款余额同比增长24.6%，比各项贷款的增速高13.2个百分点，普惠小微授信户数为5039万户，同比增长42.9%。可见，新技术体系打造的数字化小微金融服务体系开始推动金融资源向小微企业倾斜，极大地促进了小微金融产品的数字化。

2. 科技赋能农村金融服务下沉

农业生产是保障国计民生的最重要产业。农业生产和小微企业类似，都有"小、快、频"的资金需求特点。但是中国农村地形复杂，各地在网络基站等基础设施的布局上存在很大差异，信息采集和服务触达难度高；农村产权抵押缺少配套制度、农业经营规范化不高导致缺少风险共担机制，农业金融发展受到制约。为了打破农村金融服务的发展瓶颈，银行需要结合传统模式和数字模式的特点保障服务触达。一方面要设立多种形式的农村金融服务站点，如合作电商站点等，提供满足农户金融需求的一站式服务；另一方

面要发挥数字模式优势，通过 App 等电子渠道提供个性化惠农服务，同时通过数据挖掘技术深挖农户潜在需求。在国家政策推动下，农村缴费、民生服务、卫生健康、交通服务等公共服务还可以和金融服务结合，形成更多创新的融合场景来触达农户需求。在农业数据的获取上，发挥卫星遥感、物联网等技术优势，通过银行的客户资源优势推动农业供销以及再加工、物流环节的信息流通，利用数据完善农产专用的评估模型和风险监测机制，降低对传统农业抵押物的依赖度，扩大农业授信规模。

3. 提升供应链金融服务能力

供应链金融服务体系是促进社会发展的重要金融服务形式。传统供应链金融服务受制于银行对不同行业特性的理解深度、核心企业客群的匮乏以及涉及生产过程的全程跟踪难度，无法大规模开展。借助金融科技，银行可以在核心企业的"主体信用"和交易标的物品的"物的信用"之外，增加交易信息的"数据信用"，同时通过一体化信用管理将金融服务触达关联的上下游企业客群，提高链条式服务延伸能力。物联网、区块链在优化供应链金融服务的过程中可以发挥巨大价值。物联网可以用于监控交易过程标的物品的状态，区块链可以提供可信的交易环节数据保存服务。未来，还可以将供应链中主要的授信、单证、票据、保险理赔等金融服务流程整合到企业的财资管理体系中，优化金融服务资源，形成能够保障企业生产整体流程的综合数字金融服务能力。

4. 绿色金融服务促进低碳生产

"碳达峰碳中和"是人们生产生活中面临的一个重要课题。金融服务的升级也应该朝着促进社会生产"碳达峰碳中和"这个目标前进。银行需要通过数据技术进行绿色定量分析，识别绿色项目和企业，提供促进绿色生产的定点金融服务。同时，在风险模型层面引入绿色评估指标，将环境效益和转型风险纳入授信体系，增强绿色金融风险防范能力。更为重要的是，未来银行要根据企业的碳排放水平，结合公允市场的定价定制更多的绿色金融产品，让企业在绿色经济发展中获得有效支持。国家政策层面上，中国银保监会印发《银行业保险业绿色金融指引》，给予金融企业在绿色金融服务上的引导；落地实施层面上，银行也在积极推出很多特色化的绿色金融服务。像天津银行在 2021 年就推出了创新碳资产押品的管理模式，采用在征信系统与排放权交易系统"双质押登记"的风控模式，成功发放全行首笔碳配额质押贷款。未来随着全国碳排放权交易市场的进一步发展，相信还会有更多的银行通过创新金融服务模式进入这个领域。

（四）延伸服务触角，提高金融无障碍服务水平

1. 优化流程提升金融服务深度、广度和温度

延伸金融服务的触角，关键在于提升金融服务的深度、广度和温度。从深度上讲，对于传统金融服务中内容复杂、流程烦琐的业务，可以通过应用系统的智能化处理降低其服务门槛。除了存款、贷款等常用的传统服务外，对公综合服务、外汇服务以及衍生品服务等更加复杂的专业化金融服务也在银行不断的努力下，通过类似中信银行国际业务智慧网银这一类的新型系统走向更多的客群。从广度上讲，让更多的客群尤其是普惠客群享受到金融服务是银行需要承担的重要责任。提升金融服务广度的核心目标，是要用智能处理系统替代专业人员，打破专业人员数量不足对服务客群规模的制约。近些年，各家银行积极推出不同类型的便捷小额信贷就是典型的有利于拓宽金融服务广度的案例。通过大数据对风险模型的智能优化，系统自动完成低风险小额业务的审批流程，让更多的客户在需要的时候能够快速获得资金支持，而不至于在漫长的人工审批等待中错过最佳的资金使用时机。除了金融广度和深度，金融服务的温度也是很多银行越来越重视的发展目标。优化用户体验、提升用户好评度，都是提升服务温度的有效办法。要想做到"急客户所急、想客户所想"，需要充分利用金融服务的过程去获取客户的反馈信息，不断调整优化金融服务的流程，甚至通过系统为特殊客户设计专门的金融服务流程，努力向"千人千面"的金融服务模式靠近。融合场景的建设是能够同时提升金融服务深度、广度和温度的最佳途径。像浦发银行的薪易平台，通过一个代发工资的场景，既将专业化的账务管理方法输出给广大小微企业，又获取到更多个人客户，同时还简化了企业会计人员手工做表、数据传递的流程，使代发工资这种传统金融服务在深度、广度以及温度三方面都得到提升。

2.用智能化降低老年人、残障人士、少数民族等特殊人群的服务门槛

延伸金融服务触角，需要为广泛的人群提供更优的专业化金融服务。这其中生活不便人群或者特殊人群都是银行需要重点关注的客群。首先，要为特殊人群的金融服务质量提供制度保障。目前，很多银行在积极针对特殊人群制定制度和计划，例如，农业银行的《营业网点特殊群体及适老化服务工作指引》，交通银行的《关于解决老年人运用智能技术困难，提升交行服务水平的意见》等。其次，用新技术优化针对特殊人群的服务方案。一方面保留方便老年人或残障人士使用的传统金融服务，如一对一的人工金融服务、POS机等；另一方面利用新技术优化特殊人群的金融服务流程，通过客户识别系统自动选择专门的金融服务流程。充分利用新技术、新系统来开展有深度、广度和温度的金融服务。例如，提供可以上门服务的移动展业平台，可以放大字体以及选择语言文字的自助机器，辅助语音输入的系统交互界面，自动延时的客户确认流程环节，电子渠道上更方便的网点查询服务，等等。再次，用智能系统筛选更适合特殊人群的金融产品，如适合残障人士创业的小额授信，适合老年人的养老增值产品等，将他们最需要的金融服务快速输送到他们身边。最后，通过智能风控系统的建设防范各类风险，尤其是欺诈风险，充分保障特殊人群的利益。

二 金融服务流程智慧再造的实践案例

（一）民生银行"数字云厅"工程①

民生银行"数字云厅"工程，充分运用音视频交互、人工智能、移动安全、数字物流等技术，率先在业内推出远程金融服务模式，对外打造民生银行"远程银行"品牌，并首创金融资料物流收付新方式，打通线上无接触金融服务"最后一公里"，为客户提供"足不出户、触手可及"的全新金

————————————
① 本节出现数据均为民生银行内部数据。

融服务体验。民生银行"数字云厅"主要特点如下。

一是业务场景覆盖行业领先。以民生银行手机 App、H5、互联网三方应用等为入口，"数字云厅"业务已覆盖网点对私 85% 交易场景，212 个交易场景实现远程办理，物理网点业务量替代率达 40%；已覆盖网点对公 75% 交易场景，144 个交易场景实现远程办理，物理网点业务量替代率达 26%。同时，民生银行是国内首家推出对公业务"数字云厅"服务模式的银行。

二是实物派送，打通"最后一公里"。学习"电商购物"模式，"数字云厅"坚持在线服务与实物交付相结合，构建智能收付中心，实现客户交付重控和非重控凭证物流派送，同时提高逆向收单能力。

三是"业务+科技+数据+智能"相结合。实现远程虚拟坐席引导客户全时自助完成高频次、短流程业务办理，释放真人坐席资源；同时嵌入坐席智能助手，从视频服务的话前、话中、话后三个阶段为客户提供智能填单、业务辅助、知识辅助等场景化智能辅助服务，以此来提升远程虚拟坐席工作效率。且根据不同场景进行智能判断，实现安全与便捷的平衡，为客户资金保驾护航。

四是虚拟场所，降本增效。"数字云厅"消除远程虚拟坐席的服务场所对实景的过度依赖，实现服务背景电子化与虚拟化，通过识别坐席人像自动化生成电子背景，降低服务实际场所的搭建成本，解决空间占用问题，极大提高人员利用率，并可灵活定制节假日祝福、业务宣传等图像。

截至 2021 年底，线下业务替代率已经达到 40%，"数字云厅"助力网点"轻运营"业务模式转型，推动网点释放人力资源。以网点柜员日均处理 50 笔，年成本 20 万元，远程柜员日均处理 80 笔，年成本 15 万元计算，远程柜员单笔成本较网点柜员下降 53%。

（二）中国工商银行数字劳动力建设

中国工商银行以企业级 RPA 服务平台为基础，同时集成行内计算机视觉、自然语言处理等人工智能技术，打造"机智"和"人智"相结合的企业级智能数字劳动力，开启人机协作新时代。以 RPA 技术作为推动更多 AI 技术应用落地的加速器，实现 RPA 控制力与 AI 认知力的相互促进、融合，快速解决传统业务场景的非结构化数据操作、跨系统连接、人工决策等问题，覆盖前台操作、中台流转和后台支撑等多个业务领域，持续创新业务流程，提升人力效能，加快全行数字化转型进程。

一是替代低价值重复劳作，提升运营管理效能。在业务日常运营过程中，存在监管数据手工报送、外部系统数据人工处理、业务报表人工编制等重复性工作，运用 RPA 技术可以实现业务流程自动化，提升人员复用率。

二是提高业务处理效率，提升客户满意度。在客户服务业务流程中，存在大量需集约运营中心业务人员人工处理的客户服务请求，运用 RPA 技术协助人工提高业务处理效率，提升客户体验度。

三是实现工作流程标准化，有效防范操作风险。在业务日常操作中，存在操作流程不规范、信息录入易出错等问题，运用 RPA 技术实现工作流程步骤标准化，提高业务操作合规性、准确性，有效防范操作风险，提升风险控制水平。

四是"RPA+AI"融合应用，实现业务流程智能自动化。通过"RPA+AI"融合应用的智能流程自动化，结合工商银行人工智能平台 AI 服务，实现 RPA 控制力与 AI 认知力的相互促进、融合，延伸 RPA 功能边界，持续优化业务流程，提升人力效能，创造更大业务价值。

中国工商银行已在行内各业务领域初步形成 RPA 技术规模化应用，基于 RPA 服务平台高效支撑客服营销、运营管理、风险防控等业务领域的自动化、智能化建设，赋能全行业务快速发展。截至 2021 年底，工商银行已有 60 余家境内外分行上线 RPA 数字劳动力，实现近 700 家总分行业务场景的自动化处理，基本覆盖全行业务领域，大大节省了工作量。[①]

（三）邮储银行小微易贷产品

中国邮政储蓄银行（以下简称"邮储银行"）小微易贷是邮储银行和核心厂商联合开发的服务于核心企业供应链上中小微企业的金融产品，运用区块链、电子签约、大数据等技术搭建的高可信云平台，为该产品提供全流

---

① 《中国工商银行 RPA+AI 数字劳动力建设，荣获最佳金融科技创新奖》，腾讯网，2022 年 4 月 4 日，https://new.qq.com/rain/a/20220404A028CM00。

程线上化服务，简化贷款办理流程，提升融资效率。基于大数据技术，从线上获取准确、全面的企业经营、工商、税务等数据，作为风控授信因子，便于银行快速获取准确的贷款申请材料，简化了贷款流程，提升了贷款授信审批的效率；基于电子签约技术，实现融资客户与资方的签约线上化，替代纸质签约，提升了签约效率，从而极大地提升了贷款时效；基于区块链技术，确保企业数据不被篡改、真实可靠，为银行信审人员节省了大量的材料审查工作，提升了放款时效。核心企业供应链上下游分销商的交易数据，为下游分销商实时更新预授信额度和客户信用评分提供参考，从而简化了贷款审批流程，帮助供应链上有资金需求的企业快速获得资金或授信支持。

（四）成都"农贷通"平台政银助农服务

成都"农贷通"平台按照"一个平台，三级管理，市县互动"思路建设，能够利用政府数据资源的有限共享来促进金融企业建立帮助农户进行农业生产的新型服务平台。该平台前端具备涉农信用信息查询、融资对接、财政风险分担、涉农奖补政策申办、农村电商和大数据成果展示等功能；后端依据政府部门、人民银行、金融机构等角色权限，提供政策发布、数据统计、产品管理、信息采集等管理功能。通过该平台汇集市、县两级农业农村、工商、国土等部门的涉农数据，及用户申贷时填报的实名信息，与该平台自身数据沉淀，共同构成"农贷通"信用信息数据库，解决信息不对称问题。同时，通过人民银行再贷款再贴现政策，有效释放以银行为代表的金融机构资金活力；通过地方政府的涉农支持政策与风险分担机制，有效解决金融机构深入农村时面临的风险不可控问题。

三　金融服务流程智慧再造的关键措施

（一）金融监管有效引导，实现银政数据融通

从上面的案例中可以看到，政府和银行之间的数据融通能创造出更加符

合客户需求的金融场景，也能优化金融服务流程，促进类似农业、制造业以及各类小微企业的良性发展。国家通过"十四五"规划明确提出提高数字政府建设水平，"探索将公共数据服务纳入公共服务体系，构建统一的国家公共数据开放平台和开发利用端口""开展政府数据授权运营试点，鼓励第三方深化对公共数据的挖掘利用"。截至2021年10月，我国已有193个地方政府上线了数据开放平台，可见政府要通过开放数据资源推动产业发展的决心很大。从另一个层面来看，尤其是在《中华人民共和国个人信息保护法》颁布后，国家更加强调数据使用过程中对个人信息的安全保护。因此银行只有科学地、有限度地使用公共数据，才能在充分保障客户信息安全的基础上优化服务。这就要求金融监管机构能够给予有效指引和监管督导，通过制定更加详细的公共数据使用要求和标准来确定银行等金融机构在开放数据使用上的边界和约束，提前防范可能出现的滥用客户数据的风险。监管机构通过加大个人信息保护和对网络信息安全违规行为的处罚力度，逐步划定包括银行在内的金融机构在数据使用上的"红线"；另外，金融监管机构也积极推出"监管沙箱"模式，鼓励金融机构使用金融科技进行数据融合、打造创新金融服务场景的尝试性探索。近两年，中国人民银行还制定了《个人金融信息保护技术规范》和《金融数据安全　数据安全分级指南》等数据使用的规范和指南，在更好地使用政府开放数据、优化金融服务等方面给银行提供指导。

（二）完善创新技术应用体制

从各种实践案例中可以看出，创新技术在应用系统中的使用决定着金融服务流程向智慧化发展的可能性，因此，完善相关体制建设也是优化服务流程的关键。各家银行近几年在金融科技上的投入和收入占比均逐年上涨，充分体现出银行期望通过技术创新和应用系统的发展来推动业务发展、升级服务的决心。很多银行不仅进行常规应用系统的建设升级，更投入人力物力尝试将区块链、RPA、AI、量子安全等新型技术带入金融服务中。不少银行跨越科技和业务条线隔阂，设立了统一的专注于新技术带动业务发展的金融创新部门，有条件的银行更是在传统的"两部三中心"科技组织架构上增设研究院或创新实验室形式的机构，专门负责和合作企业以及院校进行创新技术研究。各种专项论坛也逐步成为银行对外合作、进行技术创新的主要途径。中国人民银行和中国银保监会每年也会通过各类金融科技奖项的评选、专项课题的申报营造鼓励创新技术应用的积极氛围。通过在资金投入、组织结构以及管理环境三个方面的努力，创新技术应用体制也在逐步完善。

（三）营造有深度、广度和温度的服务场景

深入客户实际生产生活的场景建设，是最有利于提升金融服务深度、广度和温度的举措。换言之，银行在进行金融服务流程智慧再造的过程中，也应当将触达最需要服务的客户、提供最专业的服务内容以及最优的服务体验作为重要目标。像交通银行结合农产数据营造的创新涉农金融服务场景，有效推动了类似螃蟹养殖、黄羽鸡养殖的地方性生产活动。宁波银行这类特点清晰、服务客群明确的区域银行，则在小微企业的金融服务场景上推陈出新，通过财资大管家打造"一站式"的企业财资管理场景，增强了与企业客户之间的黏性，也为广大中小企业带去了媲美大型集团的专业级财资管理模式。这些都是银行通过打造有深度、广度和温度的服务场景来实现金融服务流程智慧再造，实现银行、客户、地方政府"三赢"局面的成功案例。

（四）加强数字化人才选育

要利用技术创新应用来改造金融服务流程，需要大量的既懂金融又懂技术的专业人才。懂金融才能懂金融服务流程中的痛点，懂新技术才能理解什么样的技术适合用于解决什么样的业务痛点。普华永道曾在其《2019年全球金融科技调查报告》中指出，中国金融科技人才缺口高达150万人。为了弥补这样的一个人才缺口，需要从三个方面推动人才的培养储备。一是国家战略层面的规划。国务院《"十四五"数字经济发展规划》明确提出提升

全民数字素养和技能的计划。二是具备能力的高校开设专门的金融科技、数字金融的专业课程培养数字化人才。包括北京大学、清华大学、中国人民大学、中国科学技术大学在内的全国 77 所主要高校均已开设金融科技专业，能够持续性地向社会输送金融科技专项人才。三是银行主动构建符合自身特点的培养机制。例如，民生银行面向应届生的民芯金融科技人才计划、招商银行和高校合作的 FinTech 精英训练营活动，这些都是很好的银行主动培养金融科技人才的项目。

四　金融服务流程智慧再造的趋势展望

（一）运用创新科技打造无边界服务

无边界服务是未来各个行业所追求的发展目标。金融的无边界服务，就是指没有地域限制、没有设备约束，能够随时随地应需而生的金融服务。简单来讲就是没有无法触及的客户，也没有不能提供金融服务的场景。前文谈到的打造多元融通的服务渠道，正是银行利用创新科技实现"没有无法触及的客户"的典型实践。未来，银行还会充分利用智能助手等技术手段为客户提供没有时间约束、定制化的一对一贴身服务，营造具有沉浸感的金融服务体验。从电子银行这种金融服务模式诞生到互联网银行时代，再到开放银行时代，银行正在利用最新的通信技术、云技术、物联网技术、大数据技术以及 AI 技术将自身的专业化金融服务延伸到生活生产的各个角落。今天无论是电商、政务服务，还是医疗系统、教育平台、旅游网站，甚至是各种社交软件，支付、授信、汇兑、投资等金融服务都已经成为其场景建设中重要的组成部分。而像平安银行这类综合金融服务能力很强的银行更是深入各种生态圈，积极提供"跨界"服务。有理由相信，未来随着开放银行的发展，"没有不能提供金融服务的场景"这个目标也会成为现实。

（二）数据协同网络提升金融科技水平

在未来的金融科技发展中，数据技术和网络技术是发展的重心。随着数据技术的发展以及金融服务过程中数据的积累，不论是大数据还是客户端存储的"小数据"，都可以推进金融业"数字原生"的实现。可以利用数据完全映射真实世界的金融服务，提前预判客户需求，模拟演练业务过程，自动优化服务流程。在网络技术发展上，采用软件定义网络（SDN）的方式进行数据中心互联（DCI）网络的建设，连接不同数据中心将是重要发展趋势。这种网络架构更有利于搭建包含共有和私有数据的混合云平台，构建更多基于云原生的金融应用系统。混合云平台可以利用 SDN 为客户提供就近访问的网络策略，大大提升金融应用系统为客户提供服务的速度和稳定性。而基于新型网络技术的混合云平台，也能够提供更顺畅的数据共享通道，帮助金融应用系统更好地使用物联网端的"小数据"和数据中心的"大数据"，来为客户提供"千人千面"的优质服务，推动金融服务流程的智慧再造。

B.15
金融服务多元化渠道建设探索

祖立军 等*

摘　要：《金融科技发展规划（2022—2025年）》提出将搭建多元融通的服务渠道作为未来三年发展的重点任务。本报告首先梳理了金融服务多元化渠道建设的现状，分析了渠道建设过程中存在的问题与挑战：一是金融服务嵌入场景的能力不足，开放式金融基础设施建设有待加强；二是在渠道建设中对新技术的创新应用不足，缺少行业规范和指引；三是各类渠道在重点民生领域的布局有待优化，服务质效有待提升。本报告通过分析金融机构在建设金融服务多元化渠道方面的实践，针对构建多元融通的服务渠道，提出了解决方案。本报告最后提出两点发展建议：一是推动行业性金融服务基础平台的建设，积极推进多元融通的渠道建设，打造公平、开放、全国统一的金融信息服务市场；二是持续加强新技术在金融服务渠道建设中的规范使用，通过试点推广机制，发布相关优秀案例。本报告为金融业建设更加多元化、便捷、高效、安全的金融服务渠道，打造“无边界”的金融服务提供了解决思路。

关键词：　渠道建设　数字生态银行　普惠金融　5G

金融服务渠道使客户获取金融产品与服务，是金融机构数字化转型的重要建设对象，金融服务多元化渠道建设的目标是优化金融资源配置、推进金

---

*　执笔人：祖立军、黄梦达、门小骅、陈思文、李盛群、刘华琦、闫玉华。祖立军、黄梦达、门小骅、陈思文，中国银联；李盛群，中国银行；刘华琦，中国民生银行；闫玉华，北京容联易通信息技术有限公司。

融机构降本增效。近年来，数字技术的迭代升级和新冠肺炎疫情的常态化防控正在加速金融服务渠道变革。线下渠道中营业网点布局不断优化，社区银行、小微支行等特色网点逐步增加；线上渠道中移动端 App、小程序等成为延伸金融服务触角的主要方式，金融机构正在加速探索数字生态银行（开放银行）的建设，将金融服务嵌入客户场景融合发展。围绕《金融科技发展规划（2022—2025 年）》（以下简称《发展规划》）中关于"搭建多元融通的服务渠道"的重点任务，金融业正通过金融科技的应用构建多元化的服务渠道，为实体经济提供更加开放、综合、普惠的金融服务。

一　金融服务多元化渠道建设的现状与问题

（一）多元化渠道建设的发展现状

1. 渠道结构加速优化，金融服务质效不断提升

优化渠道结构，加强场景化、个性化、智能化的渠道建设，不断延伸金融服务触角、提升金融服务质效，是多元化渠道建设的主要目标。

在线下渠道方面，以银行业为例，截至 2021 年末，全国银行业金融机构营业网点总量约 22.36 万个，相较于 2020 年末减少 303[①] 个。然而，营业网点在增强客户黏性、扩大服务覆盖面等方面仍然有不可替代的作用，商业银行正在朝网点资源差异化配置、网点结构优化调整的方向转型。例如，在助力乡村振兴、发展普惠金融的政策环境下，2021 年全国农村商业银行新增营业网点 1321 家，城商行、村镇银行数量也在持续增长，银行业整体呈现线下渠道向县域下沉的趋势。此外，营业网点服务的场景更加丰富。例如，金融服务站、社区银行、适老化网点、小微支行的规模呈现扩大趋势。线下渠道正在成为银行业提供特色金融服务的重要途径。

---

① 数据来源于南京博智经邦，去除政策性银行、财务公司、信用卡中心等非网点金融机构，不包含港澳台地区数据。

在线上渠道方面，中国银行业协会发布的《2021 年中国银行业服务报告》显示，2021 年银行业金融机构离柜交易总额达 2572.82 万亿元，同比增长 11.46%；行业平均电子渠道分流率为 90.29%，连续两年离柜率超 90%。以电话银行、网上银行、手机银行、企业公众号、小程序等为基础，银行业逐渐构建起功能齐全、场景完备、移动智能的线上渠道。在银行线上业务量大幅增长的同时，服务质效和客户体验也有了显著提升。线上渠道正发展为商业银行获客、育客的主要途径，是商业银行数字化发展的主要方向。

与此同时，线上、线下渠道也呈现融合发展的趋势，银行业正在进一步发挥线上渠道在智能分析、精准营销、智慧安防等方面的优势，通过加强线上线下渠道协同联动，推动线下网点服务向数字化、智能化方向转型，构建"智能+人工"客户闭环服务机制，打造更加便捷、安全、一体化的服务体系。

2. 银证保之间渠道合作逐步加深，协同服务能力不断增强

金融数据在行业内跨机构综合应用的需求日益迫切，金融机构之间正在通过渠道协同，逐步实现产品合作、客户共享、服务对接和资金融通。在银保合作方面，银行业加速了保险产品代销渠道的建设。从 2021 年上市银行的年报来看，银行代销保险保费突破千亿元，代理保险业务收入普遍上涨。同时，在代理人渠道转型的背景下，保险公司也更加重视银保渠道建设，致力于开发与渠道适配度更高的产品，并取得了较好的合作效果。在银证合作方面，线上渠道合作是主要趋势。例如，不少银行 App 已经实现证券开户功能，并提供银行电子账户和证券账户之间的互联互通服务。银证保之间的渠道合作正在突破传统的委托代理模式，从简单的销售合作向高质量的财富管理合作转型，通过跨机构的渠道合作逐步形成互利共赢的合作生态。

3. 新技术成为推动渠道创新、丰富服务场景的重要因素

近年来，我国先后出台《新一代人工智能发展规划》《关于加快推动区块链技术应用和产业发展的指导意见》《工业和信息化部关于推动 5G 加快发展的通知》《物联网新型基础设施建设三年行动计划（2021—2023 年）》等政策文件，为金融科技发展创造了良好的政策环境。随着相关技术在金融领域的应用不断成熟，金融科技已成为金融机构推动渠道创新的新动力。例如，在银行场景中深度融合 5G 技术、人脸识别技术、增强现实与混合现实技术（AR/MR），催生了 5G 消息支付、厅堂智能接待、虚拟数字人等更加安全、智能的数字金融服务。从当前金融服务多元化渠道建设的情况来看，人工智能、物联网、5G 技术在促进金融服务渠道向场景化、富媒体化方向上发展的过程中发挥了重要的技术支撑作用。

（二）多元化渠道建设的问题与挑战

1. 金融服务嵌入场景的能力不足，开放式金融服务基础设施建设有待完善

在金融机构与场景方合作的过程中，随着场景方数字化经营能力的不断提升，其对金融服务嵌入场景流程中的融合需求日益迫切。为加深金融服务与场景的融合，让客户在场景融合中享受金融服务，金融机构正在探索利用应用程序接口（API）等技术手段，通过数据与服务双向开放的方式将金融服务与消费者生活场景、企业经营场景和政务便民服务场景深度连接，提升数字生态银行的场景融合渠道服务能力。

然而，金融机构（尤其是中小金融机构）在渠道服务能力建设方面仍然存在不足。在这一探索过程中，还存在数据安全与风险防控等诸多问题。例如，在数据共享中如何保障数据安全、进行隐私保护的问题，对各级合作方实施穿透管理的问题以及开放环境下的金融风险防范问题。尽管 2021 年国家陆续出台了多部有关网络安全、数据安全的法律①规范金融机构的行为。但在数据权属、客户授权、合作方的权责利等方面的规定仍需探索明确，这也是金融机构进一步推进开放式金融服务面临的较大挑战。

参考英国开放银行实施组织（OBIE）等国际组织的建设经验，国内发展开放式金融服务还缺少相对成熟的基础设施和应用规范。以开放银行为例，目前行业中还没有统一的开放银行服务目录，未能对银行 API 服务接口能力的信息进行有效聚合，这不仅不利于开放银行合作方的统一管理，还会给多元化渠道的互联互通造成较大困难，是影响统一开放银行大市场形成和规模化发展的关键。

---

① 《网络安全法》《数据安全法》《个人信息保护法》分别于 2021 年 6 月 1 日、9 月 1 日以及 11 月 1 日落地实施，规范数据的使用、流通与保护，营造更和谐、更安全的数据交易秩序。

2. 新技术的创新应用不足，缺少行业规范和指引

金融业在数字化转型中将新技术广泛应用于金融服务的多元化渠道建设领域。然而，目前行业内缺少对新技术应用的场景规范、技术标准和安全指引，金融机构对新技术的应用尚难达到安全、自主、可控的水平，部分新技术领域（如 NFT 和元宇宙），仍然存在"蹭热点、炒概念"的问题。随着区块链、云计算、5G、物联网、AR/MR 等新技术的成熟，如何规范化地利用这些新技术构建金融服务多元化渠道，以及科学有效地依托多元化渠道创新数字金融服务，是金融机构在数字化转型过程中应当深入思考的问题。

3. 重点民生领域的渠道布局有待优化，服务质效有待提升

中国人民银行等七部委发布的《关于组织开展金融科技赋能乡村振兴示范工程的通知》、《国务院办公厅关于金融支持小微企业发展的实施意见》和《国务院关于印发"十四五"国家老龄事业发展和养老服务体系规划的通知》，强调了农民、小微企业、老龄群体是当前我国普惠金融的重点服务对象。然而，目前大多数金融机构在重点领域的渠道布局不够科学。例如，农村地区的金融基础设施相对落后，金融机构在建设线下渠道时未能立足当地的政策环境与经济环境，提供的金融服务与当地农户的实际需求还存在偏差。而针对小微企业和老龄群体，金融服务的"数字鸿沟"依旧存在，部分金融机构的渠道建设没有充分考虑不同群体的差异化需求，信贷融资等金融服务不能形成闭环，与实现普惠金融的国家战略目标相比还有一定的差距。

二　金融服务多元化渠道建设的相关实践

（一）打造开放式综合金融服务平台，助力线上渠道数字化升级

通过中国银联技术管理委员会（以下简称"技管委"）调研，技管委17 家成员银行均已具备或正在提升开放银行线上场景融合服务的相关能力。商业银行通过 API、SDK 等接入方式将银行产品及服务无缝嵌入消费者生活、企业生产经营和政务便民服务等丰富的场景中，让金融服务触手可及。

建设开放银行越发成为商业银行在数字化转型过程中完善"金融+场景"服务生态体系的重要方向。

案例1　中国银联联合商业银行建设开放银行网络平台

从国际发展趋势来看，维萨、万事达近年来持续加大在开放银行领域的布局力度，通过构建连通各商业银行开放银行系统的网络，助力金融机构完善金融服务生态体系。2021年，中国银联与中国质量技术管理委员会共同组建专项研究工作组，联合商业银行共同建立"统一服务接口标准、统一安全接入方案、统一合作准入要求"的开放银行生态系统。2022年，启动银联开放银行网络平台建设并推进业务试点，以"链接创造价值，服务商业银行"为目标，助力商业银行与场景端实现便捷的服务连接和安全的金融数据应用。

中国银联开放银行网络平台重点打造四种能力。一是服务与接口标准化，建设行业级API服务目录，提供商业银行开放服务接口的聚合与转接服务；二是应用方准入标准化，建立统一的应用方准入管理流程，提供对接各商业银行API接口的沙盒测试服务；三是统一身份认证能力，包括应用方认证和用户认证与授权；四是安全合规治理能力，确保开放银行接口、服务场景及数据的安全（见图1）。

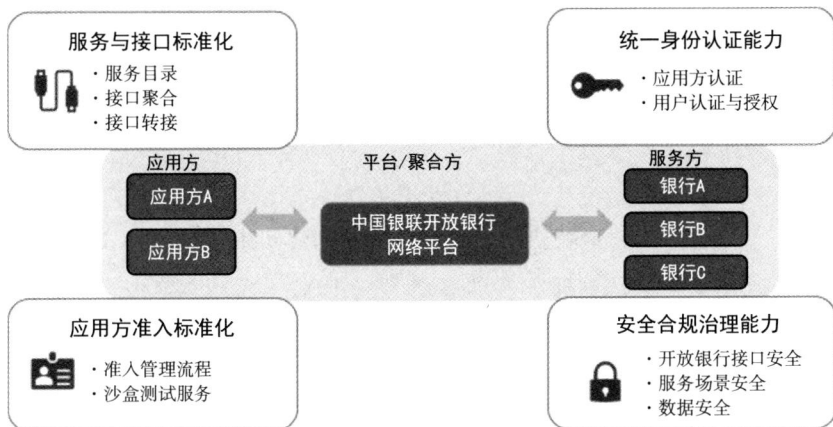

图1　中国银联开放银行网络平台架构

在这四种能力的支撑下，中国银联开放银行网络平台充分复用已有受理市场，为银行拓展线上场景，助力金融机构为应用生态合作伙伴提供便捷的数字化金融服务。该平台服务的主要场景包括以下几个。一是与银联商务等第三方支付机构合作，中国银联作为信息转接方，向收单机构提供银行面向企业商户结算银行账户、持卡人支付银行账户的金融账户类产品服务。二是与证券、保险等金融机构合作，向其提供金融信息查询服务，并在中国人民银行金融数据综合应用试点框架下组织推进证券与银行跨机构金融信息综合应用。三是与烟草类商户等小微企业开展合作，推动解决小微企业融资需求，帮助商业银行提高其对小微企业客户的综合化金融服务水平。

依托中国银联开放银行网络平台构建的开放银行网络，既实现了商业银行提升金融接口的转接，也实现了中国银联自有能力的综合提升，为场景端和商业银行提供数据类、权益类等 API。截至 2022 年第一季度，累计上线超 400 项业务，对外开放近 1500 个 API，有力支撑了中国银联开放银行网络平台的建设。

（二）"5G+"推动渠道创新，赋能金融业数智化发展

作为新型通信基础设施，5G 技术提升了人与人、人与物、物与物的通信连接能力，并与云计算、人工智能、AR/MR 等新技术组合，为金融业建设数智化服务渠道提供技术支撑。在智慧网点的转型升级、5G 手机银行、5G 消息即时服务（MIS）等多方面，"5G+"正成为推动金融服务渠道创新、提升金融服务体验的重要驱动力。

案例 2　金融机构依托 5G 技术构建空中营业厅

在银行业务方面，中国邮政储蓄银行（北京分行）与容联云联合打造视频移动营业厅平台，实现远程业务办理、客户身份识别、电子签章、信用贷款、财富多方投顾等金融服务。在该平台的支持下，客户可通过"远程小邮"微信小程序呼叫行内远程坐席人员、预约业务办理；远程坐席人员可通过远程工作台随时响应客户的业务需求，业务办理全程支持录音录像，

并在满足监管要求下加密传输至行内影像集中内管平台，实现业务数据的安全存储与审核等功能。在保险业务方面，华泰人寿与容联云合作建设了空中柜面平台。该平台的客户端与华泰人寿微服务微信公众平台集成，为客户提供便捷的移动服务；坐席端则与华泰人寿的智能客服系统集成，为坐席人员提供智能话务服务。目前，该平台已支持在线视频业务办理、身份核验、影像采集、单证签字、知识库、监控等功能，显著提升了业务服务效率和客户满意度。

（三）多元化渠道服务普惠金融，助力实体经济发展

金融机构以《发展规划》中关于金融科技支撑普惠金融服务体系建设的思想为指导，以落实中国人民银行等七部委发布的《关于组织开展金融科技赋能乡村振兴示范工程的通知》《国务院办公厅关于金融支持小微企业发展的实施意见》为方向，积极探索建设面向农村用户和中小微企业需求的多元化金融服务渠道。

案例3 行业合作建设全场景金融惠农服务基础设施平台

为解决农村金融承载力不足、基础设施薄弱、信用体系缺失、服务水平不高、供需存在错配等痛点难点，中国银联联合商业银行打造了集供应链金融信贷、农村智慧金融、金融民生综合服务等涉农金融基础服务于一体的金融惠农服务数字营业厅。该营业厅围绕"全场景基础平台+金融科技能力"的建设目标，按照组件化、平台化、定制化的建设思路，采用大数据、人工智能、API、分布式架构、微服务等技术，聚合商业银行、科技公司、产业机构等各方能力，提升行业相关方惠农服务在受理渠道、服务内容、数据能力、科技能力等方面的整体水平。目前，平台正处于开发建设与试点应用阶段，中国银联积极联合山东、福建、陕西等地的金融机构，探索在农村地区应用金融惠农服务数字营业厅的可行路径，助力地方构建普惠、便捷、高效的农村金融服务体系。

案例 4　面向中小微企业的一站式数字金融服务

在国家对银行业助力中小微企业健康发展的鼓励下，商业银行积极探索建设面向中小微企业需求的一站式数字金融服务。

目前，银行业主要采用三种渠道来提供一站式数字金融服务。一是银行通过引入外部开放服务、整合第三方产品的方式满足金融场景下企业客户的非金需求。二是银行将自身产品服务以 API 形式嵌入第三方搭建的软件即服务（SaaS）云服务平台，支持企业客户从第三方场景平台发起银行交易。例如，民生银行的"云·代账"开放服务，通过与财税软件平台合作实现中小微企业在银行端会计资料的一键获取、账目与凭证的自动生成等智能化财税管理功能。"云·代账"开放服务还支持在银行、软件平台、代账机构、企业四方间建立权责清晰、自主可控的多级授权机制，从而有效解决客户信息跨平台使用的安全性与规范性问题。三是银行自建平台提供一站式数字金融服务，如中国银行一站式企业数字化通用服务平台，为中小微企业搭建人力、办公、薪税、费控、财务、发票六大金融服务模块，并将账户、转账、代发等金融服务融合形成一站式场景服务。

（四）加强渠道标准化建设工作，推进多元渠道稳固发展

围绕《发展规划》提出的"填补国家标准空白、补齐行业标准短板，构建适应新发展格局的高质量、多层次金融科技标准体系"的重点工作要求，各金融机构在建设多元化渠道的同时，也积极开展标准体系的建设工作，表 1 整理了 2020~2022 年相关标准建设情况。

表 1　2020~2022 年金融服务多元化渠道相关标准建设情况

领域	相关标准
数字生态银行	《商业银行应用程序接口安全管理规范》,金融行标 《开放银行服务接口技术指引》《开放银行服务接口安全指引》和《开放银行应用方安全管理要求》,中国银联技术管理委员会发布

领域	相关标准
新技术应用	《5G消息支付技术规范》《5G消息银行应用技术规范》,北京金融科技产业联盟团标 《金融数字化服务终端操作系统技术规范》,北京金融科技产业联盟团标(制定中)
科技赋能重点场景	《金融惠农服务数字营业厅应用规范》,金融行标(立项中) 《金融科技赋能乡村振兴能力评估规范》,北京金融科技联盟团标(制定中) 《基于农业数据的智慧农业金融服务技术指引》,中国银联企标(制定中)

资料来源:中国银联原创。

在数字生态银行领域,2021年,在中国银联技术管理委员会的框架下,中国银联、中国工商银行、中国农业银行、中国银行、中国建设银行、交通银行、中国邮政储蓄银行、中信银行、华夏银行、民生银行、广发银行、平安银行、招商银行、上海浦东发展银行、北京银行、上海银行、银联商务、银联数据、北京银联金卡科技有限公司、中金金融认证中心等20家单位组建开放银行工作组,研究发布了《开放银行数据保护与合规研究报告》《开放银行服务接口技术指引》《开放银行服务接口安全指引》《开放银行应用方安全管理要求》。目前,上述主要研究成果已纳入北京金融科技产业联盟金融数字化转型工作专委会框架下的数字银行生态服务课题,持续推进数字银行生态服务的规范发展。

在新技术应用领域,为加快5G消息金融场景应用,提升金融业5G消息规范化水平,由中国银联、银联数据、中国信息通信研究院、中兴通讯牵头,联合中国工商银行、中国农业银行、中国银行、中国建设银行、中国电信、中国移动、中国联通、光大银行、平安银行、华夏银行、上海浦东发展银行、北京银联金卡科技有限公司、中国金融认证中心等30余家单位研究制定《5G消息支付技术规范》和《5G消息银行应用技术规范》团体标准。目前两项标准已在北京金融科技产业联盟通过立项,为5G在金融业的应用提供指导。

另外,为满足金融业对综合统一、智能安全的金融数字化服务终端的需求,2021年,在中国质量技术管理委员会的框架下,中国银联、中国工商银行、中国农业银行、中国建设银行、交通银行、华夏银行、银联商务、北京银联金卡科技有限公司、中国金融认证中心等机构组建终端操作系统工作组，研究制定《中国银联金融数字化服务终端操作系统技术规范》。2022年，在终端操作系统工作组的基础上又增设了标准与检测、产品与生态、运营与支持三个课题组，进一步推进金融数字化服务终端操作系统的核心技术研究、技术标准制定与产品化建设工作。

在科技赋能的重点场景领域，一是中国银联联合相关商业银行、非银行支付机构、农业科技公司研究制定"金融惠农服务数字营业厅应用规范"行业标准，明确金融机构结合 5G、人工智能、大数据等技术以数字营业厅模式开展金融惠农服务的相关技术、安全要求；二是依托北京金融科技产业联盟金融数字化转型工作专委会，研究制定"金融科技赋能乡村振兴能力评估规范"团体标准；三是研究制定"基于农业数据的智慧农业金融服务技术指引"企业标准，明确数字营业厅平台的技术接口、业务流程、数据要素等。

三 未来展望

为贯彻落实《发展规划》中关于"搭建多元融通的服务渠道"的重点任务，金融机构将通过科技创新建设多元化的服务渠道，积极推动物理与虚拟、传统与新兴渠道的深度融合，逐步搭建起"一点多能、一网多用"的综合金融服务平台，支持实体经济的健康发展。本报告提出以下几点发展建议供行业参考。

（一）推动行业性金融服务基础平台的建设，积极推进多元融通的渠道建设，打造公平、开放、全国统一的金融信息服务市场

金融服务多元化渠道建设犹如构建全国高速货运网络，金融服务多元化渠道网络是金融产品供给投放的"血管"，是行业重要基础设施。为打造公平、开放、全国统一的金融信息服务市场，有必要鼓励相关行业加大对基础平台的建设力度。一是顺应当下以 API 为代表的数字生态服务发展趋势，

建议参考国际经验，支持清算组织等建设金融 API 聚合服务平台（API 集市），实现金融 API 的接入转接，优化金融生态场景，加强对金融信息综合应用的监管；二是响应国家在乡村振兴、小微企业服务、养老服务等民生领域的工作要求，鼓励金融机构联合推出专项领域的科技赋能综合服务平台，集中力量办大事，打通关键民生领域的金融服务多元化渠道，让老百姓享受实实在在的普惠金融服务。

（二）持续加强新技术在金融服务多元化渠道建设中的规范使用，通过试点推广机制，发布相关优秀案例

新技术的创新应用正在加速推动金融业迈入数字化转型的新阶段，成为金融机构数字化发展的重要抓手。一是进一步加强新技术在金融服务多元化渠道建设应用中的标准化工作，规范相关技术要求、应用指南和安全指引，鼓励并支持相关行业标准、团队标准的制定；二是积极运用科技监管沙盒等手段，在安全可控的范围内推动新技术在金融服务多元化渠道建设领域的创新试点，并将成功经验进行推广。

B.16
贯彻新发展理念开展数字
金融服务实践探索

王湃涵 等*

摘 要： 数字技术正在加速金融变革，以先进技术构造的新的金融服务
称之为数字金融服务。本报告首先介绍数字金融服务发展的现
状；然后重点总结数字技术在小微金融、农村金融、供应链金
融、绿色金融等服务领域的实践探索和优秀案例，尝试分析当
前数字金融服务面临的商业模式缺失、组织和人力不匹配、新
技术应用合规风险、精准服务实体经济不足等问题；最后从数
字驱动、智慧再造，稳字当头、安全发展，智慧为民、突破瓶
颈，绿色发展、支持双碳等方面对数字金融服务发展趋势进行
思考和展望。

关键词： 数字金融 绿色金融 金融服务

习近平总书记指出，金融要为实体经济服务，满足经济社会发展和人民
群众需要。① 在金融科技手段的驱动下，金融业围绕贯彻新发展理念，加快
推进数字化转型，积极构建与数字经济发展相适应的数字金融服务体系，在

---

* 执笔人：王湃涵、李红、徐旭、丁鸿润、赵建勋、贾超、李玉剑、李继玲、张新军。王湃
涵，北京国家金融科技认证中心有限公司；李红、徐旭、丁鸿润，华为技术有限公司；赵
建勋、贾超、李玉剑，兴业银行股份有限公司；李继玲、张新军，北京天时信业软件科技
有限公司。
① 《金融以服务实体经济、人民生活为本》，"新京报"百家号，2019 年 2 月 24 日，https：//
baijiahao. baidu. com/s？ id＝1626285623978698753&wfr＝spider&for＝pc。

绿色、普惠等领域深入开展实践探索，为提升金融服务实体经济高质量发展质效提供了强大支撑。

一 数字金融服务发展概况

（一）数字金融服务发展政策导向

"十四五"规划指出，加快建设数字经济、数字社会、数字政府，以数字化转型整体驱动生产方式、生活方式和治理方式变革，促进数字技术与实体经济深度融合。提高金融服务实体经济能力，健全实体经济中长期资金供给制度，创新直达实体经济的金融产品和服务。稳妥发展金融科技，加快金融机构数字化转型。

2022年1月，国务院印发《"十四五"数字经济发展规划》，提出全面加快金融等服务业数字化转型，优化管理体系和服务模式，提高服务业的品质与效益。培育供应链金融、服务型制造等融通发展模式，以数字技术促进产业融合发展。坚持金融活动全部纳入金融监管，加强动态监测，规范数字金融创新秩序，严防衍生业务风险。鼓励银行业金融机构创新产品和服务，加大对数字经济核心产业的支持力度。

同时，中国人民银行印发《金融科技发展规划（2022—2025年）》，提出力争到2025年，以"数字、智慧、绿色、公平"为特征的金融服务能力全面加强，金融服务提质增效更显著，数字普惠金融和无障碍服务体系更加完善，智慧金融服务与生产生活场景深度融合，金融资源更为精准地配置到经济社会发展关键领域和薄弱环节，金融服务实体经济能力进一步增强。打造数字绿色的服务体系，对数字技术在小微、农村、供应链、绿色等金融服务领域的应用给出了具体指导。

近年来，金融管理部门发布实施《区块链技术金融应用评估规则》（JR/T 0193—2020）、《人工智能算法金融应用评价规范》（JR/T 0221—2021）等一系列数字金融服务应用标准，推动数字技术规范应用、助力金融风险防范。

（二）数字金融服务发展特征和态势

一是数字金融服务加速金融和数字经济深度融合。金融是现代经济的核心，在数字时代，数字金融是数字经济的核心。为贯彻国家"十四五"规划纲要部署，金融机构正在智慧城市、乡村振兴、产业链升级、绿色金融、"双碳"战略等领域积极创新数字化的金融产品和服务，加大对数字经济重点产业的支持力度，强化跨界合作，将支付、融资、理财、投资等金融服务嵌入智慧教育、智慧医疗、智慧交通、智慧政务、智能制造、数字乡村、绿色金融、供应链金融等场景中，实现金融服务"无处不在"，带动整个社会生产和服务效率提升。如中国工商银行提出金融科技全面赋能，G（政务）、B（产业）、C（消费）三端联动，深化政务和产业互联布局；浦发银行推出开放银行 API Bank，将金融服务嵌入各类生态场景，提升用户黏性和金融服务质量。

二是数字金融服务扩展金融机构客户服务边界。我国现有中小微企业数量达 4600 万，[①] 这些中小微企业贡献 50% 以上的税收、60% 以上的 GDP、70% 以上的技术创新、80% 以上的城镇劳动就业、90% 以上的企业数量。[②] 中小微企业在国民经济中占有重要地位，但它们长期面临融资难、融资贵的问题。究其原因，主要在于中小微企业存在生命周期短、业务规模小、信用记录不完善、可抵押资产不多等问题。金融机构为中小微企业提供金融服务时，客观上面临获客成本高、尽调投入高、信息不对称、担保品不足、风控成本高等困难。金融科技的应用为金融机构服务中小微企业提供了新范式。物联网、大数据、人工智能、区块链等技术实现批量化获客、精准化画像、自动化审批、智能化风控、综合化服务的普惠金融新模式，促进信贷资金"精准滴灌"和穿透落地。

三是数字金融服务促进产业互联网价值链重构。与传统的供应链金融以

---

① 《国务院政策例行吹风会介绍加大对中小企业纾困帮扶力度有关情况》，中国政府网，2021年 11 月 23 日，http：//www. gov. cn/xinwen/2021zccfh/53/index. htm。

② 《许又声：改革开放以来，民营企业贡献了我国 50% 以上的税收》，"澎湃新闻"百家号，2021 年6 月 28 日，https：//baijiahao. baidu. com/s? id＝1703787824941833493&wfr＝spider&for＝pc。

核心企业掌控的应收账款、应付账款、仓单为授信依据的方式不同，数字金融服务通过实时获取产业链各环节以及授信企业生产流程中各环节动态信息，对每个企业进行精准数据采集和分析，提供相应金融服务。企业传统的生产模式无法提供实时动态的生产经营数据，为了获得金融机构提供的新型数字金融服务，势必会倒逼企业进行数字化改造升级，在数字化改造升级过程中，数据也变成加工对象，可以形成新的数据产品和数据服务，既可以使企业将数据作为信用凭证，也可以拓展企业的价值链范围。

四是数字金融服务催生金融数字技术平台。金融数字技术平台构建了联通产业与金融的业务协同、数据流通、信用评价生态系统，与传统金融 IT 系统相比具有不同特征。首先是承载业务不同，传统金融 IT 系统以承载存贷汇业务为主；金融数字技术平台以承载生态业务为主，将数字金融服务嵌入生产生活流程。其次是处理数据不同，传统金融 IT 系统主要处理业务经营活动中的存贷汇核心业务相关数据，大多以结构化数据为主，金融数字技术平台主要处理来自外部第三方的数据，如视频监控数据、生产运行数据、卫星遥感数据、气象数据、政务数据等，其中大部分是非机构化数据。另外，金融数字技术平台将银行服务标准化，并以 API 的方式对外提供服务，将其与应用场景连通。

二　数字金融服务创新应用实践

（一）数字技术在小微金融服务领域的应用实践

在国家大力支持实体经济，出台一系列金融政策支持中小微企业发展的背景下，金融机构作为金融体系的主力军多措并举，不断推出新型金融产品和服务，加强科技手段和数字技术创新应用，实现管理模式和系统工具的全面重塑，面向中小微企业持续提升金融服务水平，助力搭建供给体系、需求体系和金融体系相互支撑的三角框架。

以商业银行实践为例，浦发银行联合核心企业，面向全国范围内中小微企业组成的经销商群体，推出"浦慧云仓"服务，助力解决中小微企业融资难、融资贵问题。一是打通与核心企业、海关、物流、仓储、动产统一登记中心等相关方的 IT 系统并实现数据共享。通过大数据分析对外部获取的中小微企业订单数据、海关单报关数据、海运物流数据进行交叉校验，避免虚假交易风险。综合从政府、税务、法院、征信机构等方面获取的舆情信息，通过 AI 分析形成可动态更新的中小微企业经营画像。这样做不仅可以精确获知中小微企业生产经营情况与深层次融资需求，还可以自动化、智能化更新风险等级并及时预警。二是采用"人工智能+物联网"（"AI+IoT"）技术对仓库进行可信、智能监管，将仓库内的货物叠加金融属性变成可交易、可流转的金融资产。通过在仓库库门部署分布式射频识别（RFID）设备，形成出入库托盘唯一性标识；在堆垛区部署掌上电脑（PDA）设备并内置区块链和移动网络，可以将货物扫描信息直接上链存储；在监管区部署 AI 摄像机和边侧 AI 服务器，采用 5G 和接入点（APN）通道对仓库侧数据进行安全回传。三是在云端构建物联聚合平台，打造仓库作业的风控模型，建立货物监管知识图谱，采用大数据、机器学习等多种方式，对动产质押的不同品类的货物物流、仓储作业规律进行持续总结并固化到该平台系统中，弥补银行在具体产业方面的信息不对称劣势，为银行预测货物丢失风险提供参考。该平台已面向上百家中小微企业新增授信，采用"AI+IoT"技术极大地缩减了贷后管理工作量，实现提效降本的同时，有效防范中小微企业贷后风险，面对中小微企业做到敢贷、会贷、愿贷。[①]

（二）数字技术在农村金融服务领域的应用实践

伴随乡村振兴战略实施以及农业适度规模化发展的步伐，当前农业生产正在逐步实现"农业集团+上下游服务企业+合作社+农民+金融"的联合发展模式。以农业龙头集团为引领的产业发展模式，提高了农业管理现代化、集

---

① 《数字上海·揭开浦慧云仓的数字密码》，央视频网站，2022 年 1 月 12 日，https：//w. yangshipin. cn/video？type＝0&vid＝g000047gb8x。

约化水平，同时对金融业务和服务也提出了更加多样、贴切、普惠的需求。商业银行以此为契机创新数字金融产品和服务模式，通过"建生态、搭平台、嵌服务"的方式，实现批量化获客、过程化风控、嵌入式服务。

应用实践方面，在种植领域，针对某类作物的产业生态角色，做有针对性的金融服务需求分析和设计，搭建农业产业链金融服务平台，在提升信息化服务水平的同时，实现普惠金融、科技金融与农业产业的无缝融合。具体方式为以搭建农业龙头企业业务运行管理平台为抓手，实现对订单、生产、农资农机服务、农作物收购加工、仓储、贸易等的集成管理；以 B 端客户带动 C 端客户，实现获客和固客；以基于订单的评信授信、委托支付为方式，实现过程化风控；以开放银行、聚合支付为通道，实现金融科技服务手段和产品的嵌入。在养殖领域，同样针对禽畜、海产品等养殖种类做有针对性的产业管理特征分析，搭建适用的产供销产业链金融服务平台，对畜牧业集团、养殖合作社及养殖户提供管理及金融服务，实现"批量化获客+过程化风控+场景金融"的多元融合。

经过实践验证，以上方式都取得了良好成效，通过农业产业链金融服务平台的支持，企业可以获取产业链各方基础信息及交易信息。以资金流转为纽带，以支付结算为抓手，该平台实现资金封闭运行，降低资金运用风险，提高资金使用效率，有利于普惠金融业务落地；同时构建农业产业金融生态圈，提升产业链的凝聚力和经济活力。

（三）数字技术在供应链金融服务领域的应用实践

供应链金融的概念于 2006 年被首次提出。2020 年 9 月，中国人民银行等八部门联合发布《关于规范发展供应链金融支持供应链产业链稳定循环和优化升级的意见》，明确将供应链金融定义为从供应链产业链整体出发，运用金融科技手段，整合物流、资金流、信息流等信息，在真实交易背景下，构建供应链中处于主导地位的核心企业与上下游企业一体化的金融供给体系和风险评估体系，提供系统性的金融解决方案，以快速响应产业链上企业的结算、融资、财务管理等综合需求，降低企业成本，提升产业链上各方价值。该定义从政策层面将金融科技手段紧密嵌入供应链金融。

当前，以 ABCDI 五大技术①赋能供应链金融，针对客户量身定制融资、理财等一揽子金融服务已成为大势所趋。例如，利用区块链技术营造多方参与的供应链金融可信环境，形成生态协同格局；利用大数据和 AI 技术进行信息收集和分析，帮助金融机构锁定目标客源、对客户行为进行精准画像及对企业风险进行预警；利用互联网技术进一步提升数据和实物的一致性，为动产抵质押等业务提供更多便利和保障。

从实践上来看，一是供应链金融已成为各家金融机构对公业务数字化转型、建设产业生态的突破口。商业银行通过自建电商平台直接进行应收账款自偿贷款，并通过线上交易进行数据采集和实现供应金融业务闭环，助力风控效能提高。二是核心企业通过搭建供应链金融平台，更好地为合作伙伴提供贴身金融服务。核心企业使用电子商务、大数据、互联网、区块链等技术将整个供应链搬到云上，构建集中采购平台、电商销售平台、智慧物流平台、金融科技平台及大数据云平台等，实现商流、物流、资金流及信息流的"四流合一"。三是市场上还涌现一批提供供应链金融平台运营模式的第三方科技公司。这类科技公司提供基于应收账款债权的数字信用证解决方案、区块链技术及数据上链存证服务、商业汇票融资与交易撮合服务等，面向农业、零售、能源等多个行业提供服务。

（四）数字技术在绿色金融服务领域的应用实践

在"双碳"目标指引下，金融科技融合应用能够大大提升绿色金融资源配置效能和风险防范能力，以商业银行为代表的金融机构在经营管理、产品服务等方面开展了各类创新活动。在绿色识别方面，引入 AI 识别技术整合多套监管标准形成数字化规则，通过大数据分析挖掘海量业务数据并建立规则映射关系，辅助业务人员进行绿色业务认定。AI 识别技术经过实践校

---

① ABCDI 五大技术包括 AI（人工智能）、Blockchain（区块链）、Cloud Computing（云计算）、Big Data（大数据）和 Internet（互联网）。

准不断调整优化，效率和精准度持续提高。在环境效益测算方面，将监管部门在统计制度中明确的环境效益测算模型转化为简单易操作的计算工具，同时通过开放平台等技术将计算工具包装成通用 API 或 H5 等，对外部人员也可提供简便服务。在环境、社会和公司治理（ESG）评价方面，金融机构结合自身产品战略和风险偏好，将 ESG 因素设计拆解为具体主题，同时通过大数据挖掘对不同主题数据进行采集、跟踪、分析，通过大数据建模对不同指标进行筛选和赋予权重，初步形成一套 ESG 评价数据库。通过数字技术对该数据库进行灰度验证、反馈、迭代，不断完善优化并逐步普及。在环境与社会风险大数据方面，通过 RPA 技术访问公开的政府部门、法院、协会、企业、媒体等官网及信息平台获取数据，通过 AI 技术识别环保、安全、产能、职业病防控、社会风险等信息并形成大数据，用于开展环境与社会风险管理工作。通过大数据、风险建模等技术建立绿色信息监测与分析模型，搭建风险知识图谱以实现对企业的风险监控。

在众多优秀实践案例中，兴业银行作为国内首家赤道银行，具有一定先进性和代表性。一是基于人工智能的绿色信贷智能识别服务。利用人工智能、知识图谱等技术构建一套绿色信贷智能识别引擎，自动判断信贷项目是否符合相应的绿色标准，最终生成绿色分类结果，降低绿色信贷业务的识别难度，提升绿色信贷业务质量和效率。二是基于区块链与 AI 的光伏服务平台。在零售网贷系统支持线上申请贷款的前提下，基于该服务平台为分布式光伏电站业主提供光伏贷款、风险管理、碳资产交易三项核心服务。通过物联网技术从电站逆变器的数据采集模块获取实时发电数据；利用联盟链技术将光伏产业相关数据上链，提升数据真实性和交互效率；基于机器学习技术将数据建模分析，监测识别发电异常风险。三是基于机器学习技术的重点用能企业绿色信贷服务平台。兴业银行"点绿成金"系统中新增能耗信息录入、智能评估、评分生成等功能，针对重点用能企业的融资需求，运用机器学习技术构建绿色信贷融资风控模型，评估用能企业节能降耗能力和信贷风险，给予绿色转型表现良好的用能企业更多信贷资源倾斜。四是基于非同质化代币（NFT）技术的"一元碳汇"项目。面向零售客户打通手机银行与"一元碳汇"小程序实时数据传输、电子证书颁发、数字藏品发布等渠道，通过基于区块链的 NFT 技术向购买碳汇的客户颁发数字藏品，并借助 NFT 的数字展览馆、"千人千面"等不同营销玩法，以轻松有趣的方式提升客户对碳汇购买等绿色低碳行为的参与度。

三　当前数字金融服务面临的问题和挑战

（一）商业模式缺失问题

一些金融机构及相关企业在应用新技术进行业务创新时，实际产生的经济效益可能远不如品牌效益，虽然树立了良好的企业科技形象，但没有取得理想的业务收益，如业务部门并没有实现更多收入、更高效率。究其原因往往在于这些金融机构及相关企业更加注重技术本身，或只是为了技术而技术，没有找准新技术与金融服务融合的商业模式。

（二）组织和人力不匹配问题

数字金融服务除了要具备对新技术的研究和应用能力外，也要具备保障创新模式能够落地的组织机制与文化。目前，多数金融机构仍保留了传统的组织形式，与技术积累相比，组织、人力和文化尚未及时跟进调整，存在一定程度的滞后，离全面实现数字化转型的目标还有较大差距。

（三）新技术应用合规风险问题

数字金融服务需要创造新的产品、服务和商业模式，一系列的风险和社会问题不可避免地会相伴而生。如自动化、智能化可能引起的操作风险问题，数据共享产生的社会信任问题，技术成熟度不够导致的错误信息问题等。金融机构在探索新技术创新应用的同时，也需严守风险底线。

（四）精准服务实体经济不足问题

金融的本质是服务人民、服务实体经济，因此如何利用数字技术切实提升金融服务实体经济的质量、效率和范围，是数字金融服务要面对和解决的长期问题。既要以数字技术降低金融服务门槛和成本，提升金融普惠性，还要识别和补足传统金融服务短板，尽可能防止数字鸿沟的出现。

四 数字金融服务发展趋势思考和展望

（一）坚持数字驱动，加深场景融合，加快智慧再造

金融具有数据密集处理的特性，近年来已成为与数字技术深度融合的前沿领域。数字经济已转向深化应用、规划发展、普惠共享的新阶段，应将数字元素注入金融服务全流程，贯穿业务运营全链条，加快数字金融服务基础设施建设，搭建数字化平台和工具，推动各类金融机构通过"上云用数赋智"降低技术壁垒和经营成本，加快推进数字化转型。发挥数据要素和信息技术的双轮驱动作用，加速推动金融机构经营模式和管理模式的数字化演进，通过打造开放融合的数字金融服务场景，打破传统金融服务的时空局限，有效识别和触达金融消费者的需求点，提供平台化、定制化、轻量化金融服务模式，为经济社会发展提供金融服务最优解。

（二）坚持稳字当头，防范新型风险，安全发展并重

安全和发展是一体之两翼、驱动之双轮，防范化解系统性风险是金融业的恒久主题。数字技术的应用为金融业经营模式、业务流程和产品服务带来深刻变革，大幅提升金融服务广度、深度和时效，但同时也形成了更为复杂的风险形势，可能在更大范围内发生更快的风险传播，造成更深的影响。面对数字技术深度融合应用带来的全新挑战，金融业应始终坚持守正创新、科技向善理念，不断增强风险防范意识，构建与智慧敏捷、开放共享的数字金融服务发展相适应的政策法规和标准规则体系，提升数字化监管水平，持续提升风险监测和评估处置能力，在金融基础设施安全、网络安全、数据安全、消费者保护等方面筑牢防护屏障，打造更有效率、更高质量的数字金融服务。

（三）坚持智慧为民，解决民生痛点，突破行业瓶颈

金融工作应始终贯彻党中央要求，坚持以人民为中心的发展思想，更好满足人民群众和实体经济多样化的金融需求，并通过数字技术的有效应用进一步拓展金融服务方式，优化金融服务资源配置和布局，使广大人民群众共享数字金融服务蓬勃发展带来的时代红利。利用大数据、人工智能等手段对各类客户进行多维度精准画像，重点关注"三农"、小微企业、老年人、低收入人群等长尾群体的需求和痛点，下沉服务重心、降低服务门槛、加大服务供给力度，提升金融服务的普遍可得性，以数字科技进一步注入"金融活水"，增强实体经济动能，让数字金融建设成果能够更广泛地普及大众、惠及民生，与传统金融服务方式协同助力乡村振兴和共同富裕的实现。

（四）坚持绿色发展，瞄准国家战略，支持"双碳"目标

当前，"双碳"目标作为践行绿色发展理念的具体体现正在全面推进中，并转化为一系列重要政策实践。近年来，绿色金融事业迅速发展，成为推动整个经济社会绿色低碳转型的重要驱动力。下一步，以数字技术赋能绿色金融高质量发展成为"双碳"目标实现的重要途径。进一步依靠大数据、物联网、人工智能等手段增强大型基础设施项目的绿色信息识别能力，同时着力解决农业、消费、小微企业等普惠民生领域场景的绿色数据获取与绿色属性认定难题，有效破除信息不对称困境。围绕绿色金融体系构建完整覆盖的数字生态，一方面面向有绿色投融资需求的客户群体，实现绿色金融资源的合理有效配置，切实提升绿色投融资效率；另一方面通过数字工具大幅提升环境信息披露和监测水平，有力防范"洗绿""漂绿"风险。

参考文献

刘桂平：《金融系统要坚定不移践行新发展理念》，《中国金融》2022年第1期。

杨富玉:《〈"十四五"国家信息化规划〉专家谈:积极实施数字普惠金融服务行动》,中国网信网,2022年3月4日,http://www.cac.gov.cn/2022-03/04/c_ 1648000412369209.htm。

贾超、李智:《技术创新赋能绿色金融长远发展》,《金融电子化》2022年第2期。

B.17
金融无障碍服务建设实践探索

段力畑 等*

摘　要： 近年来，党和政府在推动经济高质量发展的同时，始终心系
残疾人、老年人、偏远地区人群的需求。党的十九大提出，
要在"老有所养、弱有所扶"上不断取得新进展，保证全体
人民在共建共享发展中有更多获得感。金融作为老百姓日常
生活的高频应用场景，面对老年人、残疾人、少数民族、偏
远地区人群等特殊群体的实际金融服务需求，积极推进金融
服务线上线下无障碍改造升级，在移动金融客户端应用软件、
数字人民币、银行营业网点等方面积累了丰富经验，有效提
升了人民群众在享受金融服务过程中的获得感和满意度。本
报告通过介绍我国无障碍发展的政策环境，全面分析信息障
碍群体在金融场景面临的痛点，梳理总结金融无障碍服务建
设的实践探索经验，并对未来金融无障碍服务落地实施提出
相关建议。

关键词： 金融无障碍服务　移动金融客户端　银行营业网点　数字人民币

---

* 执笔人：段力畑、袁瞳阳、金冠雯、穆长春、吕远、苏琳、杨骅。段力畑、袁瞳阳，北京国
家金融科技认证中心；金冠雯，中国建设银行；穆长春、吕元、苏琳，数字货币研究所；杨
骅，深圳市信息无障碍研究会。

一 我国无障碍发展的政策背景及现状

（一）顶层无障碍制度体系不断健全

随着我国互联网、大数据、人工智能等信息技术快速发展，智能化金融服务得到广泛应用，深刻改变了生产生活方式，提高了金融服务效能。但同时，老年人、残疾人等特殊群体在应用智能金融服务时的"数字鸿沟"问题日益凸显。如何进一步让特殊群体无障碍共享信息化发展成果，引起党中央、国务院的高度重视。2020 年 11 月，《国务院办公厅印发关于切实解决老年人运用智能技术困难实施方案的通知》，要求保留传统金融服务方式，满足消费者现金支付需求，提升网络消费便利化水平，优化用户银行卡绑定和支付流程，打造适老手机银行 App，提升手机银行产品的易用性和安全性。《中华人民共和国国民经济和社会发展第十四个五年规划和 2035 年远景目标纲要》提出加快无障碍环境与信息无障碍建设，使特殊群体能够便捷地共享数字生活。2021 年 7 月，国务院印发《"十四五"残疾人保障和发展规划》，要求提升无障碍设施建设管理水平，探索传统无障碍设施设备数字化、智能化升级，开展无障碍服务、设施等认证，促进信息无障碍的建设与推广应用。2021 年 11 月，《中共中央 国务院关于加强新时代老龄工作的意见》，要求开展老年人常用移动设备、网站、手机软件的适老化改造，培训指导老年人使用智能技术，使老年人能够共享数字化成果。2022 年 2 月，国务院印发《"十四五"国家老龄事业发展和养老服务体系规划》，要求推进网站、移动应用等智能服务的无障碍建设，将无障碍改造纳入日常维护流程，增添适应老年人使用习惯的"长辈模式"，推进公共环境无障碍和适老化改造。

（二）金融无障碍方案措施加速完善

为提升老年人、残疾人、偏远地区人群等特殊群体的金融服务便利化程度，实现金融机构传统金融服务方式与智能化服务创新并行、融合发展，增强各类人群对金融服务的获得感与满意度，按照党中央、国务院的部署，金融管理部门出台了多项政策，以更好地服务特殊群体。2020 年 12 月，《中国人民银行办公厅关于提升老年人支付服务便利化程度的意见》，从完善业务保障措施、提升老年人移动支付便利化程度等方面提出要求，帮助老年人使用便捷的支付方式。2021 年 3 月，中国人民银行发布的《移动金融客户端应用软件无障碍服务建设方案》，针对老年人、乡村地区人群等具有特殊需求的群体，明确了移动金融 App 无障碍建设的原则，规定移动金融 App 功能组件开发设计要求，要求移动金融 App 具备简洁性、易用性与稳定性，实现智能化，从而为老年人等特殊群体提供便利、普惠的金融服务。2021 年 3 月，中国银保监会发布《关于银行保险机构切实解决老年人运用智能技术困难的通知》，要求为老年人应用智能金融服务开展指导培训，进行线上金融服务适老化改造，使老年人能够共享数字金融成果。2022 年 1 月，中国人民银行发布《金融科技发展规划（2022—2025 年）》，明确提出要提升金融无障碍服务水平，打造适应老年人与残疾人的大字版、语音版的适老化、无障碍移动金融产品和服务，加强实体网点无障碍通道改造、建设无障碍标识等便利设施。2022 年 1 月，中国银保监会发布《关于银行业保险业数字化转型的指导意见》，提出为老年人、少数民族人群、残疾人设计大字版、民族语言版、语音版的金融移动软件无障碍功能，推进金融服务的数字化转型，推动解决"数字鸿沟"问题。

（三）区域无障碍发展环境持续优化

为保障老年人与残疾人等特殊群体共享科技发展成果，多地积极提升本地区无障碍设施的规划建设水平。2021 年 9 月，北京市发布《北京市无障碍环境建设条例》，在无障碍设施建设与管理、无障碍信息交流、无障碍社会服务等方面做出规定，鼓励新闻媒体、金融服务、电子商务等网站建设符合无障碍网站设计标准。2021 年 12 月，北京市印发《北京市互联网应用适老化和无障碍改造专项实施方案》，提出将加快推动网站与移动软件的无障碍改造工作。2021 年 3 月，上海市人民政府发布《上海市无障碍环境建设与管理办法》，建议金融、邮政等行业在营业场所为听障人群、言语障碍人群提供文字服务，为视障人群提供语音服务，并提升服务的便捷性。2021 年 3 月，上海市经济和信息化委员会等四部门联合发布《关于开展互联网应用适老化和无障碍改造的通知》，要求开展金融服务、新闻媒体等应用的适老化及无障碍改造，定期检测评估互联网网站和移动互联网应用适老化和无障碍改造情况。2022 年 4 月，上海市人民政府办公厅印发《上海城市数字化转型标准化建设实施方案》，提出要关注金融服务便利性，研发无障碍设备产品，制定互联网无障碍建设改造标准，改善数字化应用能力不平衡问题，发展普惠金融。2021 年 7 月，浙江省印发《浙江省切实解决老年人运用智能技术困难实施方案》，要求金融机构加强网点便利化建设，将信息无障碍改造纳入日常维护流程，为移动金融软件设计大字版、语音版等版本，方便老年人的日常支付。2021 年 6 月，深圳市印发《深圳经济特区无障碍城市建设条例》，规定了出行无障碍、信息无障碍、服务无障碍等方面的内容，鼓励相关企业在金融支付、网络购物等服务中提供无障碍支持，将无障碍化纳入产品和服务的日常维护流程。

二　信息障碍群体在金融场景面临的痛点

根据第二次全国残疾人抽样调查结果和国家统计局 2021 年第 7 次人口普查数据，全国共有 1691 万名视障人士、2780 万名听障人士、2977 万名肢体残障人士和 2.6 亿名 60 岁及以上老年人。因这些特殊群体的身体和认知障碍，其在日常生活中金融服务需求无法得到完全满足。

（一）视力障碍群体面临的痛点

视力障碍群体由于信息接收困难，在电子支付或线上支付过程中，会遭遇 App 对屏幕朗读支持不足、字体和对比度识别性差、人脸识别和各式各样的验证形式无法独立完成等困难。此外，在线下受理环境及服务网点中，视力障碍群体面临无法定位收银台、二维码的位置，业务办理时服务条款无法阅读，电子密码器不朗读等方面的困难。

（二）听力障碍群体面临的痛点

听力障碍群体在金融服务过程中，主要面临信息沟通问题，如难以与收银员确认支付金额、无法接打客服电话及借助电话客服办理部分信用卡业务等。

（三）肢体障碍群体面临的痛点

下肢障碍群体主要面临金融服务环境无障碍设施建设细节覆盖不到位带来的不便；上肢障碍群体在线上和线下服务场景中，面临"掏手机"难、用脚进行替代操作容易误触等问题。

（四）老年人群体面临的痛点

老年人群体往往有看不清、听不详、点不准、学不会、记不住等问题，面对移动支付、自助银行服务过程中的注册、绑卡等环节，存在不能用和不会用的现象。另外，由于对新事物接受能力变弱，老年人群体对安全和个人隐私存在担忧，并习惯现金支付方式，存在对移动金融产品不敢用和不想用的现象。

（五）少数民族群体面临的痛点

目前，市场上的主流金融 App 基本都未进行少数民族语言适配，导致对国家通用语言文字掌握水平较差的少数民族群体可以使用的 App 非常有限，且他们在使用时只能依靠图形记忆完成简单操作。

（六）偏远地区人群面临的痛点

偏远地区存在网络覆盖面窄、受理环境不佳、所需配套硬件设备资源不足的问题。同时，相关金融服务场所建设不完善，导致当地客户无法及时获取金融服务。

三　金融无障碍服务建设的实践探索

（一）提升线上服务水平，推动移动金融客户端应用软件无障碍和适老化改造

近年来，随着互联网技术的不断进步和移动业务的普及，各商业银行紧

密结合老年人和不同类型残疾人等特殊群体的实际需求，通过移动金融 App 实现业务场景从线下至线上的有效转移，为特殊群体享受金融服务提供了极大便利。一是通过支持账户管理、转账、结构性存款等常用功能的大字体设置，便于老年客户阅读和使用。二是通过支持语音导航解决客户输入不便问题，在账户余额、交易明细、账单查询、转账和还款等场景中提供多轮语音交互服务，简化交易流程，减少页面跳转和客户输入次数。三是通过提供极简页面，清晰设置导航，聚合特殊群体专属服务，提供专属理财和生活服务。四是在满足安全性要求基础上，推进"屏幕阅读"兼容性改造，根据客户操作轨迹对页面区域进行拆分和命名。五是发布《移动金融客户端应用软件无障碍服务评估规范》（T/BFIA 011—2022），规定了移动金融客户端应用软件无障碍服务的具体评估要求、评估方法、判定准则等，适用于移动金融客户端应用软件无障碍服务功能建设及评估。目前，全国性商业银行的 App 已基本完成无障碍改造，App 的字体放大功能使老年人更加方便地读取信息；功能设置简洁，能够快速使用主要功能，满足老年人等特殊群体使用移动金融服务的操作便捷需求。

（二）优化线下服务体验，银行营业网点无障碍建设和适老化服务改造

各银行业金融机构积极响应党和国家号召，高度重视对残疾人、老年人等特殊群体的服务保障工作，勇于担当社会责任，有效保障特殊群体公平获得银行业金融服务的权利，通过制定出台无障碍服务系列行规行约、建设和改造无障碍基础设施、开设特殊客户绿色通道、配备特殊群体专用电子设备等方式，持续推进银行营业网点无障碍建设和适老化服务改造。在强化标准建设方面，2021 年 12 月 31 日，国家标准《银行营业网点　无障碍环境建设规范》（GB/T 41218—2021）正式发布并实施，规定了银行营业网点外部环境和内部环境的无障碍建设要求及检查方法，引导银行业金融机构更好地满足特殊客户日益增长的金融服务需求，为全面提升银行业为残疾人等特殊群体的服务水平提供指导。2022 年 4 月 7 日，北京国家金融科技认证中心

会同北京金融科技产业联盟发布《银行营业网点适老化服务要求》（T/BFIA 012—2022），为老年人共享优质金融服务提供基本遵循。在完善服务设施方面，优化银行营业网点爱心座椅、老花镜、放大镜、轮椅等服务设施配置，增配叫号振动器、血压计、沟通手写板、移动填单台等便民服务设施，有序推进无障碍轮椅坡道和卫生间适老化改造。例如，北京国家金融科技认证中心会同建设银行北京分行开展银行营业网点适老化服务改造，增加老年人扶手、老年人专用座椅、坐式柜员机、大字版操作手册等设备设施，并对智能设备系统进行全面升级，切实提升设备设施的易用性。在提升服务温度方面，根据银行营业网点周边特殊客户分布情况及需求，按需设置爱心窗口、增配大堂服务人员，优先为有特殊服务需要的特殊客户办理业务。在老年人集中办理养老金领取、社保金发放等业务时间段，灵活安排人力，增开弹性窗口，方便老年人等特殊客户办理业务，减少等待时间。对高龄、重病、伤残等行动不便的客户，坚持特事特办、急事急办的原则，提供人性化上门服务。例如，建设银行在全国建立 1.4 万余个"劳动者港湾"，并携手中国残联打造"劳动者港湾·无障碍家园"特色品牌，积极组织全行营业网点走进当地残联、养老院等机构和各地老年客户聚集社区，灵活开展针对各类残疾人、老年人以及其他有需要的特殊群体的关怀关爱公益活动，为其提供贴心周到的惠民服务和必要的生活帮助。

（三）推动线上线下融合，数字人民币无障碍创新方案设计

数字人民币与纸钞和硬币等价，是由中国人民银行发行的数字形式的法定货币，其可控匿名，具有价值特征与法偿性。作为国内零售支付市场的公共产品，数字人民币始终致力于提升安全、高效、普惠的无障碍支付能力，为不同障碍群体提供具备通用性的产品和服务。在 App 开发方面，充分考虑包括障碍群体在内的不同用户群体的特征和需求，通过采用更具识别性的配色方案、优化文字和操作控件在不同场景的显示效果等方法增强视觉易感知性，通过简单直观的信息架构设计、优化操作热区等途径提升交互设计的合理性和易用性，采用多元化的引导方式强化产品易理解性。同时，在传统

的点击输入功能外，提供语音助手快捷启动、银行卡和身份证的光学字符识别（OCR）等产品功能，为特殊用户的操作提供更多简易通道。在支付硬件方面，从申领、使用、管理以及服务场景等多个方面为特殊用户提供解决方案，为特殊用户和非智能手机用户提供更多支付媒介的选择。如便于老年人携带和使用的可视硬件钱包，便于残疾人佩戴的手环手表等可穿戴硬件钱包等。不断丰富的硬件形态可以满足特殊用户的个性化支付需求。目前，硬件钱包的产品形态仍在不断创新，除常见的智能手机终端和智能 IC 卡外，还拓展至可穿戴装备和便携设备，如手套、老年拐杖等。在受理环境方面，积极开展线上线下受理环境改造，规范数字人民币 App 之外的服务提供商，在充值兑换、线上收银台等线上页面流程设计时支持屏幕朗读等辅助功能。同时，在线下收银台、营业网点中，支持与数字人民币相关的受理物料、环境引导、受理机具做到可见、可听、可感、可用，并通过建立标准规范，赋能数字人民币线上线下受理环境建设，实现数字人民币受理环境无障碍服务能力的均衡发展。

四　金融无障碍服务落地实施的建议

（一）强化金融科技应用，提升金融无障碍服务水平

将人工智能、大数据、区块链等技术应用于金融无障碍服务领域，全面提升金融科技服务特殊群体的水平。金融机构可与科研公司、高等院校等加强产学研用合作，共同推动金融无障碍服务建设，弥补金融机构技术基础薄弱、经验不足、实施路线不明确等问题，降低金融机构无障碍建设门槛，促进无障碍技术在金融领域的成果转化。

（二）关注特殊群体感受，推广无障碍金融产品和服务

一方面，设计"适老版""关爱版"等有针对性的金融无障碍产品和服务，简化用户操作流程，将无障碍、适老化理念纳入移动金融产品和服务设

计或银行营业网点规划全生命周期，让金融无障碍服务的操作流程更加适应老年人、残疾人等特殊群体的生活习惯。另一方面，提升金融服务的适老性与无障碍属性，将信息流转等过程转移至后台系统，让用户侧操作尽量简洁，降低特殊群体的学习成本。

（三）加强理念宣传引导，增强金融业无障碍服务意识

在金融无障碍服务建设进程中，需要通过各种渠道普及宣传金融无障碍服务通用设计理念与实现技术，针对老年人、残疾人等特殊群体应用金融无障碍产品和服务开展培训指导，切实推广金融无障碍产品和服务，提升金融从业人员的无障碍服务能力，将无障碍理念贯穿日常工作的各个方面，提高其无障碍服务水平。

监管法治篇

Regulatory Rule of Law

B.18
监管科技发展研究与应用实践

杜 艳　杨玉明　刘元龙　杨子砚*

摘　要： 金融科技促进了金融业的创新发展，也带来了金融风险与金融监管的变化，促使各类金融风险以潜在形式逐步汇聚，增加了整个金融业的脆弱性，为我国防范金融风险带来了诸多挑战，并增加了防范难度。有鉴于此，监管科技应运而生。基于此，本报告首先全面厘清监管科技多方面主体之间的关系，全面分析如何构建有利于监管科技发展的体制机制，如何避免金融机构利用技术手段规避监管甚至通过监管套利等行为，以及如何建立符合我国实际情况的监管科技成本分担机制。并提出以下建议：一是通过构建监管规则体系以实现规范管理；二是强化各类数据治理以实现精细化发展与管理；三是变革合作方式以推动政产学研用协调发展；四是为监管科技应用提供丰富场景以夯实应用成果。

* 杜艳、杨玉明、刘元龙，深圳未来金融监管科技研究院；杨子砚，国家金融科技测评中心（银行卡检测中心）。

关键词： 监管科技　金融科技　数据治理

一　监管科技发展脉络

监管科技（RegTech）的概念由英国金融行为监管局（FCA）首次提出，FCA 认为作为金融科技的具体场景分支监管科技应专注于通过技术的深入应用提高监管规则在服务金融方面的成效。但是，通过对我国监管科技发展的分析，将监管科技仅认定为金融科技的具体场景分支具有一定的局限性和片面性，并未涵盖监管科技的全部内涵。监管科技不仅是在金融场景与科技场景下产生的融合产物，更应是针对金融监管规则与内涵，与科技场景和金融场景共同融合产生的分支。

（一）监管科技在我国的具体发展脉络

我国开展监管科技相关研究的时间较短，目前其应用实践主要聚焦在数据治理、反洗钱、支付结算、外汇微观监管等领域。将监管科技认定为金融科技的具体场景分支，有一定的局限性和片面性。这个定义并未涵盖监管科技的全部内涵。监管科技不仅是在金融场景与科技场景下的融合产物，而且是针对金融监管规则与内涵，与科技场景和金融场景共同融合产生的分支。目前针对监管科技的具体情况，通常将监管科技划分为合规科技（CompTech）与规制科技（SupTech）。合规科技是指在金融机构合规等业务场景下科技的创新实践应用。规制科技则是指金融监管机构对监管规制等内容在科技方面的创新实践。近几年，我国金融科技快速发展，各类金融业态逐渐表现出产品趋同、服务渗透的风险。金融机构与非金融机构间的物理界限因科技创新存在被逐步突破的风险，这也造成了混业经营和无边界创新的问题。因这一系列金融科技创新是"破坏性创新"，我国金融监管部门面临新的挑战。

（二）全球不同国家对监管科技内涵的认定

1. 英国

英国于 2014 年开始探索创新监管，确立 FCA 为监管主体。2008 年金融危机前，英国采取综合金融监管制度，围绕其确定的保障"金融体系的长期稳定和可持续性"目标，全面调整了本国的金融监管体系，将金融服务监管局（FSA）拆分为审慎监管局（PRA）和 FCA。其中 FCA 主要负责对金融科技方面的监管。

2. 美国

与英国不同的是，美国并没有确立类似 FCA 那样的专门负责金融科技监管的主体，而是由多个政府机构分别开展各自的 RegTech 项目。美国证监会早在 2005 年便开始进行试验性质的可扩展商业报告语言（XBRL）备案计划。2008 年金融危机之后，随着美国金融监管日趋严格和计算机技术的发展，区块链、云计算和人工智能等各种新技术被广泛用来降低美国金融监管的合规成本，并在事实上不断拓展合规科技的应用范围。美国证监会也逐步意识到快速创新的金融科技对本国传统金融业造成的巨大冲击，后续逐步将数据格式标准化转为强制性要求。

3. 欧盟

与其他国家相比，欧盟的特殊之处在于它是由多个独立的成员国组成的国际组织，因此其金融监管体系的层级也更多。欧盟的金融监管机构包括欧盟层面的监管机构和各成员国内部的监管机构。

监管科技涉及具体金融机构的合规与风险情况，更多是与微观审慎监管机构相关。因此在欧盟范围内，除了最高行政机构欧盟委员会外，对监管科技进行实践的机构主要包括同属于欧洲监管机构联合委员会的欧洲银行管理局（EBA）、欧洲保险和职业养老金管理局（EIOPA）、欧洲证券和市场管理局（ESMA），以及欧盟各国的主管机构（NCAS）。

4. 澳大利亚

从监管体系上看，澳大利亚金融监管理事会的成员主要由澳大利亚储备银行（RBA）、澳大利亚审慎监管局（APRA）和澳大利亚证券投资委员会（ASIC）组成，这三个金融监管机构共同维持金融体系的高效性、竞争性与稳定性。其中，金融科技方面的监管主要由 ASIC 负责。ASIC 对 RegTech 发展的探索最早开始于 2013 年。然后，ASIC 分别在 2015 年和 2017 年建立创新中心和 RegTech 论坛，以促进行业发展。2018 年及之后 ASIC 开始进行各类实际项目的测试。

5. 新加坡

新加坡监管当局对金融科技的监管原则是"平衡金融监管与发展"。一方面鼓励企业走出舒适区，敢于尝试新事物，实现竞争和进步，这意味着拥抱风险和不确定性；另一方面也要求监管机构确保市场不会发生重大错误、守住风险底线、保持金融安全与稳定。新加坡金融管理局（MAS）注重现有金融机构的合规性问题，鼓励和支持全球初创企业提出能够改变现状的方案。

二 监管科技的应用领域

（一）数据治理

在优化监管环节、金融监管工作反馈等方面，有效的数据治理已为监管科技提供了较丰富的应用场景。不过也应关注到，因为正面临逐渐模糊的监管数据界限，越来越丰富的数据种类在监管过程中得到全面运用，监管科技在数据治理方面的难度进一步加大。

数据治理根据实现功能不同，划分为存储、传输、验证、整合和可视化五个具体场景。具体场景下的数据治理内容不同，且数据治理技术在不同场景下的成熟度不同，这导致不同的场景下技术的应用程度存在差异。

1. 存储

国际上，针对监管科技的具体应用实践建立通用数据库是常用的方式。通用数据库可以从金融监管部门具体的监管方向出发，并从不同监管方向需要的数据范围、质量、结构和可用性等方面来划定标准，同时也可以通过质量保证来提高数据的精准性。通过上述操作，金融监管机构可以获得一个通行数据集。通行数据集不仅从根本上改变了金融监管部门在数据治理上的传统做法，同时也使金融监管数据基础设施更精简、更高效。

2. 传输

数据传输常用方法包括以下几个。一是应用程序编程接口，即通常说的API。应用程序编程接口是两个应用程序间的交互协议集，主要应用在促进数据交换方面；二是云计算数据传输，相较于应用程序编程接口，云计算数据传输是一种更加高效和可扩展的传输解决方案，通过云计算可达到TB量级的大数据传输；三是分布式账本技术，即通常说的DLT技术。分布式账本技术可以提供一种一致的算法以实现自动验证，并且可以实现不同地点数据的复制、共享和同步。根据世界各国的金融监管科技实践情况，云计算数据传输需要达到更加严格的数据基础设施要求，DLT技术存在传输效率较低的问题。相比上述两种技术，应用程序编程接口是目前最广泛的数据传输应用技术。应用程序编程接口可在无干预情况下直接实现不同数据集间的大量数据传输，并且克服了电子邮件或网页在传输过程中面临的文件大小受限问题。

3. 整合

在监管科技实践应用过程中，对数据的整合是比较关键的。通过实现对结构化数据和非结构化数据的连接，在实践应用中监管科技可以获得众多数据源分析工作的支持。比如，欧洲部分中央银行将获得的可疑交易报告这一结构化数据与日常生活中的新闻评论文章这一非结构化数据进行有机整合，再应用到金融监管实践中；还有一部分非洲中央银行将获取的外部被监管方各类信息或数据与来自本身金融监管系统的监管信息或数据进行整合，进而生成可为本国金融监管方和政府决策者提供实际决策参考的信息。

（二）监管科技在反洗钱领域的应用实践

监管科技在反洗钱领域的应用优势在于：通过改进反洗钱风险评估流

程、提高可疑洗钱活动的宏微观检测能力,以此来提高监管部门的监管效率;通过构造智能化反洗钱框架、实时交易监控平台、加密货币风险归因数据库等来降低金融机构的合规成本,进而为提升反洗钱监管水平、降低金融机构合规成本提供了强力支持。

根据反洗钱金融行动特别工作组(FATF)的要求,监管部门若要获取域内存在的洗钱风险,需要对日常交易行为进行监测、识别以及评估,进而实现数据处理与分析。但是,随着各项业务的快速增多,金融监管部门要整理的各类交易行为信息和数据量也激增,并且收集和整理的庞大数据源又包括交易行为数据和非交易行为数据。如何有效处理如此庞大繁杂的数据是目前金融监管部门进行反洗钱监测面临的主要困难。

(三)监管科技在支付结算领域的应用实践

1. 基础设施建设方面

支付结算方面,金融监管部门建设的最具代表性的基础设施就是网联清算有限公司的网联平台。网联平台对各类支付企业与金融机构之间的交易数据进行汇总和整理,打破当前的"数据寡头"垄断、整合碎片化的零售支付市场数据。自2018年开始,中国人民银行联合上海票据交易所、数字货币交易所不断强化在支付结算领域的基础设施建设,其金融监管的角色逐步从关注具体业务操作向深入参与过程监控审核转变。

2. 非现场监管方面

中国人民银行早在2016年就开始针对全国各类支付机构运行非现场金融监管系统,将参与支付行为的各类支付机构的监管大数据纳入非现场金融监管系统。对纳入数据进行分析处理,进而将纳入数据作为非现场支付结算金融监管决策的重要根据。

3. 现场监管检查方面

为应对现场监管检查需求,中国人民银行基于长期的支付结算执法检查实践经验,同步研发了一批针对支付结算业务的专项现场执法检查程序和系统。同时,为解决传统系统难以应对海量繁杂的现场检查数据问题,中国人民银行支付结算执法工作人员已探索尝试利用各类大数据处理工具和数据可视化工具，包括使用爬虫技术等，将各支付机构的收单商户金额和频次进行划分，进而快速找出交易金额、交易时间或交易背景可疑的商户行为。为了降低上述程序对执法工作人员专业技术能力的依赖程度，中国人民银行又逐步推行统一的数据接口，探索通过采用分布式机构来实现检查数据规范和检查模型的统一，进而提升检查的可操作性和效率，降低检查对执法工作人员技术水平的依赖度。

（四）监管科技在外汇微观监管领域的应用实践

受益于金融科技的快速发展，我国跨境业务领域各种新业态不断迭代更新，全球购、微信跨境支付、数字货币等业务快速发展。近十年来，跨境支付业务额呈现逐年攀升的趋势。但同时，在享受更便利的外汇服务的同时，我国的跨境业务也面临诸多的挑战和问题，具体表现为：随着金融科技的发展，跨境业务的门槛逐步降低，更多、更复杂的市场参与主体进入其中，出现了花样繁多的新型外汇违规风险案例，支付机构业务违规、非法炒汇、外汇保证金非法交易等业务呈现逐年增多的态势；跨境交易频次和金额的快速增加与结构更复杂的产品、边界更模糊的业务共同给我国外汇监管带来巨大挑战。

针对上述困难，我国外汇监管部门——国家外汇管理局采取多种举措予以应对。一是"关系图谱"的引入。通过可视化数据分析，监管部门可以穿透各类数据的内在关系，进而实现对涉嫌违法犯罪人员的精准锁定。二是通过"特征矩阵"，精准发掘异常企业，完成分析下的"模型式"与"场景化"。基于不同外汇交易场景的特殊违规特点构建系统化的辨别模型，并定期对企业违规形式的符合程度进行评判，对综合评分较高的企业实施推送，进而完成可疑企业的筛选。三是逐步建设"负面企业清单"。在机器学习技术中，"负面企业清单"发挥关键作用。通过总结"负面企业清单"的特点和趋势，可确定新的可疑主体，进而完成对高危群体的识别与锁定。

三 监管科技发展中面临的具体挑战

监管科技在丰富监管手段、提升监管水平、降低合规成本等方面发挥着重要的作用,提供了强大的技术支持。但金融科技的快速发展、金融各项业务的快速更新,使我国监管科技的发展面临更多的困难。如何有效发挥监管科技的作用是当前我国金融监管部门需要重点思考的问题。

(一)路径挑战:如何选择监管科技发展路径

监管科技应用参与方包括金融监管部门、各类金融机构、金融科技公司等。其中,监管科技的主要研发主体是金融科技公司,其基于大数据、云计算等新一代信息技术,为监管科技快速发展提供有力技术支撑;监管科技应用主体既包括金融监管方,也有各类金融机构,监管科技在两方监管手段的丰富、金融监管水平的提升中发挥着重要作用。但同时,监管科技各类参与方之间关系的厘清,监管过程中各类需求的充分协调,以及各方如何协同配合促进监管科技朝着良性循环方向发展,是当前监管科技发展应关注的主要方向。

(二)制度挑战:怎样构建良性发展的监管科技机制

首先,在金融科技快速发展的过程中,各类参与方提供的金融服务相互渗透、不断趋同,虽然对金融业务的交叉性起到加强效果,但同样也使各方更易遭受金融风险的“传染”,从而引发系统性金融风险;同时,在新兴金融业态发展过程中,金融科技促使金融高发风险区域出现由传统金融向新兴金融转移的趋势,但目前各类参与方对监管科技的发展采取各自为政的思路,易形成套利空间和空白地带,对依托监管科技化解系统性金融风险起到负面作用,且若仅由非金融监管方一方来研发监管科技技术,也会存在套利和信息不对称等诸多问题,对金融稳定产生不利影响。

（三）目标挑战：发展监管科技应为谁服务

监管科技包含"合规"和"监管"两方面，即金融监管机构、金融机构都需要发展监管科技以满足自身需求。发展监管科技既要避免金融机构利用技术手段规避监管甚至出现监管套利等行为，也要避免金融监管机构出现使用成本高、利用率低等问题。因此，在监管科技发展过程中，有必要解决好"监管科技应为谁服务"这一重要问题。

（四）成本挑战：监管科技研发与应用成本由谁来承担

不论是金融监管机构还是金融机构，在监管科技的研究与开发过程中均要投入大量资源。监管科技发展的首要目的是构建新生态的金融体系，为我国的金融业发展创造更加公平的生态体系。所以在监管科技的研究与开发过程中，要尽可能避免内部性情况。但若要尽可能避免内部性情况，必然会造成监管成本的大量增加。那么，如何形成合理的监管科技成本分担模式是金融监管机构和金融机构共同面临的一大挑战。

（五）规则与标准挑战：监管科技健康发展的路径选择

监管科技的健康发展不仅是国内金融监管的要求，也是全球监管科技生态搭建、制定科学标准和规则的要求。当前，监管科技健康发展尚缺乏统一的规则和标准，整个行业还处在无序发展阶段。

如前文所述，监管科技是"合规"与"监管"的集合。通过资本市场募集资金，金融机构可借此构建科学且合理合规的监管科技系统。但不同于金融机构，金融监管机构在搭建科学合理合规的监管科技系统时会受制于制度、技术和资金等诸多因素，陷入一定的困境；金融机构因自身业务的不断扩张，其监管科技也快速更新，倒逼金融监管机构监管成本逐年攀升。已不同于过去人工成本的竞争，金融机构间的竞争更多体现为技术方面的竞争。两方面因素叠加导致监管需求的监管科技与合规需求的监管科技之间出现相对失衡。

四 监管科技未来发展的几点建议

（一）快速构建监管规则体系以实现规范管理

建议未来可根据金融科技的属性、特点，进一步建立起权威的行业标准、技术标准。并考虑金融科技跨行业与机构的经营特点，加强各方信息沟通，打通信息堵点，破除"数据孤岛"，推动建立统一的沟通机制和创新平台。

（二）强化各类数据治理实现精细化发展与管理

建议监管机构为各类数据制定统一的规范标准，进而促进不同类别和性质的数据实现高可用性。同时，整合数据报送端口，将重复数据报送端口进行统一整合，删繁就简，减少多头报送、重复报送情况，实现资源合理配置。还可建立统一的监管平台，实施各类数据的统一动态监管，实现有效金融监管。

（三）变革合作方式以推动政产学研用协调发展

建议监管机构牵头成立多样化的创新中心或联盟性质组织，推动政产学研用协调发展，金融监管机构可依托各类型研究院所与高校，推动新型监管科技的快速创新研发，并提供成果转化实践的具体应用场景。同各方建立创新通道，以协同合作监管模式提升我国的监管科技水平。

（四）为监管科技应用提供丰富场景以夯实应用成果

建议不断丰富监管科技的应用场景，强化各类型监管科技的穿透式效果，守住不发生系统性金融风险的底线。深化区块链、大数据、人工智能等监管科技应用实践，提升监管效率与适应性，形成能有效防范和化解金融风险的长效监管机制。

参考文献

董贞良：《监管科技发展现状及其研究趋势》，《管理现代化》2020 年第 3 期。

陈涛：《监管科技理论及发展路径研究》，《新金融》2020 年第 8 期。

毛伟杰：《中美金融科技监管对比分析》，《金融科技时代》2019 年第 10 期。

杨东：《监管科技：金融科技的监管挑战与维度建构》，《中国社会科学》2018 年第 5 期。

孙国峰：《发展监管科技构筑金融新生态》，《清华金融评论》2018 年第 3 期。

FCA, Feedback Statement on Call for Input: Supporting the Development and Adopters of RegTech, July 2016.

Government Office for Science, "FinTech futures: the UK as a World Leader in Financial Technologies," 25 March, 2015, https://technation.io/news/fintech-futures/.

IIF, RegTech in Financial Services Solutions for Compliance and Report, March 2016.

B.19
监管科技能力建设路径探索

习 辉　贺冠华　张明欣　杨玉明*

摘　要： 当前，新一代信息技术在金融领域的应用不断加深，推动金融业发生深刻变革，促使金融混业经营更加普遍。多种业务交叉融合，也导致金融风险更具复杂性、隐蔽性、传播性、突发性和破坏性，为传统金融监管带来了严峻挑战。面对错综复杂的金融风险，监管部门正积极探索以科技力量赋能金融监管，运用监管科技识别和检测风险来源，提高金融监管的准确性和及时性。尽管国内外已有与监管科技相关的研究和应用，但从实施效果上看，远未达到监管部门所期待的"专业性、统一性和穿透性"要求。本报告介绍了监管科技的概念与背景，梳理了全球数字化监管能力提升策略和规划的最佳实践，探索了数字化监管科技能力建设路径，并根据我国当前监管科技发展面临的机遇和挑战，为推进监管科技能力建设提出政策建议，促进监管科技进一步向纵深发展。

关键词： 监管科技　金融监管　金融科技

一　引言

近年来，金融与科技呈现深度交融、相互促进的发展态势，快速发展的金融科技已成为促进我国金融业发展的重要力量。以大数据、云计算、人工

---

* 习辉、贺冠华、张明欣，金融信息化研究所；杨玉明，深圳市未来金融监管科技研究院。

智能、区块链为代表的新一代信息技术在为金融市场注入创新和效率的同时，也使当前金融风险更具复杂性、隐蔽性、传播性、突发性和破坏性，金融市场监管面临更加严峻的挑战。特别是金融科技在拓展服务广度和深度的同时，其跨界化、去中介、分布式、智能化等新特征使得传统监管方式难以跟上金融市场的快速变化，对金融监管提出更高要求。

从金融监管演进的历程来看，金融科技和监管科技相伴而行、携手共进。面对维持金融体系安全和稳定、保护金融市场参与者的正当权益和促进金融市场繁荣发展的要求，监管部门需要从技术应用和创新中寻求新的解决方案，借助技术手段识别和检测风险来源，提高金融监管的准确性和及时性，以科技手段赋能金融监管。越来越多的国家和机构对监管科技的创新和应用越发重视，美国、英国等金融科技先进国家纷纷制定相关的战略和政策推动监管科技发展，旨在使用新技术手段缓解监管压力、提升监管效率、增强监管的穿透性和预测性。

"防范发生系统性金融风险"是我国金融监管工作的重点，建立完整的监管科技能力框架，在更高层次检测和应对金融风险是抑制系统性金融风险发生的重要手段。中国人民银行、中国银保监会和证监会等金融监管部门纷纷提出要加强监管科技的研究与应用，提升金融监管效率，持续有效满足金融监管需求。发展监管科技、提升金融监管部门的监管能力已成为我国金融监管部门的重要工作。

随着数字金融的快速发展，金融服务将进一步向纵深发展，监管科技将成为金融监管不可或缺的手段。在此背景下，明确当下监管科技的概念，梳理全球数字化监管能力提升的策略和规划，研判监管科技发展的机遇与挑战，探索数字化监管能力框架建设具有非常重要的现实意义。

二 监管科技的概念与背景

（一）Regtech

Regtech，是"监管"（Regulation）和"科技"（Technology）的结合，

指在合规侧利用新技术高效地解决监管和合规问题。

Regtech 概念缘起英国。为了适应金融科技创新带来的金融市场环境和金融监管态势的显著变化，鼓励金融机构采用科技手段提高监管效能、降低金融机构合规成本，2014 年英国金融行为监管局（Financial Conduct Authority，FCA）设立了创新项目。该项目致力于增进监管部门和金融机构的沟通，为非传统金融创新企业提供专业化的监管支持。

2015 年 FCA 发布了《支持监管科技发展和应用征求意见书》（*Call for Input：Supporting the Development and Adoption of Regtech*），正式提出 Regtech 概念。FCA 将 Regtech 定义为"使用新技术来帮助企业符合监管要求"，并发起倡议呼吁各利益相关方就监管科技的开发和应用提供支持。金融监管部门利用金融科技满足监管合规的需求。

（二）Suptech

Suptech，同样是"监管"（Supervision）和"科技"（Technology）的结合，指在监管侧监管部门利用科技改善监管流程，增强金融监管能力。

随着监管范围的扩大和监管复杂性的提升，监管部门开始探索通过科技手段赋能金融监管。全球各国金融监管当局开始与 Regtech 服务商合作，尝试将应用于合规侧的 Regtech 技术应用于监管侧。在此背景下，为了区别于现有的 Regtech，监管侧的监管科技概念开始从 Regtech 概念中剥离出来，以 Suptech 替代。

2017 年，巴赛尔银行监管委员会（Basel Committee on Banking Supervision，BCBS）和金融稳定委员会（Financial Stability Board，FSB）将 Suptech 定义为"将新技术应用于内部监管"和"监管部门使用技术推动监管创新"。随着这一领域的不断发展，Suptech 概念也不断丰富和完善，主要用来代指"从监管部门角度能够改善和增强监管流程的创新技术"。全球主要机构对 Suptech 的定义见表 1。

国内学者孙国峰等根据目前我国监管科技的发展和应用情况，将监管科技定义为"利用大数据、云计算、人工智能、区块链等现代信息技术，提高金融监管部门监管水平、满足金融机构合规要求的技术工具、手段和系统"。

表 1　全球主要机构对于 Suptech 的定义

机构	定义
金融稳定理事会	通过新技术的应用,帮助监管当局提高其监管能力
国际清算银行	监管部门为监管活动提供支持所采用的创新技术
国际金融协会	能够高效地解决监管和合规问题的新技术
世界银行	使用技术来促进和增强监管活动和监管能力

随着技术发展，监管科技应用场景不断丰富，监管报告、数据管理、市场监控、不当行为分析以及宏微观审慎分析是目前监管科技主流的应用场景。同时新的监管科技工具依然在不断涌现，用户身份识别、网络与信息安全和供应链网络监控等新型监管科技手段也逐渐受到关注。

目前 Suptech 还处于早期探索阶段，但监管科技创新已成为当前金融科技发展最重要的趋势之一。全球 20 多个国家和地区拥有一个或多个正在进行的监管科技项目，金融科技先进国家的金融监管部门或监管当局均积极推进监管科技工具的研发和使用。同时，在全球范围内，监管科技合作也在广泛开展，G20、国际清算银行（BIS）等国际组织开展了 TechSprint 技术竞速计划，针对监管者动态信息共享、监控与监视洗钱、恐怖主义融资风险、监管报告与合规性的数字化等领域，探索通过新一代信息技术制定合规和监管的解决方案。

三　全球监管科技的发展与实践

目前，全球已有 20 多个国家和地区正在推进与监管科技相关的战略或项目。制定监管科技发展路线，监管数字化转型已成为当前各国监管科技发展的主要推动力。美国、英国、欧盟等纷纷将监管科技上升到战略高度，新加坡、荷兰等也成立专门的监管科技部门来推进监管科技的建设。

（一）英国监管科技发展情况分析

英国对监管科技的探索起步较早，其监管科技政策一直引领全球监管科技的发展。英国金融科技监管部门——金融行为监管局为有效支持企业进行科技创新，于2014年10月，设立了创新项目（Project Innovate），并增设创新中心（Innovation Hub）。创新项目致力于增进监管部门和企业的沟通，为不同于传统金融的创新金融企业提供专业化的监管支持。在创新项目中，监管机构通过咨询小组、直接支持和创新合作等方式帮助企业更快适应监管体系，促进初创企业进入市场、获得融资。

通过创新项目，金融行为监管局对金融科技创新企业进行调研分析，发现"满足日益复杂的监管要求和降低合规成本"是金融科技创新企业最需要解决的问题。同时，为了解决监管对象增多和监管难度增大的问题，2015年，金融行为监管局和英国审慎监管局（PRA）开始合作推进金融监管科技的研发与应用，并发起倡议呼吁各利益相关方就监管科技的开发和应用提供支持。

英国对此采取了三个措施，一是通过创新中心平台加强企业和创新公司的合作，共同研发监管科技。创新中心的性质类似于孵化器，主要依托监管部门或优秀企业建立金融科技实验室，企业、基金、监管部门和实验室进行合作，在合规监管、减少欺诈、缩减交易时间、吸引消费者等方面研发新的金融科技形式。二是发布了"监管沙箱"（Regulatory Sandbox），提出通过"沙箱监管"模式实现金融科技项目的测试和服务。"监管沙箱"旨在为金融科技提供"监管试验区"，使金融服务创新者能够在有限的授权区域测试产品或服务，并与主管机关密切合作，共同解决测试过程中发现或产生的监管问题。三是以"监管科技"为主题举行技术竞速活动，金融行为监管局通过邀请产业界和学术界的专业人士共同讨论，举办技术竞赛探索具体监管科技应用解决方案。过去5年，金融行为监管局通过科技手段提高监管报告效率和有效性，实现监管规则标准化和机器可读化，改进行业与监管部门之间的数据交换方式等。

得益于英国监管机构和政策的支持，德勤监管科技报告数据显示，英国目前是监管科技初创公司最多的国家，并且在监管规则标准化、数字监管报告和智能监管助手等领域有相对成熟的监管科技实践。值得注意的是，"监管沙箱"、创新中心和技术竞速等创新机制，极大地推动了金融科技和监管科技的发展，在全球范围内得到广泛响应，世界其他机构和国家纷纷效仿英国建立创新中心和"监管沙箱"制度。

（二）美国监管科技发展情况分析

美国在监管数字化方面探索较早，在监管科技概念产生之前就构建了网贷信息征集表(Request for Information，RFI)、"催化剂项目"（Project Catalyst）和无异议函（No Action Letter）等数字监管方式。金融科技时代，为了填补监管框架漏洞和降低金融监管压力，2017 年，美国国家经济委员会（National Economic Council）发布了《金融科技框架白皮书》（*A Framework for FinTech*），提出美国将努力开发灵活有效的科技监管工具，构建以数据分析驱动的监管模式，建立良好的监管部门和金融科技生态体系，最终形成一个安全且与时俱进的金融监管框架。

美国金融监管体系相对分散，实行州和联邦的双重监管体系，并且多个监管部门共同进行监管。因此美国金融监管体系呈现"碎片化"的特征，在监管方式上以功能性监管和限制性监管为主，并没有设立针对金融科技的专门监管部门，而是根据业务范围实行功能监管。

与碎片化的监管体系相对应，美国监管科技创新呈现多部门专业化独立探索的特征，监管当局在现有的监管框架下，在自身监管职能范围内通过科技手段来改善监管方式。美国消费者金融保护局（CFPB）、货币监理署（OCC）、证监会（SEC）、商品期货交易委员会（CFTC）和金融业监管局（FINRA）等机构设立了金融科技战略中心、科技实验室以及"监管沙箱"，并对自身监管流程进行数字化改造。例如，美国消费者金融保护局针对

"用户投诉"这一命题开发了能够将消费者投诉数据标准化、流程化,并能够实现消费者风险预测和风险监管指导的客户关系管理系统(Customer Relationship Management)。美国证监会针对"财务披露"这一职能开发了通过机器学习检测财务报告中异常行为的系统,预测证券发行过程中的风险。

美国在监管科技领域展开了广泛的合作。在监管当局和企业的合作上,美国监管部门与合规侧监管科技公司开展合作,监管侧监管科技工具的开发已成为美国监管科技初创公司的重要营收来源,这种合作模式推动了美国监管科技和合规科技市场的发展。在国际合作上,美国搭建了反洗钱金融行动特别工作组(FATF)金融科技和合规科技国际交流合作论坛,并先后与英国、新加坡、澳大利亚监管当局签订了《金融科技创新合作协议》(Cooperation Arrangement on Financial Technology Innovation),加强监管科技国际合作。美国还通过"监管侧监管科技加速器"(RegTech for Regulators Accelerator,R2A)和"全球金融创新网络"(Global Financial Innovation Network,GFIN)等工具在全球范围内进行监管科技的开发和测试。2018年,美国与菲律宾和墨西哥合作完成了数字监管工具和技术的第一阶段实验。广泛的合作和包容的监管科技创新环境催生了繁荣的金融科技和监管科技市场,当前美国金融科技和监管科技产业投融资额均居世界首位。

(三)欧盟监管科技发展情况分析

2008年金融危机后,为有效整合欧洲金融市场,建立有约束力的跨国金融监管体制,2010年9月,欧洲议会通过了新的金融监管法案,形成了微观审慎和宏观审慎的"双支柱"监管体系。欧洲中央银行(European Central Bank,ECB)实行欧元区银行业的单一监管机制(SSM)。在金融科技监管方面,欧盟金融科技监管体系由欧盟委员会负责顶层设计,欧盟监管部门和成员国监管部门负责超主权法律的落地实施。欧盟金融科技监管体系需要多个成员国的共同协作,监管体系更加注重成员国监管标准的一致性和公平性。

欧盟的金融科技政策以技术中立、保护市场为导向,致力于为金融科技和金融业数字化转型提供良好的市场环境。2018年,欧盟委员会发布《金融科技行动计划》（FinTech Action Plan of 2018），宣布将建立欧盟金融科技实验室、绘制监管沙箱最佳实践图以及推动大规模众筹行业改革，旨在促进欧洲地区的金融业数字化转型。欧洲银行业监管局、欧洲证券和市场监管局的文件显示，截至2019年1月，已经有21个成员国建立了创新中心，有5个成员国设立了"监管沙箱"。欧洲保险和养老金监管局（EIOPA）发布了《监管科技战略》（Supervisory Technology Strategy），提出将通过信息技术评估EIOPA现有的监管效率，并使用人工智能和深度学习等技术尝试建立新的监管工具。2020年9月，欧盟在《金融科技行动计划》的基础上，发布"数字金融一揽子计划"（Digital Finance Package），明确要求欧盟金融监管部门加强数据管理，完善数据标准化，保证欧盟金融服务规则适用于数字时代，促进数据的共享和开放，保护数据隐私。

欧盟在金融数据标准化和数据共享领域大力探索。欧盟委员会分别于2016年和2019年开展了金融数据标准化项目（Financial Data Standardisation，FDS）和单一电子格式项目（European Single Electronic Format，ESEF），旨在通过构建统一的数据标准和报送规则，增强数据的可操作性，为监管科技发展打下良好的基础。并且欧盟委员会计划围绕数据标准化建立有效的数据交换平台和数据报告机制，从顶层设计上完成数据标准的统一。

为了满足微观审慎和宏观审慎的"双支柱"监管体系和国家间统一监管规则与数据标准的需求，欧洲央行开始探索审慎监管方式的数字化转型，欧盟成员国则在数据管理和监管报告等领域制定较为成熟的监管科技应用方案。奥地利、荷兰、意大利等国在监管者和被监管部门之间搭建了能够直接实现自主数据提取和报告生成的数据交换平台。数据标准的统一和监管科技的应用使欧盟金融监管规则和相应法律制度逐渐数字化、标准化和自动化，提升了欧盟金融监管框架的统一性和完整性。

四 我国监管科技实践

我国监管科技主要由监管部门推动，在顶层设计角度及时予以统一研究和部署，在国家层面进行统筹，在内容和技术层面加以规范和引导。中央金融监管部门对监管科技的需求较大，在监管科技应用与实践方面先行探索。一方面，中央金融监管部门在我国金融监管体系中居于主导地位，对全国的金融科技发展及监管科技发展起到全局规划和引领的作用，需要制定统一的监管规则并指导实施；另一方面，中央金融监管部门设有自己的信息技术部门或下属企业，有独立开发监管科技的能力。当前，我国中央金融监管部门把发展监管科技作为丰富监管手段、提升监管能力的必备选项。中国人民银行、中国银保监会、中国证监会、国家外汇管理局等中央金融监管部门在实践中不断探索监管科技的应用。

（一）中国人民银行

从顶层设计来看，2017 年 5 月，中国人民银行成立金融科技委员会，提出强化监管科技应用实践，利用大数据、人工智能、云计算等技术丰富金融监管手段。2022 年，中国人民银行印发《金融科技发展规划（2022—2025 年）》，提出加快监管科技的全方位应用，加强数字化监管能力建设，对金融科技创新实施穿透式监管，筑牢金融与科技的风险"防火墙"。

自 2017 年 3 月提出"数字央行"建设目标以来，中国人民银行就一直通过发展监管科技武装自己。比如，2019 年中国人民银行上线了反洗钱二代系统，该系统运用了大数据、云计算、人工智能、可视化分析等新技术，全面涵盖反洗钱监测业务，是中国人民银行反洗钱的基础。

2020 年，中国人民银行上线新版二代征信系统，在信息采集、产品加工、技术架构和安全防护方面，均进行了优化改进，提升了信息采集的扩展性、灵活性和便利性，更为全面、准确地反映信息主体信用状况，提升信用报告的易读性、适应性和便捷性。

（二）中国银保监会

中国银保监会大力发展监管科技，通过信息系统、大数据、云计算和人工智能实现监管统计与实时管控的自动化和智能化，极大地提升监管效能，实现事前预判和精准监控，杜绝系统性风险发生。

为了加大和增强银行业金融机构现场检查的力度和效果，中国银保监会建设了检查分析系统（EAST）应用，增强系统性、区域性风险识别监测能力，并督促银行业金融机构加强数据治理；印发《银行业金融机构数据治理指引》《中国银监会银行业金融机构监管数据标准化规范》，引导银行业金融机构加强数据治理，明确监管机构可依法采取其他相应监管措施及实施行政处罚。

（三）中国证监会

2018年8月，中国证监会印发了《中国证监会监管科技总体建设方案》，通过大数据、云计算、人工智能等手段，为证监部门（包括各类基础设施及中央监管信息平台）提供全面、精准的数据和分析服务，标志着中国证监会完成了监管科技建设工作的顶层设计，并进入全面实施阶段。

中国证监会与中央网信办、工业和信息化部、中国人民银行等多部委联合打造全国信用信息共享平台，形成构建数字化生态的合力；指导交易所与银行、工商、税务、司法等部门以及互联网公司合作，对企业进行画像。

2020年4月，证监会科技局对信息中心、中证数据公司、中证技术公司职能进行优化调整，推进上市监管、私募监管、机构监管、稽查处罚等系统建设，通过大数据、人工智能等技术，进行公司画像、风险预警、监测监控等，实现穿透式监管。

（四）国家外汇管理局

国家外汇管理局不断探索监管科技应用，提升外汇管理政务服务规范化便利化水平。为积极推进"数字外管"建设，国家外汇管理局发布《金融机构外汇业务数据采集规范（1.2版）》，对外汇业务数据采集平台及数据采集进行了完善，整合涉外收支交易、账户数据、结售汇、银行自身业务、部分代客业务、对外金融资产负债及交易、个人外币现钞存取信息等数据采集需求。

五 监管科技发展建议

根据我国监管科技的发展现状和面对的挑战，为促进我国监管科技进一步向纵深发展，本报告从提升数据能力、关键技术应用、产学研合作生态建设、全生命周期监管模式、标准制定等五个方面提出以下建议。

（一）以数据为导向，加强数据治理和应用能力

监管科技应用的实现过程就是监管流程数字化的过程，监管的数据治理问题是监管科技的核心问题。为了实现监管的穿透性和预测性，从数据接收端开始到数据分析端结束的全生命周期都需要确定监管范围，以保证数据来源的准确性。确定数据标准以保证数据的完整性，确定分析工具以保证数据的安全性，确定披露方式以保证数据的透明性，最终确保全流程数据的质量和安全。

随着法律法规和金融机构数量的增加，金融业数据量不断增大，监管规则的差异和数据安全保护机制的要求带来了严重的"数据孤岛"和数据垄断问题，数据治理问题成为制约监管科技发展的最大问题。监管科技需要明确的顶层设计，制定统一的数据管理标准和规范，完善相关法律法规，建设标准化的信息共享平台，并探索运用"联邦学习""可验证凭证""数字身份认证"等技术解决数据共享问题。

目前，数据标准化和高效数据采集的重要性已经得到普遍关注。欧盟、美国、英国相继发布"金融数据标准化项目"（Financial Data Standardization）、《金融透明度法案》（Financial Transparency Act）和《金融业数据收集转型计划》（Transforming Data Collection from the UK Financial Sector），各国均致力于建立一个可操作的金融数据规范，减少数据格式的差异化，简化数据报送流程，构建统一的金融监管数据采集和共享流程。

目前，我国对监管科技的探索呈现分散化的特征，这导致监管规则和数据标准不统一，监管部门之间数据共享和交换难度较大，数据治理问题突

出。监管科技产品的设计面向具体场景存在一定的差异，应统一监管背后的数据规则和相关标准。建议监管部门积极推进监管规则数字化共性标准的制定和实施，制定贯穿监管数据采集、交互、存储、自动化处理等各个环节的标准规范，建设统一的数据收集和报送系统平台，推进监管探针、监管 API在金融机构的落地应用，实现金融监管数据的准确性、安全性、一致性和时效性。

（二）提升人工智能和大数据技术应用能力，掌握监管科技关键技术

人工智能和大数据技术是监管科技产品应用的关键技术，机器学习与人工智能等技术可以模拟和学习人工的监管过程，在大数据的加持下提高监管的有效性和时效性，在监管决策辅助、降低监管成本和数据报送方面具有良好的应用前景。监管方需要加强对关键技术的理解和掌握，通过关键技术推动监管科技的应用，在科技战略的制定和监管科技项目的合作中充分发挥监管方的主导优势，实现技术的高效应用，保证技术能够满足监管的要求。

此外，随着人工智能和大数据技术的广泛应用，"大数据杀熟""算法歧视"等问题出现。美国议员针对此类问题提交了对 AI 模型和代码进行监管的提案。为了有效度量和规避科技带来的技术风险和操作风险，降低金融风险，建议监管部门加强人才队伍建设，加大对科技人员的招聘力度，加强对监管队伍科技能力的培训，提升监管人员的科技素养，使其在大数据、人工智能和区块链技术等领域具备相应的技术实力和监管能力。

（三）推进产学研合作，探索建设监管科技创新中心

当前，金融科技和监管科技加速发展，应用范围呈现扩大趋势。由于监管科技的技术复杂性和应用专业性较高，金融科技先进国家普遍采用监管者、被监管者和技术公司共同合作探索监管科技的模式。监管科技创新主要依托金融监管部门的创新中心或创新实验室进行探索，在促进产业界和监管部门合作的同时保证监管的独立性。

创新中心监管部门与金融科技初创企业进行直接交流，在制定法规之前帮助企业熟悉新技术，在出台监管规则之后帮助企业理解监管要求和合规流程。这不仅有助于企业满足监管需求，也有助于监管部门理解科技创新，及时调整监管规范。金融科技先进国家广泛利用创新中心或创新实验室进行周期性监管科技实验，催生大量监管科技和合规科技初创企业，极大地推动了金融科技和监管科技创新。

我国的监管科技创新以试点为主要形式，缺乏高层次、全方位的监管部门与被监管机构间的对话平台。建议我国监管部门学习金融科技先进国家的经验，建立监管科技创新中心或创新实验室，定期举办监管科技创新大赛等活动，搭建监管科技相关利益方日常沟通和互动的渠道，积极主动地了解企业创新情况和合规需求，以相关项目的实施引领监管科技创新，构建和营造产学研合作机制和良好的监管科技生态，推动我国监管科技向纵深发展。

（四）关注应用场景，建立全生命周期数字化监管模式

从监管科技的历史发展来看，不同的监管框架和监管应用场景导致各国监管科技应用的侧重点各不相同，监管科技发展呈现明显的应用需求导向性。监管科技系统的建设需要充分了解和理解监管部门的需求，做好需求沟通，重视监管科技工具和传统监管流程的有机结合，防止监管科技工具开发后被边缘化。

监管科技工具的开发应从现有监管规则数字化和当前金融监管问题入手，构建覆盖监管全生命周期的数字化监管模式。建议通过建立事前预测和预警、事中识别和干预、事后处置和分析的全流程监管模式，对现有传统监管体系进行数字化改造与科技赋能，针对新业态下的金融风险进行监管科技创新，在保证政策连续性的情况下改善金融监管流程、扩大金融监管覆盖范围。同时，在监管规则、法律法规、技术标准等方面共同推进金融科技和监管科技发展战略的制定，实现监管科技和现有监管体系的有效衔接，着力打造更加现代化的金融监管体系。

（五）加快标准制定，积极参与国际监管科技合作

近年来，金融科技加速器、技术冲刺和"监管沙箱"项目呈现广泛的全球合作特征，G20、金融稳定委员会、世界银行等国际组织大量开展全球范围内的监管数字化合作。中国在支付、清算等金融科技领域拥有领先的成果，应积极参与国际监管科技合作。

监管科技是以数据为核心的技术，随着监管科技的发展应用和监管体系的数字化转型，未来将形成大量的国际通用数字化标准。建议监管部门推动监管科技市场建设，探索建立监管科技在数据收集、数据分析、人工智能模型等方面的标准，广泛开展全球监管科技合作，将中国标准推向世界，提高中国在国际金融监管和金融市场规则制定中的话语权。

六　结语

监管科技和金融科技相伴而行、携手共进，共同促进金融业的良性、有序、高效发展，数字化监管能力建设是金融监管部门应对金融业数字化发展的重要手段。本报告从监管科技概念入手，概述了监管科技的定义与发展历程，分析了英国、美国、欧盟等金融科技先进国家和国际组织在监管科技发展路径、规划设计、能力提升策略等方面的实践经验，认为监管科技的良性发展需要五个方面的能力建设。一是监管部门、金融机构和科技公司的紧密合作；二是建立"监管沙箱"和创新中心等创新机制；三是大数据、人工智能、应用程序接口等关键技术应用；四是以数据能力建设为核心；五是对传统监管规则和监管流程进行数字化改造和创新，以适应数字经济时代需求，实现金融监管能力和效率的全面提升。

本报告梳理了我国监管科技的发展现状和面对的挑战，基于国内外的先进经验，提出了一套数字化监管能力框架。该能力框架包括技术层、数据层和应用层三个层面：技术层重点关注科技能力建设，充分运用云计算、大数据、人工智能、区块链、应用程序接口等技术；数据层重点加强数据能力建

设，包括监管数据采集、存储、验证、分析、可视化等能力的提升；应用层侧重市场监控和不当行为分析、宏微观审慎监管、虚拟助手研发等方面。

基于数字化监管能力框架和我国监管科技的需求，本报告从数据能力提升、关键技术应用、产学研合作生态建设、全生命周期监管模式构建、标准制定等五个方面提出政策建议，以促进我国监管科技进一步向纵深发展。

参考文献

巴曙松、朱元倩：《金融监管和合规科技》，东方出版社，2020。

孙国峰主编《中国监管科技发展报告（2019）》，社会科学文献出版社，2019。

孙国峰主编《中国监管科技发展报告（2020）》，社会科学文献出版社，2020。

陈辉：《监管科技：框架与实践》，中国经济出版社，2019。

《Suptech：监管科技在监管端的运用》，京东金融研究院，2018。

《英国 FCA 监管科技（Regtech）研究》，鑫苑房地产金融科技研究中心，2019。

《中国金融科技生态白皮书（2020 年）》，中国信息通信研究院，2020。

巴曙松、李静、朱元倩：《全球监管科技发展经验镜鉴》，《中国外汇》2020 年第 18 期。

巴曙松：《欧盟监管科技的发展现状研究》，《国外社会科学》2020 年第 5 期。

卜亚、张宁：《英国监管科技（Regtech）的创新实践及经验启示》，《经济论坛》2020 年第 11 期。

范一飞：《我国金融科技创新监管工具探索与实践》，《中国金融》2020 年第 8 期。

李伟：《监管科技应用路径研究》，《清华金融评论》2018 年第 3 期。

李伟：《金融科技发展与监管》，《中国金融》2019 年第 8 期。

李文红、蒋则沈：《金融科技（FinTech）发展与监管：一个监管者的视角》，《金融监管研究》2017 年第 3 期。

李真、袁伟：《美国金融科技最新立法监管动态及对我国的启示》，《金融理论与实践》2020 年第 4 期。

孙国峰：《从 FinTech 到 RegTech》，《清华金融评论》2017 年第 5 期。

伍旭川、刘学：《金融科技的监管方向》，《中国金融》2017 年第 5 期。

杨东：《监管科技：金融科技的监管挑战与维度建构》，《中国社会科学》2018 年第 5 期。

杨松、张永亮：《金融科技监管的路径转换与中国选择》，《法学》2017 年第 8 期。

杨宇焰：《金融监管科技的实践探索、未来展望与政策建议》，《西南金融》2017 年第 11 期。

尹哲、张晓艳:《次贷危机后美国、英国和欧盟金融监管体制改革研究》,《南方金融》2014 年第 6 期。

尹振涛、范云朋:《监管科技(RegTech)的理论基础、实践应用与发展建议》,《财经法学》2019 年第 3 期。

周仲飞、李敬伟:《金融科技背景下金融监管范式的转变》,《法学研究》2018 年第 5 期。

《金融科技监管的挑战与趋势》,国家金融与发展实验室网站,2019 年 5 月 9 日,http://www.nifd.cn/ResearchComment/Details/1351。

《监管科技发展的机遇与挑战》,移动支付网,2020 年 7 月 20 日,https://www.mpaypass.com.cn/news/202007/20174329.html。

CCAF, The Global RegTech Industry Benchmark Report, 2019.

FSI, Innovative Technology in Financial Supervision(Suptech)—The Experience of Early Users, 2018.

FSI, The Suptech Generations, 2019.

FSI, From Data Reporting to Data-Sharing: How Far Can Suptech and Other Innovations Challenge the Status Quo of Regulatory Reporting, 2020.

FSB, The Use of Supervisory and Regulatory Technology by Authorities and Regulated Institutions, 2020.

The World Bank, From Spreadsheets to Suptech: Technology Solutions for Market Conduct Supervision, 2018.

Anagnostopoulos I, "Fintech and Regtech: Impacton Regulators and Banks, Journal of Economics and Business(2018)," July 3, 2018, https://doi.org/10.1016/j.jeconbus.

B.20
金融科技法规制度与标准建设

李 力等*

摘　要： 随着金融科技的发展，配套法规和标准也在不断完善。为贯彻落
　　　　　实个人信息保护、数据合规、网络安全的要求，立法和监管层面
　　　　　应制定更为细化的规定。移动互联网应用程序信息服务、反洗钱
　　　　　与客户身份识别、支付清算、金融机构信息科技外包、互联网金
　　　　　融、数字资产、金融科技产品认证等方面均出台了相应的法律法
　　　　　规。在金融科技标准方面，金融数据、金融网络安全、金融信息
　　　　　系统、云计算、大数据技术、人工智能、区块链、分布式账本技
　　　　　术等均成为建设重点。金融科技创新技术标准支撑体系不断完
　　　　　善，金融科技监测认证体系也日益规范。

关键词： 网络安全　数据合规　金融科技创新

一　发展概述

2021年是《金融标准化"十四五"发展规划》的开局之年，金融科技
行业在经历了巨大变革后，其发展方向日益明晰、发展环境日益明朗。其
中，法律法规制度建设及标准化建设作为支持金融科技行业健康发展的基

---

* 执笔人：李力、崔维、周蓓杰、高岩、白璐、刘运、蒋增增、陈明、徐旭、李峰风。李力、
崔维、周蓓杰，北京市竞天公诚律师事务所；高岩，中国银行；白璐、刘运，北京国家金融
标准化研究所；蒋增增、陈明，深圳市腾讯计算机系统有限公司；徐旭、李峰风，华为技术
有限公司。

石，在推动金融科技行业高质量发展中发挥着基础性、引领性作用，对助推金融供给侧结构性改革，落实国家金融安全战略具有重大意义。

法律法规方面，《个人信息保护法》正式实施，为保障个人信息权益、规范个人信息处理活动提供了明确的指引；《数据安全法》正式生效，对金融机构加强数据安全合规、完善数据治理体系、夯实技术能力等提出了更高的要求。此外，针对金融机构的网络安全、反洗钱与反恐怖融资、支付清算、信息科技外包、征信等领域也纷纷出台了相应的法律法规。金融创新技术及应用方面，如互联网金融、数字资产、区块链等方面，在法规层面也有所创新。

标准化建设方面，中国人民银行发挥基础性、引领性作用，加强顶层设计，稳妥制定金融科技标准，加快金融机构数字化转型，形成市场驱动、政府引导、标准检测认证深度融合、全方位发展的局面。通过创新金融科技发展思路，不断健全金融科技标准体系，提升金融科技标准实施效能，知标准、守标准、用标准成为金融科技工作者的广泛共识。2021 年，区块链、大数据、人工智能、云计算等方面的标准研制和供给数量持续增加，这些举措为引领金融科技规范健康发展、加快金融科技发展提供了标准保障。

二 法规制度逐步健全

（一）推进网络安全与数字化转型领域指引性法规建设

国家强化网络安全与数字化转型领域的管控与规制，在 2021 年出台《数据安全法》《个人信息保护法》等专项法律后，国家互联网信息办公室、银行保险业监督管理委员会等监管机构在监管职责范围内，分别针对网络安全、银行保险业的数字化转型等方面出台了具体的监管措施。

1. 网络安全审查

2022 年 2 月，《网络安全审查办法》正式施行。该办法明确规定关键信息基础设施运营者、网络平台运营者需要进行网络安全审查的场景，其主要以国家安全作为审查的判断标准。此外，若网络平台运营者掌握超过100万条用户个人信息，当其赴国外上市时必须向监管部门申报网络安全审查。

2. 移动互联网应用程序信息服务管理

2022年1月，国家互联网信息办公室发布《移动互联网应用程序信息服务管理规定（征求意见稿）》。该规定一方面要求应用程序提供者对申请注册的用户进行身份信息认证，建立信息内容审核管理机制。另一方面要求应用程序分发平台向国家互联网信息办公室备案，采取复合验证等措施，对申请上架的应用程序提供者进行身份信息认证；建立应用程序监测评估机制，提升技术能力和管理效能。

3. 银行业保险业数字化转型

2022年1月，中国银行保险业监督委员会发布《关于银行业保险业数字化转型的指导意见》，指出当前银行业保险业数字化转型取得明显成效。数字化金融产品和服务广泛普及、金融创新技术水平逐步提升、定制化金融服务水平有所提升、金融服务质量和效率显著提高、数字化管理体系制度基本完善、网络安全与数据治理能力同步提升。

（二）强化金融业相关科技专项性法规建设

1. 反洗钱、反恐怖融资及客户身份识别

2021年6月1日，中国人民银行发布《中华人民共和国反洗钱法（修订草案公开征求意见稿）》，明确规定金融机构应当设立反洗钱专门机构或指定内设机构负责反洗钱工作，应当建立客户尽职调查制度和客户身份资料与交易记录保存制度。通过第三方识别客户身份的金融机构，应当对第三方的反洗钱能力承担责任。2021年8月1日，中国人民银行印发《金融机构反洗钱和反恐怖融资监督管理办法》，对金融机构的信息系统建设提出了新要求，要求金融机构搭建反洗钱信息系统，并根据风险状况、反洗钱和反恐怖融资工作需求变化及时进行系统优化升级。

2. 支付清算与资金结算

2021 年 1 月，中国人民银行下发《非银行支付机构条例（征求意见稿）》。该条例规定，非银行支付机构不得将涉及资金安全、信息安全等的核心业务外包，且应当具备必要的、独立的系统、设施和技术，确保支付业务处理的及时性、准确性和支付业务的连续性、安全性、可溯源性。针对被认定为关键信息基础设施的非银行支付机构，该条例提出了数据本地化的要求。另外，该条例明确了支付数据需归集中国人民银行。

3. 金融机构信息科技外包

2021 年 12 月 31 日中国银行保险监督管理委员会印发了《银行保险机构信息科技外包风险监管办法》，首次明确了银行保险机构不得将信息科技管理责任、网络安全责任外包的原则，并罗列了属于重要外包的情形。此外，该办法强调制定与落实网络和信息安全管理的措施。此外，信息的使用和访问需要满足《个人信息保护法》的规定。针对信息技术、客户信息、源代码、文档等敏感信息，金融机构应采取严格的控制措施及风险监测，并对网络安全和信息安全进行定期评估。

4. 金融消费者权益保护

2022 年 5 月 19 日，中国银行保险监督管理委员会发布《银行保险机构消费者权益保护管理办法（征求意见稿）》，明确银行保险机构应当建立并完善消费者权益保护的信息披露机制、可回溯管理机制、个人信息保护机制、合作机构管控机制、投诉处理机制、消费者适当性管理机制等。同时，该办法还明确了银行保险机构的系统控制责任与数据安全保护义务，防范数据滥用或泄露的风险，以及未经消费者本人同意不得利用痕迹数据进行精准营销等。

5. 金融信用信息与征信体系完善

2021 年 9 月 1 日，中国人民银行发布《征信业务管理办法》，分别针对个人征信和企业征信，提出细化《个人信息保护法》的要求。针对个人征信业务，征信机构应制定采集个人信用信息的方案，并向中国人民银行报告；针对企业征信业务，征信机构应基于合法目的开展业务，不得侵犯企业商业秘密。此外，征信机构应当对信息使用者接入征信系统的网络和系统安全、合规性管理措施进行评估，落实网络安全等级保护制度。该办法还对征信机构提出了数据本地化的要求。

（三）布局创新技术及应用领域支持性法规建设

1. 互联网金融转型升级

中国银行保险监督管理委员会发布的《互联网保险业务监管办法》于2021年2月1日实施，对开展互联网保险业务的保险机构及其自营网络平台的网站或移动应用程序、信息管理系统、核心业务系统、网络安全防护手段、网络安全等级保护制度等提出了明确、细致的要求。

2021年1月13日，中国银保监会办公厅、中国人民银行办公厅发布了《关于规范商业银行通过互联网开展个人存款业务有关事项的通知》，明确商业银行不得通过非自营网络平台开展定期存款和定活两便存款业务，商业银行应当采用有效技术手段加强网络安全防护。

2021年12月31日，中国人民银行等7个部门联合发布《金融产品网络营销管理办法（征求意见稿）》，规定开展精准营销时，应提供不针对个人特征的选项或便捷的拒绝方式；对委托第三方平台代销金融产品的金融机构，该办法规定了金融机构作为业务主体的责任、事前评估机制、信息安全保护义务、准入管理机制等。

2. 数字资产法律风险防范

2021年9月15日，中国人民银行等10个部门联合发布了《关于进一步防范和处置虚拟货币交易炒作风险的通知》，明确指出虚拟货币相关交易活动属于非法金融活动。2021年9月3日，国家发展改革委等部门发布《关于整治虚拟货币"挖矿"活动的通知》，其中将虚拟货币"挖矿"活动列为淘汰类产业，指出应对虚拟货币"挖矿"活动上下游全产业链加强监管，并严禁新设虚拟货币"挖矿"项目。

3. 数字人民币试点推进

2021年3月22日，国家发展改革委等多部门联合发布了《关于印发

〈加快培育新型消费实施方案〉的通知》，表明为提升金融服务运行效率、降低交易成本，鼓励优先选择部分新型消费活跃的城市开展数字人民币试点工作。

国务院办公厅于 2021 年 12 月 21 日印发了《要素市场化配置综合改革试点总体方案》，该方案明确支持在零售交易、生活缴费、政务服务等场景试点使用数字人民币。

4. 金融科技产品认证

2022 年 1 月 30 日，国家市场监督管理总局、中国人民银行发布《金融科技产品认证目录（第二批）》《金融科技产品认证规则》。该目录包含区块链技术产品、商业银行应用程序接口、多方安全计算金融应用三类产品；该规则适用于金融科技产品，包括安全芯片、声纹识别系统和云计算平台等，并涵盖认证模式、单元划分、委托、实施、证书、标志等内容。

三　标准建设有序推进

（一）金融科技标准发布情况与检测认证体系建设情况

2022 年，中国人民银行、国家市场监督管理总局、中国银保监会和中国证监会印发了《金融标准化"十四五"发展规划》，明确提出要"稳步推进金融科技标准建设""加强云计算、区块链、大数据、人工智能、生物识别、物联网等标准研制和有效应用，引领金融科技规范健康发展"。近年来，金融科技标准化工作以支撑金融业高质量发展为主题，以深化金融供给侧结构性改革为主线，以维护国家金融安全为底线，落实国家标准化发展纲要，不断完善新型金融科技标准，稳步采用金融科技创新监管工具，建立健全与法规、政策、标准相协调的实施机制，这也是未来金融科技发展的重点任务和主要方向。

1. 金融科技国家标准、行业标准、团体标准发布情况

2021 年，金融科技领域政府发布标准和市场自主制定的团体标准等协

同发展，为金融业高质量健康发展提供有效的标准支撑，为推动金融业治理体系和治理能力现代化提供基础性制度保障。

2021年，政府部门共发布金融科技国家标准19项，金融科技行业标准38项。发布的标准涉及金融数据、金融网络安全等重点领域，有效增强了国家标准和行业标准供给能力，积极响应国家标准战略并满足金融业创新发展需要。

国家标准方面，《人民币现金机具鉴别能力技术规范》（GB 40560-2021）规定了人民币现金机具鉴别能力的技术要求和检测方法。该规范的发布实现了金融领域强制性标准"零的突破"，对于保障人民群众财产安全具有重要意义。《金融服务 金融业通用报文方案》（GB/T 27926-2021）是一套通用的报文开发方案，提升了金融业信息交换开发的效率。

行业标准方面，《人工智能算法金融应用评价规范》（JR/T 0221-2021）从安全性、可解释性、精准性和性能等方面建立了人工智能算法金融应用评价框架，明确了智能算法在金融领域应用的基本要求、评价方法、判定准则，有助于引导金融机构加强对人工智能算法金融应用的规范管理和风险防范，加快金融业数字化转型的步伐。

团体标准方面，2021年国内各金融团体和协会组织发布的金融科技团体标准涉及区块链、移动金融等领域。中国互联网金融协会发布了《金融行业开源软件评测规范》（T/NIFA 7-2021）、《金融行业开源软件服务商评测规范》（T/NIFA 8-2021）、《移动金融客户端应用软件安全检测规范》（T/NIFA 9-2021）等3项金融科技团体标准，北京金融科技产业联盟发布了《区块链技术金融应用 技术参考架构》（T/BFIA 005-2021）等5项金融科技团体标准，这些团体标准将更好地服务国民经济和社会发展，有效提升市场主体的创新活力。

2. 金融科技标准检测认证体系建设情况

金融科技标准检测认证在推动金融科技产品和服务质量提升、金融科技标准实施、金融科技基础设施建设等方面发挥了显著作用，营造了良好的金融科技标准化社会氛围。

2021 年，共有 83 项金融标准成为检测认证依据，其中绝大多数是金融科技领域的检测认证，较上一年度增长 5.0%，覆盖了金融国家标准、行业标准、团体标准。其中金融国家标准 2 项、金融行业标准 71 项，占现行金融国家与行业标准的 22.1%。[①]"金融科技标准+检测认证"的模式不断深化，将金融科技产品纳入国家统一推行的认证体系，有利于完善金融科技安全与质量管理。

金融科技标准检测认证的类型涵盖了移动金融技术服务、金融密码应用服务、金融业信息系统机房动力系统、嵌入式应用软件、金融科技技术产品通用安全等多个方面。围绕《金融科技创新安全通用规范》（JR/T 0199-2020）等标准，推出金融科技技术产品通用安全认证，促进金融科技技术创新良性发展。试点开展区块链技术金融应用、商业银行应用程序接口安全管理规范制定、多方安全计算金融应用技术等金融业标准检测认证，研究孵化人工智能算法金融应用评价双认证体系，助力金融科技守正创新。

金融科技标准检测认证从多层次、多维度推动金融科技标准实施，为金融科技产品与服务提质增效贡献力量，为促进我国金融科技行业安全可控、普惠民生、开放共赢提供基础支撑和保障。

（二）制定金融数据领域指引性标准

金融业是数据密集行业，随着越来越多的金融业务在信息化载体上运行及各类金融科技与业务的深度结合，金融数据的重要性日益凸显，金融数据的规范采集、安全使用成为关系金融消费者切身利益及保障金融业安全的要点。

1. 加强金融数据安全管理

2021 年 4 月，中国人民银行发布《金融数据安全 数据生命周期安全规范》（JR/T 0223-2021），在数据安全分级的基础上，结合金融数据的特点，明确了金融数据生命周期各阶段保护要求，有助于金融机构建立覆盖数

---

① 数据来自《中国金融标准化报告（2021）》。

据采集、传输、存储、使用、删除及销毁过程的安全框架，提升金融业数据管理及安全防护水平。为金融机构开展数据安全保护工作提供指导，并为第三方安全评估机构等单位开展数据安全检查与评估提供参考。

2. 完善金融网络安全体系

2021 年 2 月 10 日，中国人民银行正式发布《金融网络安全　Web 应用服务安全测试通用规范》（JR/T 0213-2021），其规定了金融信息系统 Web 应用服务安全测试的通用规范，对金融机构开展 Web 应用服务的安全测试与评估工作具有重要指导意义。Web 应用服务是金融信息系统的重要组成部分，是金融机构网络安全的重要保护对象，该规范的发布有利于加强风险隐患台账管理，进一步提高金融业网络安全防护的整体水平。

同日，中国人民银行发布《金融网络安全　网络安全众测实施指南》（JR/T 0214-2021）（以下简称《指南》），对金融信息系统网络安全众测实施给出了指导。网络安全众测在过去多年一直面临法律风险，此次发布的《指南》中首次明确了网络安全众测的重要作用，并明确了网络安全众测运营中四方主体的职责与义务。四方主体包括：网络安全众测需求方、网络安全众测组织方、网络安全众测测试方和网络安全众测审计方。明晰各主体的职责与义务有利于保障各主体利益，促进网络安全众测行业正规化、良性化发展。

3. 健全金融信息系统

2021 年 2 月 7 日，中国人民银行正式发布《金融信息系统多活技术规范　术语》（JR/T 0207-2021）、《金融信息系统多活技术规范　参考架构》（JR/T 0208-2021）、《金融信息系统多活技术规范　应用策略》（JR/T 0209-2021）三项金融业标准。在三项金融业标准中明确了多活技术的术语、内涵、业务视图、架构体系、关键指标，以及多活技术的应用场景、接入要求、节点部署、布局模式、应用策略、演进路线等内容。三项金融业标准的发布有利于规范和引导金融信息系统的运行，合理运用多活技术符合更高的业务承载和灾难恢复要求，有效防范、化解金融信息系统风险，有利于保护金融消费者的合法权益。

（三）制定基础技术领域专项性标准

2021 年 10 月，国务院印发《国家标准化发展纲要》，对推动标准化与科技创新互动、加快城乡建设和社会建设标准化、推动标准改革创新、坚持提升标准化对外开放水平等方面提出发展要求，并在国家标准、行业标准、团体标准、国际标准等方面制定支撑政策。金融领域标准在该纲要中被多次提及，围绕数字金融、绿色金融、金融科技，2021 年金融业在云计算、大数据、分布式账本、开源软件、信息技术创新等领域立项、编制、发布如下关键标准。

1. 金融分布式系统

北京金融科技产业联盟于 2021 年底启动了金融业分布式系统标准体系研究工作，确定了金融业分布式系统的标准体系参考架构，主要包括金融业分布式系统参考架构、运行支撑规范、运营支撑规范、应用开发指南等，有利于金融业分布式系统的建设及支撑长期业务发展的要求标准化。

2. 大数据技术

2021 年 12 月 29 日，中国人民银行正式发布《金融大数据　术语》（JR/T 0236-2021）金融业标准。该标准结合我国金融应用特点，归纳描述了金融大数据相关基础概念、参考体系、生命周期、治理与管理以及支撑运行环境等方面的常用术语，为增强金融数据信息传导、促进相关方快速形成共识提供有效支撑，有助于统一金融大数据相关概念，促进大数据在金融业的应用。

2021 年 12 月 29 日，中国人民银行正式发布《金融大数据平台总体技术要求》（JR/T 0237-2021）。该要求对大数据平台在金融业应用中的框架结构、功能技术与非功能技术、接口技术等提出要求，为金融机构建设自主可控、科技引领、稳定高效的大数据平台提供了指引，为发掘和释放数据资产价值奠定基础，助力我国数字化金融的高质量发展。

3. 开源软件

2021 年 4 月 22 日，中国互联网金融协会发布了《金融行业开源软件评测规范》（T/NIFA 7-2021）、《金融行业开源软件服务商评测规范》（T/

NIFA 8-2021）两项团体标准。前项团体标准旨在为金融企业和评测机构开展金融领域开源软件评测，以及对同类开源技术、软件的规格选择提供指导。后项团体标准旨在为评测机构对金融领域的开源软件服务商开展评测提供指导。这两项团体标准的发布对提升开源软件的质量以及开源软件服务商的竞争力具有积极意义。

2022 年 2 月 7 日，全国金融标准化技术委员会通过《金融业开源软件应用管理指南》《金融信息系统开源软件应用评估规范》两项金融业标准立项，北京金融科技产业联盟已经启动标准编制工作。

4. 金融信息技术创新

2021 年底，北京金融科技产业联盟发布了《金融信息技术创新标准体系架构》研究成果，提出了金融信息技术创新标准体系参考架构。该架构包含基础通用标准、业务标准、技术标准、开发测试标准、基础设施标准、运维管理标准、安全评估标准以及数据管理和智能创新标准八大类，每一大类又细分若干子类。该架构聚焦金融信息技术创新领域的难点和焦点问题，可作为信息技术创新标准制定的参考依据和工作指南，积极推动信息技术创新工作。

（四）制定创新技术及应用领域支持性标准

1. 制定标准推进金融新技术应用具有重要意义

近年来，新兴技术与金融业务场景日益融合，科技对金融的价值赋能作用日益凸显。金融与信息技术本身具有天然的融合性，金融业历来是新技术应用的先行者，金融业知识密集、信息密集和智力密集的特点以及多样化的商业模式，为新技术应用提供了广阔的空间。

新技术推动金融业创新加速，银行、证券、保险等金融业态在借助金融科技持续快速发展的同时，也伴随诸多安全风险，给金融标准化工作提出了新的挑战。一方面，新技术成熟度有待提高，虽然在一些金融科技试点项目上取得初步成效，但尚未形成规模化应用和普遍共识，需要制定相应标准，加强技术规范应用。另一方面，金融科技创新的内涵和外延不易确定。根据金融稳定委员会（FSB）定义，金融科技是通过技术实现的金融服务创新。

技术和业务融合催生新的金融业态，但是风险防控形势较为严峻，必须有效开展标准化工作。

从金融科技应用产业链来看，不同主体的标准化工作诉求存在差异。金融科技产业链主要包括传统金融机构、金融科技服务商、金融行业组织、金融行业监管部门等。金融机构需要在金融行业监管部门规定的合规框架内，为市场主体和社会公众提供金融产品和服务，探寻借助新技术的应用来推进金融服务场景创新、服务流程智慧再造、风险防控、智慧升级的执行路径。金融科技服务商专注研发以人工智能、大数据、云计算等前沿科技为代表的技术应用，并与金融场景结合推出业务解决方案。金融行业组织需要有序推动新技术的应用研究，加强金融机构、金融科技服务商的沟通交流。金融行业监管部门需要从合规监管、行业自律等角度，更加精准、快捷和高效地进行穿透式监管，以防范金融风险。

因此，探索创新技术及应用领域支持性标准建设，对引领金融业数字化转型、提升金融监管效能具有重要意义。

2. 创新技术及应用标准体系框架研究

大数据、云计算、人工智能、区块链等技术相互独立，在应用中相互融合，这些领域的标准之间存在彼此关联、相互制约的关系。因此，在构建应用标准体系框架时需要预先规划、科学统筹。

结合国内外创新技术发展以及新技术在金融业的应用情况，本部分提出了标准支撑体系框架，如图1所示。

A. 基础标准：术语定义、数据元、参考架构、基本要求等。该标准主要对新技术的基础要求进行规范。

B. 关键技术标准：技术架构、平台框架、应用开发、数据交互等。该类标准主要对关键技术进行规范。

C. 产品和服务标准：金融产品、金融服务、服务质量和运营管理。

D. 安全标准：安全管理、系统安全、数据安全和服务安全。

E. 测评标准：功能、性能、技术安全、业务连续性、合规等。

F. 风险防控标准：风险指标、评估方法、风险分析和风险处置。

| 金融应用场景 | 票据债券 | 存证管理 | 支付结算 | 营销获客 | 风控合规 | 音视频双录 | 金融数字人 | … |

| 新技术应用 | 云计算 | 大数据 | 区块链 | 人工智能 | 分布式数据库 | 多方安全计算 | … |

标准体系支撑

A. 基础标准				B. 关键技术标准				C. 产品和服务标准			
术语定义	数据元	参考架构	基本要求	技术架构	平台框架	应用开发	数据交互	金融产品	金融服务	服务质量	运营管理

D. 安全标准				E. 测评标准					F. 风险防控标准			
安全管理	系统安全	数据安全	服务安全	功能	性能	技术安全	业务连续性	合规	风险指标	评估方法	风险分析	风险处置

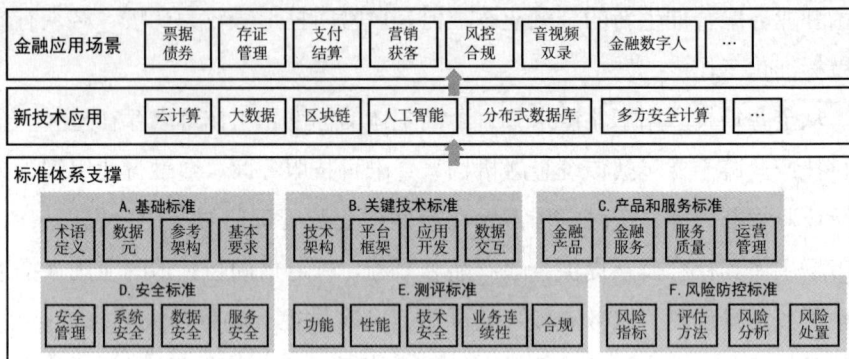

图1　标准支撑体系框架

资料来源：参编单位原创。

3. 创新技术及应用标准支撑路径建议

（1）加强新技术攻关，以技术突破带动标准突破

应结合金融场景特点，突破关键技术及应用瓶颈，以技术突破带动标准突破。如云计算在技术架构、安全、容灾等方面，分布式数据库在服务高可用、异构复制等方面，人工智能在算法可解释性、科技伦理方面，金融数字人应用在人机交互方面，应结合金融业务场景针对金融数据保护、业务风险防控要求建设相关标准。

（2）加强标准多元化供给，加快推进标准研制

应鼓励企业和行业组织制定满足多层次市场需求和创新需求的技术标准，形成"政府+市场"多元化标准，推动建设一批金融国家标准、行业标准、团体标准、企业标准。同时，按照"急用先行"的原则，加快推进重点方向、重点领域标准研制，缩短标准研制周期。

（3）开展标准创新试点，推广标准应用

标准的制定归根结底要落实到金融业应用中。为创新技术及应用标准，应开展标准创新试点，在应用实践中推动形成"实践验证、问题发现、经验总结、完善标准"的正向循环。同时，发挥行业组织、金融机构、科技公司的优势，推动标准落地应用，通过标准支撑创新应用快速复制和推广。

B.21
金融科技人才培养的典型探索

吴盈盈　饶倩　李凯*

摘　要： 经济竞争力取决于人才，金融科技人才为经济社会发展注入强大的辐射力和创造力，对一个国家经济社会高质量发展具有重要意义，更是国际竞争的重要博弈点。随着世界金融科技的蓬勃发展和竞争的日益激烈，我国金融科技人才培养与当前金融高质量发展不协调的矛盾日益凸显。通过系统研究和行业调查，本报告完成了对北京、上海、粤港澳大湾区等国内金融科技先行区域以及美国、英国、新加坡、瑞士和以色列等金融科技领先国家金融科技人才培养模式的综合调查。本报告还分析了金融科技人才培养领域存在的人才需求与培养模式不匹配、人才标准不一致、人才职业化发展路径不清晰等问题。基于金融科技人才培养的监管部门、金融机构等用人单位、高校和科研机构、专业认证组织等利益相关者的调研，本报告在提出标准、课程、培训、实验室、认证、职称和政策等方面存在的问题的基础上展望未来，提出尽快出台权威标准、开展职业认证、规范校本课程、完善基础设施、加强伦理训练、参与国际对话等对策建议。

关键词： 金融科技　人才培养模式　人才治理架构　专业认证　校本课程

---

* 吴盈盈、饶倩，清华大学五道口金融学院金融安全研究中心；李凯，深圳市金融稳定发展研究院。

一 背景和形势

随着世界金融科技的蓬勃发展和金融领域竞争的日益激烈，对金融科技人才的培养和争夺已成为数字化时代经济金融科技发展的关键领域。为满足金融科技领域的人才需求，各类金融科技人才培养机构应运而生，人才培养模式日新月异，为金融科技行业的发展注入了源源不断的人才"活水"。

（一）金融数字化转型方兴未艾

近几年，以大数据、云计算、区块链、人工智能等为代表的数字技术突飞猛进，以不可阻挡之势重塑金融业的运作模式，表现为以下几点。

1.金融机构数字化转型潜能加速释放

银行、证券和保险三大金融支柱的数字化转型正成为我国金融业高质量发展的核心驱动力。以数据要素为核心的金融科技在金融产品差异化设计、精准营销和自动客服、智能研究和投资、支付清算和风险治理等业务场景中赋予了传统金融业巨大的创新动能。

2.监管机构数字化提质增效迫在眉睫

金融科技本身蕴藏着科技风险和伦理风险，因此必须通过科技手段提高监管效率。在传统金融业数字化转型加速的当下，加快监管机构数字化转型，充分利用监管科技防范系统性金融风险，为金融高质量发展保驾护航迫在眉睫。

（二）金融科技人才需求井喷

金融科技人才是支撑金融数字化转型的关键要素，也是当前制约金融数字化转型速度和质量的战略资源。2018~2021年金融科技相关行业报告见表1。

表1　2018~2021年金融科技相关行业报告

年份	报告	主要内容
2018	《2018年中国金融科技就业报告》	92%的金融科技受访企业认为中国正面临严重的金融科技专业人才短缺
2019	《2019年全球金融科技调查报告》	中国金融科技人才缺口预计达150万人
2020	《2020年中国金融科技人才现状与需求调研分析报告》	75.8%的企业非常愿意通过校企合作来满足其对金融科技人才的需求
2021	《中国金融科技人才培养与发展问卷调研(2021)》	96.8%的受访机构表示存在金融科技人才缺口

总体而言，金融科技人才需求缺口较大，且随着行业投资规模的扩大和业务量的增加有进一步扩大的趋势。

（三）金融科技人才要求更加综合

随着金融科技发展进入加速阶段，金融科技行业需要的是金融业务娴熟、数字技术扎实的复合型人才，是具备创新思维和伦理素养的智慧型人才。

1. 复合型知识结构是金融科技人才的立身之本

金融科技的本质是利用数字技术进行金融创新，这就要求金融科技人才既要理解现代金融产品和服务的本质，拥有经济金融类专业能力，又要熟练运用大数据、区块链等支撑经济分析和金融创新的核心技术，还要具备科学建模、风险管理和金融产品设计等核心技能。

2. 创新能力是金融科技人才的第一竞争力

金融科技是对传统金融模式"创造性破坏的过程"，这就要求金融科技人才勇于突破常规，以市场需求为导向，开发出深度响应客户显性和潜在需求的金融产品和金融服务，制定和执行相关的金融科技制度。使金融科技人才成为金融科技生态可持续发展的支撑力量和创造先锋。

3. 伦理素养是金融科技人才的指路明灯

前沿科技的发展和运作往往领先于法律法规的制定，底层技术和金融业务的复杂化使金融业内在的脆弱性和风险的外溢性更加凸显，给数字时代金融业的发展带来了挑战。因此，金融业的发展对金融科技人才的安全意识、隐私意识、风险意识和法治意识等伦理素养提出了更高要求。

二　金融科技人才培养的现状与战略分析

（一）金融科技人才培养已上升为国家战略

近代文明发展的轨迹已经证明，人才中心和创新高地的建设对科技进步和文明发展有重要作用。金融科技因其在经济金融发展中的特殊作用，其人才培养有独特的重要性。中国人民银行《金融科技发展规划（2022—2025年）》指出，做好金融科技人才培养是夯实可持续化发展的重要基础。高质量的金融科技人才格局和高水平的金融科技人才培养体系是金融科技发展的战略支点，为金融业支持创新驱动发展、数字经济、乡村振兴、碳达峰碳中和等战略实施提供了有力支撑。

1. 保持国际领先优势的根本支撑

以支付科技为核心的领先优势正成为我国金融业扩大国际影响力，参与国际金融竞争，争夺规则制定权的重要支点。为此，必须将金融科技人才培养上升为国家战略，为我国金融科技行业在国际竞争中保持领先优势贡献力量。

2. 国家区域发展战略的重要动力

《金融科技发展规划（2022—2025年）》指出，金融科技已成为京津冀协同发展、长三角一体化、粤港澳大湾区建设等国家战略的独特亮点与显著优势。金融科技在现代经济中发挥了重要作用。为此，必须将金融科技人才培养上升为国家战略，以人才为核心驱动经济高质量发展。

3. 促进普惠金融，实现共同富裕的重要保障

利用金融科技带来的诸多优势，丰富金融市场层次，完善金融产品供给体系，弥合地域间、群体间、机构间的数字鸿沟，提高金融服务的包容性和普惠性，从而让金融更广泛、更深入、更公平地惠及广大人民群众，助力实现共同富裕。

（二）对金融科技人才培养的相关政策解读

为适应数字化转型的时代发展浪潮，我国积极出台有关政策措施。目前，我国已形成以国务院《"十四五"数字经济发展规划》为总领，中国人民银行《金融科技发展规划（2022—2025年）》为基石，各地方政府机构和行业协会制定的政策措施为具体指导的政策体系，现对其进行对比分析（见表2）。

表2　金融科技相关政策对比

政策文件	发布机构	人才相关政策提要
《"十四五"数字经济发展规划》	国务院	建立市场化服务与公共服务双轮驱动的模式；营造多要素支撑的数字化转型服务生态；提升全民数字素养和技能，从根本上改革人才培养体系
《金融科技发展规划（2022—2025年）》	中国人民银行	制定金融科技人才相关标准；推进跨地区、跨机构人才流动；健全人才评价体系等
《关于银行业保险业数字化转型的指导意见》	中国银行保险监督管理委员会	鼓励选聘具有科技背景的专业人才进入董事会或高级管理层；注重引进和培养复合型人才等
《深圳市扶持金融科技发展若干措施》	深圳市地方金融监督管理局	围绕"深港澳金融科技师"体系，对专题培训、职业资格获取等有助于该体系推广和发展的行为提供直接财政奖励性补贴等
《北京市促进金融科技发展规划（2018年—2022年）》	中关村科技园区管理委员会等	支持高校院所基础研究与人才培养；支持金融科技高端人才引进和培养
《上海市重点领域（金融类）"十四五"紧缺人才开发目录》	上海市地方金融监督管理局等	完善紧缺金融人才集聚政策体系；加大紧缺金融人才培养开发力度；创新紧缺金融人才评价机制等

总体而言，目前我国针对金融科技人才培养构建了较为系统的政策支持体系，从顶层设计到全面指导、从宏观发展规划到具体产业支持细则，制定了较为完备的金融科技人才培养路径。

如国务院《"十四五"数字经济发展规划》是统筹全局、提纲挈领的发展规划，涉及数字经济方方面面，兼顾产业发展、社会进步、国家安全和国际竞争当前和长远的战略需求。地方具体政策则更加务实进取，立足地方区位优势和经济发展特征，大力引进金融科技人才。

三　境外金融科技人才培养的现状和经验

在金融数字化转型的趋势下，为弥合人才需求和供给之间的缺口，境外金融科技人才培养呈现百花齐放的态势。

（一）高校学位课程体系

目前，国外高校金融科技学位项目以硕士为主，招收具有商学、计算机工程学和其他理工科背景的学生。硕士项目时长 1~2 年（见表3），教学内容以金融学和新兴信息技术两方面课程为主，辅以财会、法律、创业方面的学校自设课程。

表3　部分国际高校开设的金融科技硕士项目

国　家	高校名称	项目名称	项目时长
美　国	杜克大学	金融科技工程硕士	2 年
	加州大学伯克利分校	工程学硕士（金融科技方向）	2 年
	斯坦福大学	金融科技理学硕士	1 年
	哥伦比亚大学	金融科技理学硕士	1 年
	纽约大学	金融科技理学硕士	1 年
英　国	爱丁堡大学	金融、科技和政策理学硕士	1 年
		金融计算科学理学硕士	1 年
	帝国理工学院	金融科技理学硕士	1 年
	伯明翰大学	金融科技理学硕士	1 年
新加坡	新加坡国立大学	数字金融科技理学硕士	1 年
	新加坡南洋理工大学	金融科技理学硕士	1 年
瑞　士	提契诺大学	金融科技和计算理学硕士	1 年

（二）高校与机构合作的认证课程

高校与机构合作开设的认证课程具有受众广泛、课程灵活、内容前沿等诸多优势（见表4）。学员在短期内可了解和掌握金融科技的核心技术和前沿信息，并在完成课程考核后获得相应的认证证书。

表4 部分国际高校与机构合作的认证课程

国 家	高校名称	项目名称	项目时长
美 国	加州大学伯克利分校	伯克利金融科技:框架,应用和策略	2个月
	哈佛大学	金融科技在线短课程	2个月
		新金融科技创新的成长与竞争课程	4天
英 国	剑桥大学	剑桥金融科技和监管创新	2个月
加拿大	多伦多大学	罗特曼金融科技:支付的未来	1.5个月
新加坡	新加坡国立大学	金融科技:金融服务创新和转化	2个月
南 非	开普敦大学	金融科技:金融的革新	2个月

（三）机构内部培养系统

为充分盘活已有人力资源，国外金融机构开始构建内部金融科技培训系统，通过在线课程编制、逐案交付、校企合作等方式搭建自身的金融数字化人才培养平台，以期通过在职培养满足金融科技业务开展的人才需要。

例如，高盛集团为提升其员工的数字化技能设立了高盛大学。为满足业务的需要，有针对性地对员工的技术能力和职场技能进行系统化的培训。这一培养模式针对性强、导向明确，但对企业自身的规模和综合能力有较高要求。

（四）政府机构主导的人才培养计划

政府机构主导的人才培养计划具有突出的普惠性、公益性和社会性。相较于其他培养计划，这类培养计划可为更多有意愿进入金融科技领域谋职的人才提供学习和深造的机会。

最为典型的是新加坡，为弥补金融科技人才缺口，新加坡政府及其机构主导了SkillsFuture计划、金融科技加快培训专才计划、金融浸入式技术计划和绿色金融投资计划等人才培养计划。其亮点在于除了对原有的在校生进行培养外，还向人才存量中最具业务经验、寻求突破的中青年专业人才提供搭上金融科技快车的途径。

总的来说，为适应市场环境的变化，境外人才培养模式呈现百花齐放的态势，在以市场为导向、强调人才知识复合能力和实际应用能力的新趋势下，高校、企业和政府等培养主体在应对人才培养新需求上均发挥着重要作用。

四 金融科技人才培养模式的多方探索

数字经济的发展，共同富裕等目标的实现，都迫切需要金融科技人才提供支撑和保障。当前，金融科技人才缺口较大，亟须建立健全金融科技人才培养体系。在多方持续共同努力下，金融科技人才培养取得了丰硕的成果。

（一）从业人员能力规范标准获得立项

2021年3月，中国人民银行科技司召开电视电话会议，明确组建《金融科技人才能力规范》标准制定标准编制组，并着手开展相关调研。金融科技从业人员能力规范标准获得立项，构筑金融科技可持续人才生态。另外，地方也开始制定、出台金融科技相关标准，规范从业人员行为。

（二）金融科技师新职业申报取得突破

金融科技师新职业申报取得重大突破，金融科技师已被纳入人力资源和社会保障部《中华人民共和国职业分类大典（2022年版）》，正式成为全新的职业，这一突破是金融科技人才培养工作的里程碑。

（三）高校金融科技专业建设百花齐放

全国已有77家本科院校开设了金融科技专业，168家高职院校开设了金融科技应用专业（见表5）。除此以外，还有200所院校设立了金融科技相关课程。

表5　全国本科院校开设的与金融科技相关的专业分布

单位：家

专业名称	数量
金融科技	77
经济统计	140
金融数学	76
互联网金融	59
数字经济	67
大数据管理与应用	170
区块链工程	20

资料来源："深港澳金融科技师"专才计划官方网站。

从参与调研的40家单位提供的数据可知，近3年来，26所高校已为金融科技企业提供超过200名金融科技人才。高校金融科技专业建设百花齐放，不仅有利于学校优化专业结构和课程结构，而且是高校顺应金融科技发展潮流、支持经济社会发展和学科创新发展的重要举措。

（四）校企联合培养金融科技人才取得进展

利用两种不同的教育环境和教育资源，校企联合培养金融科技人才。校企联合建立实习基地或实验室。

在深圳市地方金融监督管理局与福田区委、区政府牵头下，中山大学、哈尔滨工业大学（深圳）等多所知名高校与一批优质企业合作建立深圳金融科技人才实习基地，实现高校人才培养与企业发展的合作共赢。

南开大学与桔子互联建立的"金融科技联合实验室"、香港中文大学（深圳）与联易融成立的联合实验室等一批优秀校企合作实验室，共同推动了金融科技领域"产教融合、校企合作"。

在校企联合攻关上，不少高校也做出了全新的尝试。如中南大学计算机学院组建华锐金融科技特色班、深圳大学和微众银行共同创建深圳大学微众银行金融科技学院等，打造金融科技精英人才培养基地。2022年12月，在由深圳大学举办的首届粤港澳大湾区金融科技高校论坛上，深圳大学宣布设立校企合作科研课题百万基金，以促进校企产学研合作。

（五）金融科技人才专业认证体系初见成效

全国已有不少金融科技人才培训认证项目，金融科技人才专业认证体系初见成效。在众多项目中，以"深港澳金融科技师"专才计划（SHMFTPP）、中国银行业金融科技师（CFT）、上海高金特许全球金融科技师（CGFT）三个项目较为典型。

1. "深港澳金融科技师"专才计划

"深港澳金融科技师"专才计划是深圳市地方金融监督管理局经与香港金融管理局、澳门金融管理局充分协商，在借鉴特许金融分析师（CFA）等资格考试体系的基础上，依托行业协会、高等院校和科研院所，建立的融"培训、考试、认定"为一体的金融科技人才培养机制。

自2019年正式启动以来，该专才计划获得了深圳市政府及众多企业的大力支持，取得社会各界广泛认可的成绩。截至2022年6月，该专才计划已成功开展4次一级考试及1次二级考试，共吸引了超过4000名深港澳三地及其他海内外考生报名，培养了1376名一级持证人并产生了第一批75名二级持证人。[①]

2. 中国银行业金融科技师

中国银行业金融科技师项目旨在为金融科技从业人员提供能力认证，打造"培、考、战、评"四位一体的金融科技人才认证体系。

3. 上海高金特许全球金融科技师

上海高金特许全球金融科技师是上海交通大学上海高级金融学院与上海高金金融研究院联合打造的金融科技师证书四级体系，帮助学员掌握金融科技知识和实用技能。

（六）港澳台金融科技人才培养获得重视

近年来，香港、澳门和台湾地区金融科技不断发展，港澳台金融科技人

---

① 深港澳金融科技师"专才计划内部统计数据。

才培养获得重视。

1. 深港澳金融科技人才交流加深

"深港澳金融科技师"专才计划已诞生 24 名香港持证人。[①] 香港金融管理学院、香港电脑学会均已加入"深港澳金融科技师"专才计划合作机构，正在香港推行相关培训工作，深港澳三地金融科技人才交流越发深入，三地正探索推行金融科技人才互认机制。

2. 澳门金融科技依托内地探索认证体系

澳门金融科技人才培育模式主要依托内地探索认证体系。目前，"深港澳金融科技师"专才计划已经培育了 14 名澳门持证人，[②] 并将继续加大在澳门的培训和认证推广力度。

3. 台湾金融科技多点推动与创新

台湾发布金融科技发展路径图，从八大方面推动金融科技发展。在能力建构方面，将建立金融科技证照制度，调整金融业负责人资格条件及职能基准，绘制监管人员金融科技学习地图，全面推动金融科技人才创新。

（七）金融科技人才的职业发展路径不断完善

金融科技师主要从事金融业务与数字技术融合的研究与应用工作。据此，可以参考国家工程师或经济师职称的认定程序，积极与国家职称体系衔接，开展金融科技师职称认定工作，降低人才配置成本，促进人才流动。

金融科技人才与国家职称体系衔接已经在深圳市有了第一次成功的尝试。2022 年 6 月，深圳市人力资源和社会保障局发布《深圳市国际职业资格视同职称认可目录（2022 年）》，"深港澳金融科技师"专才计划二级证书已纳入该目录，持有该证书的专业人才，视同工程师职称。这对推进粤港澳大湾区职称评价和职业资格认证、促进金融科技师与国家职称体系衔接具有重大意义。

---

① 深港澳金融科技师"专才计划内部统计数据。
② 深港澳金融科技师"专才计划内部统计数据。

越来越多金融科技人才表达出对社群的需求，要提升金融科技行业守正创新的能力，建立金融科技人才社群。"深港澳金融科技师"专才计划已建立深圳市金融科技协会金融科技师分会，启动持证人社群运营，并以此为蓝本逐步探索，最终孵化出专属于深港澳金融科技师的社群，组建持续学习、终身提升的金融科技人才专业协会。

五 金融科技人才培养探索进程中存在的问题

金融科技人才培养起步较早，并取得多项重大创新。但在探索进程中，还存在以下几个方面的问题，需要进一步完善。

（一）标准体系出台略显滞后

金融科技人才评价标准尚未有清晰、细化的正式版本出台，金融科技人才认证体系也缺乏权威的标准。在此情况下，难以出现健全的人才培训标准，培训质量参差不齐。

（二）高校校本课程开发迟缓

金融科技领域发展日新月异，而高校校本课程开发未能满足金融科技的发展。目前，国内尚无由国家级机构牵头制定的、较为权威的、系统性的金融科技教材，高校校本课程开发急需统一。

（三）实验室建设较为片面

尽管各高校都对金融科技实验室建设十分重视，也投入了不少资源，但在金融科技实验室的建设中，仍然存在部分高校实验室建设落后、高校实验室与市场需求尚有差距等问题。高校金融科技实验室建设难以兼顾科研和人才培养，影响产学研深度合作。

（四）地方发展不均衡不充分

具有典型性的金融科技专业人才培训认证项目，其认证机构主要集中在北京、上海、深圳三个发达地区，相对应地，金融科技专业人才培训认证项目的培训机构和学员主要集中在东南沿海等经济较发达地区，金融科技人才在全国各地的分布不均衡、不充分。

（五）伦理体系亟须完善规范

金融科技不断创新发展，同时也衍生出复杂多样的伦理问题与潜在风险，给金融创新、金融监管等带来一系列新的挑战。金融科技领域尚未形成较为完善的伦理体系，伦理体系亟须完善规范。

（六）培训机构资质有待确认

当前，全国金融科技专业人才培训有一定数量的认证项目，与此对应地，市场上有相当数量的认证项目培训机构，这些培训机构培训水平参差不齐。培训机构资质难以确定，与认证机构的关系也有待进一步理顺。

（七）政策奖励机制有待升级

根据调研结果，40 家参与调研的企业中，仅有 8 家将金融科技认证的培训和考试费用纳入内部奖励范围，对金融科技认证发放奖励的企业数量较少（见图 1）。

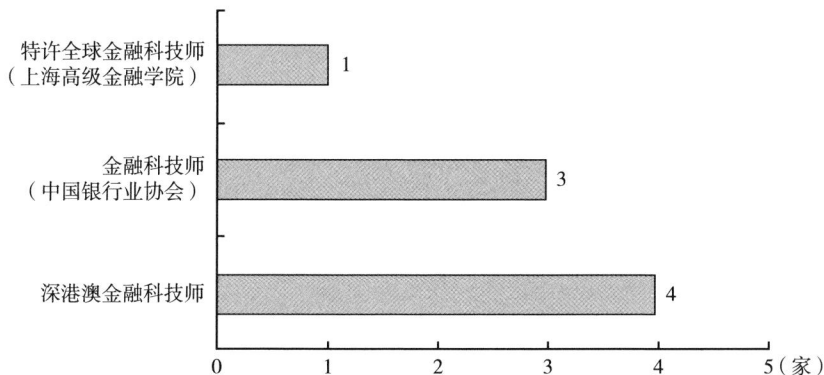

图 1　金融科技认证获得企业奖励情况

资料来源：北京金融科技产业联盟于 2022 年 5 月组织的金融科技人才培养问卷调研统计数据。

在培训费用方面，40家参与调研的企业中，仅有1家企业将金融科技人才项目培训纳入内部支持的培训项目，但支持培训费用占比较低，仅为3%。企业对金融科技人才的政策奖励机制仍有待完善，需要在国家层面推动认证体系融合。

六　展望和建议

针对金融科技人才培养过程中遇到的瓶颈和障碍，本报告将从以下几个方面提出建议和对策。

（一）尽快发布国家金融科技人才系列标准

根据金融科技专业人才能力规范，尽快发布国家金融科技人才系列标准，包括人才认定、考试、教材、培训等标准，为未来的全国金融科技人才标准认证奠定基础。

（二）依托重点区域专业认证体系开展职业认证

依托重点区域专业认证体系开展职业认证，完善金融科技人才相关课程及考试体系并推广后续教育，以营造金融科技人才持续学习、终身提升的氛围。

（三）规范校本课程，打通职业体系和职称体系

一方面，要规范校本课程，修订现有金融科技课本，健全金融科技培养实践环节。另一方面，还要继续打通金融科技人才职业体系和职称体系，畅通金融科技人才发展路径。

（四）利用先进技术建设国家金融科技人才信息系统

利用先进技术建设国家金融科技人才信息系统，建立国家金融科技人才

库并对接各认证体系人才信息，为未来建设全国金融科技人才服务信息系统等基础设施奠定基础。

（五）推动交叉学科建设，强化人文素养和伦理训练

推动开设金融科技专业或金融科技课程的高校将伦理训练纳入教育体系，各认证标准也应逐步将伦理作为必修课程，相关城市也可以同步开展金融科技伦理主题教育活动，进一步强化金融科技人员伦理素养。

（六）建设国家级金融科技案例库和实验平台

建设国家级金融科技案例库和实验平台。依托国家级金融科技基础设施，中央和地方可协同建立国家级金融科技案例库和实验平台，联动各高校、企业传播优秀案例，促进金融科技理论与实践共同发展。

（七）鼓励国际交流，提升人才标准制定话语权

鼓励国际交流，提升人才标准制定话语权。鼓励金融科技人才跨境培训和境外招生，同时积极举办国内外人才交流活动，搭建国内和国际的金融科技人才交流互动的平台。

（八）完善政产学研合作培养人才机制

完善政产学研合作培养人才机制。持续推进政产学研合作，在高校建立金融科技实验室，完善合作机制，引导各方发挥理论、技术和产业优势，为金融科技发展和数字化经济建设贡献力量。

附　　录

Appendix

B.22
中国金融科技大事记

1月11日　中国互联网金融协会移动金融专业委员会明确2021年重点任务，推进开源软件和开源软件服务商试点测评，研制《金融机构开源治理全生命周期管理规范》《移动应用开发平台架构规范》等标准，助力金融科技服务能力共享系统建设。

1月13日　中国银保监会发布《消费金融公司监管评级办法（试行）》，健全消费金融公司风险监管制度体系，强化分类监管，推动消费金融公司持续健康发展。

1月25日　中国人民银行征信管理局副局长田地表示，个人征信业务需要持牌经营，并纳入征信监管。

1月28日　中国银保监会首次提出要推动大型银行向中小银行输出风控工具和技术。

1月29日　中国人民银行金融科技委员会强调，将出台新阶段金融科技发展规划，加快推动金融数字化转型，发挥"技术+数据"双轮驱动作用，助力构建适应数字经济发展的现代金融体系。

2月6日　数字人民币全线上对公场景应用全国首单在雄安落地。

3月29日　中国人民银行印发《金融业数据能力建设指引》行业标准，引导金融机构加强数据战略规划，做好数据治理，充分释放数据要素价值。

4月5日　由深圳市税务局、国家电网有限公司、公安部第三研究所和腾讯公司等机构参与发起的《基于区块链技术的电子发票应用推荐规程》国际标准，正式通过国际电气和电子工程师协会标准协会（IEEE-SA）认证，成为全球首个基于区块链的电子发票应用国际标准，也是国内税务系统首个国际标准。

4月25日　中国人民银行数字货币研究所与蚂蚁集团签署技术战略合作协议，共同推动建设数字人民币的技术平台。

5月10日　中国人民银行制定印发《人工智能算法金融应用评价规范》，全面提升人工智能技术在金融领域应用和管理水平，推动金融与科技深度融合协调发展。

5月27日　中国银保监会副主席周亮在2021年韩国金融科技周开幕式上发表演讲。他表示，完善国际监管规则，强化国际金融合作，防范金融风险跨境传染，共同打造开放、包容、安全的金融科技生态环境。

6月24日　腾讯云与神州信息宣布推出"金融分布式核心"联合解决方案。该方案是行业内首个在自主可控技术体系下的金融分布式核心系统解决方案。

6月30日　中国人民银行、中国银保监会、中国证监会、财政部、农业农村部、乡村振兴局联合发布《关于金融支持巩固拓展脱贫攻坚成果　全面推进乡村振兴的意见》，要求银行业金融机构健全农村金融组织体系、改进内部资源配置和政策安排、强化金融科技赋能。

7月6日　国务院金融稳定发展委员会召开第五十三次会议，强调加强对金融领域战略性、前瞻性、基础性、针对性的问题研究，加强金融基础设施建设，发展普惠金融、绿色金融、数字金融。

7月23日　中国人民银行数字货币研究所、清华大学、济南市联合共建国家金融业密码应用研究中心。

7月28日　中国人民银行科技司副司长李兴锋指出，加强金融科技创新审慎监管，着力弥合发展数字鸿沟，全面深化监管科技应用实践，坚守金融领域科技伦理底线。

8月11日 中共中央、国务院印发《法治政府建设实施纲要（2021—2025年）》，提出加快推进身份认证、电子印章、电子证照等统一认定使用，优化政务服务流程。

8月24日 上海市政府发布《上海国际金融中心建设"十四五"规划》，提出加大金融科技关键技术研发力度，提升对金融产品、金融服务、金融监管创新的支撑能力；推动在浦东设立国家级金融科技研究机构；提升金融科技应用水平，稳步推进数字人民币应用试点，丰富数字人民币应用场景。

8月30日 按照中国人民银行《关于发布金融行业标准加强移动金融客户端应用软件安全管理的通知》，中国互联网金融协会承担移动金融客户端应用软件行业自律管理职责。

8月31日 珠海市出台《关于加强隐私计算在城市数字化转型中应用的指导意见》，充分发挥隐私计算"数据可用不可见"的技术优势，加速公共数据资源有序开发利用。

9月3日 中国人民银行数字货币研究所首次向外界公开展示了"双离线支付"的应用和体验流程。

9月7日 中国银保监会新闻发言人指出，对各类金融违法违规行为一如既往坚持"零容忍"，网络平台企业正积极对照法律法规和监管要求，深入自查并制定整改方案，有序落实整改。

9月10日 中国人民银行数字货币研究所与北京丰台丽泽金融商务区共同设立北京国家数字金融技术检测中心。

9月27日 中国人民银行正式发布《数字函证金融应用安全规范》（JR/T0234—2021）、《数字函证银行应用数据规范》（JR/T0235—2021）两项金融行业标准。

9月29日 蚂蚁集团联合中国信息通信研究院正式启动区块链一体机国际标准制定工作，填补了区块链一体机国际标准的空白。

10月18日 《深圳特区报》刊文"深圳金融改革创新蹄疾步稳"，指出深圳数字人民币已投产应用场景近12万个，数量居全国首位。

10 月 19 日 《中国银行保险监督管理委员会深圳监管局 中国人民银行深圳市中心支行 深圳市地方金融监督管理局关于推动金融业服务新发展格局的指导意见》指出，建设全球金融科技中心，完善金融科技产业孵化机制，加快培育金融科技龙头机构，完善金融科技产业链。

10 月 21 日 中国人民银行与香港金融管理局签署《关于在粤港澳大湾区开展金融科技创新监管合作的谅解备忘录》，将中国人民银行金融科技创新监管工具与香港金融管理局金融科技监管沙盒进行联网对接。

10 月 21 日 北京金融科技产业联盟发布《金融分布式数字身份技术研究报告》。

10 月 22 日 中国人民银行金融研究所副所长莫万贵介绍央行支持北京经济高质量发展的五方面政策，其中包括支持在京设立国家金融科技风险监控中心。

10 月 26 日 商务部、中央网信办、国家发展改革委印发《"十四五"电子商务发展规划》，鼓励跨境电商及支付发展。

10 月 27 日 中国互联网金融协会发布《关于 2021 年度移动金融客户端应用软件备案外部评估的通知》，要求金融机构每年应至少开展一次移动金融客户端应用软件外部评估工作。

11 月 1 日 国务院国资委发布《关于进一步深化法治央企建设的意见》，提出运用区块链、大数据、云计算、人工智能等新一代信息技术，推动法务管理从信息化向数字化升级，探索智能化应用场景，有效提高管理效能。

11 月 4 日 全国首批数字人民币税务征收社保医保异地缴费场景在成都落地。

11 月 8 日 中国人民银行数字货币研究所所长穆长春透露，截至 2021 年 10 月 22 日，已经开立数字人民币个人钱包 1.4 亿个，企业钱包 1000 万个，累计交易笔数达 1.5 亿笔，交易额接近 620 亿元。

11 月 18 日 中国人民银行上海总部、南京分行、杭州中支、合肥中支联合评审通过《长三角征信链征信一体化服务规范》。

11 月 19 日 中国证券监督管理委员会北京监管局、北京市地方金融监督管理局公布首批拟纳入资本市场金融科技创新试点的 16 个项目名单，其中包括证券行业数字人民币应用场景创新试点。这是数字人民币试点以来，首个应用在证券行业的金融创新项目。

11月25日 世界银行推出一个专门的全球金融科技监管政策数据库（Global Database of Fintech Regulations）。

11月29日 中国工商银行上海分行在浦东新区税务局办税服务厅实现了数字人民币POS渠道缴纳个人社保费业务的试点落地。

12月5日 中国移动首个5G室内定位试商用项目成功落地。

12月9日 中国农业银行深圳分行与华为技术有限公司联合发布租赁资金监管领域的创新应用成果，标志着业内基于数字人民币的首个云侧智能合约应用成功落地。

12月15日 中国注册会计师协会与中国银行业协会合作建设的银行函证区块链服务平台正式投入使用。

12月17日 工信部召开《"十四五"促进中小企业发展规划》发布会，表示"十四五"时期将实施"中小企业数字化促进工程"，推动10万家中小企业业务"上云"。

12月17日 金蝶业务系统成功完成首单使用数字人民币进行的公转私支付业务。

12月17日 全国首笔数字人民币退税业务在中国农业银行大连分行成功办理。

12月24日 中国人民银行、国家发改委、财政部、中国银保监会、中国证监会、国家外汇管理局、重庆市政府、四川省政府联合发布《成渝共建西部金融中心规划》，推进人工智能、大数据、云计算、区块链等金融科技领域研究成果在成渝地区率先落地应用。

12月24日 蚂蚁集团与信息产业信息安全测评中心发布《安全平行切面白皮书》，提出了与业务融合且解耦的下一代原生安全基础设施——安全平行切面体系。

12月28日 中国银保监会网站发布消息，坚持以人民为中心的发展思想，注重提升金融服务适老化水平，大力发展适应老年人的金融科技。

资管科技

智能投顾

交银理财
SOCOM Wealth

帮你投
bangnituoust

南方基金
SOUTHERN ASSET MANAGEMENT

国泰君安证券
GUOTAI JUNAN SECURITIES

理财魔方

保险科技

销售平台

天机

车车保险

展业工具

保陆师

秒级图案

腾保保险代理
KEQ

云窗

科技服务

KTM 凯泰铭

社保通

腾保保险代理
TENPENT INSURANCE

保险松乎

金融IT

金财
data

HUND SUN

DCITS
神州信息

宇信科技
Yusys Technologies

辅助服务

中国支付清算协会
Payment & Clearing Association of China

中关村金融科技产业发展联盟
Zhongguancun Fintech Industry Development Alliance

中国互联网金融协会
National Internet Finance Association of China

北京金融科技产业联盟
BEIJING FINTECH INDUSTRY ALLIANCE

BBAA
北京区块链技术应用协会

SFA
深圳市金融科技协会
Shenzhen FinTech Association

数字人民币

发行

中国人民银行
THE PEOPLE'S BANK OF CHINA

流通清算支付

中国工商银行
INDUSTRIAL AND COMMERCIAL BANK OF CHINA

中国农业银行
AGRICULTURAL BANK OF CHINA

浦发银行
SPD BANK

中国银行
BANK OF CHINA

中国银联
China UnionPay

WeBank
微众银行

交通银行

中国建设银行
China Construction Bank

支付宝
ALIPAY

场景应用

美团外卖

字节跳动
ByteDance

盒马

天猫
TMALL.COM

饿了么

滴滴

京东

技术支持

新大陆
Newland

DCITS
神州信息

GRG Banking
电运通

中科金财
sinodata

紫光集团
TSINGHUA UNIGROUP

飞天诚信

新国都

其他

供应链金融

腾飞
TECFURE

苏宁易购

联易融
Linklogis

征信

百行征信
Baihang Credit

朴道征信
PUDAO CREDIT

东方微银

中诚信征信有限公司

汽车金融

易鑫集团
YIXIN GROUP

大搜车

优信

Abstract

Annual Report on FinTech Development in China (2022) was prepared by Beijing Financial Technology Industy Aliance. It aims to systematically analyze the application of domestic and foreign FinTech, fully grasp the development and latest trends in the field of FinTech from technology application, industry innovation to risk supervision, put forward corresponding countermeasures and suggestions, and continuously improve the theoretical basis, practical cases and research methods related to FinTech.

This report consists of six main parts. First, the general report outlines the overall *Development of China's FinTech in 2019–2021*, reviewing the achievements of China's FinTech in the three years since the introduction of the *FinTech Development Plan (2019–2021)*, and analyzing the new contents of the newly introduced *FinTech Development Plan (2022–2025)*, as well as providing an objective description and analysis of the development in the first year of the new plan. It also provides an objective description and analysis of the development of the first year of the new plan, and puts forward policy recommendations for the next step of development. The second is the governance and data chapter, which analyzes the typical practice of digital transformation of China's financial industry, the current situation and countermeasures of the financial technology governance system, the practice and exploration of the construction of financial technology ethics, the sharing and comprehensive application of financial data elements, and the governance and security protection of data elements in the financial industry. Thirdly, the chapter on infrastructure and technology analyzes the construction of green and highly available data center, secure and ubiquitous financial network, advanced and efficient arithmetic system, progress and application of key FinTech technologies, construction of financial agile innovation system, construction of financial integrated operation center, financial digital intelligence wind control and marketing, financial service process wisdom reengineering, financial service diversified channel construction, digital green. The fourth chapter is on operation and service, it explores the construction of financial agile innovation system, construction of financial integrated operation platform, risk control and marketing of financial digital intelligence, intelligent reengineering of financial service process, construction of diversified channels of financial services, digital financial services and financial barrier free services. The fifth chapter is on regulation and rule of law, it systematically studies the research and application of regulation technology, the path of regulation technology capacity building, the construction of regulation system and standard of financial technology, and the typical exploration of financial technology personnel training. In addition, the book also provides a map-indexed description of FinTech industry types, distribution and typical enterprises for reference of FinTech industry players and other interested parties. This report is dedicated to providing important decision-making references for FinTech-related regulators and self-regulatory organizations, literature materials for practitioners and institutions to carry out FinTech work, and information cases for FinTech enthusiasts to understand the field, thus providing effective support to promote the high-quality development of FinTech in China.

Keywords: FinTech; RegTech; Data Governance; Green Finance

Contents

I General Report

Abstract: This year is the opening year of the *FinTech Development Plan* (*2022-2025*). It is very important to take a more proactive attitude to do a good job in FinTech work and take a good step in the new stage of development planning. 2021, the concept of science and technology empowerment has become more deeply rooted in the hearts of the people, the digital transformation of the financial industry has been further accelerated, and new technologies, new scenes and new businesses have emerged one after another, providing a continuous stream of energy for the real economy of financial services. The new plan makes an overall layout of FinTech and guides the development direction of FinTech in the future. "Digital drive, wisdom for the people, green low-carbon, fair and inclusive" has become the new development theme of FinTech. By systematically combing the policy, governance, technology and application of FinTech, this paper analyzes the challenges faced by the current development of FinTech, and looks forward to the future development trend of the industry from the aspects of governance system construction, financial digital transformation, key core technologies, FinTech supervision, financial network security, service national strategy and so on. The first step of the new plan is to be accurate and stable, and on the way forward, we will forge ahead with a consensus and make new

achievements in the digital age.

Keywords: FinTech; Financial Regulation; Digital Transformation

Ⅱ Governance and Data

B.2 Typical Practice of Digital Transformation in Financial Industry

Chen Yufang et al. / 018

Abstract: Digital transformation has been clearly incorporated into the 14th Five Year Plan and written into the *Fintech Development Plan（2022-2025）*. How to identify the key factors for improving digital capabilities and enable business development with digital is becoming more and more important. This paper fully refers to the research results of digital transformation at home and abroad, based on the development status and research data of the financial industry, starting from the characteristics and attributes of the financial industry, constructs a digital transformation model of the financial industry, and analyzes three typical cases: the construction of Unionpay App network payment platform, the construction of "Beacon Platform" of Agricultural Bank of China Digital Risk Control Center, and Huatai Securities' cloud roadshow services for enterprises based on the digital platform. The research shows that consolidating the digital infrastructure, improving the level of data application, and building a customer-oriented ecosystem service system are the key for improving the digital capability of the financial industry.

Keywords: Financial Industry; Digital Transformation; Data Application; Digital Risk Control

B . 3   Analysis of the Current Situation and Countermeasures of

Financial Technology Governance System   *Chen Qiwei et al.* / 030

Abstract: With the efforts of policies, enterprises and technologies, Chinese financial technology has developed rapidly, but it has brought new challenges to financial security, amplifying the original vulnerability of the financial system, making new financial risks more complex, and exposing a large number of governance issues. However, Chinese financial technology governance system is the inheritance and development of the old financial governance system. The diversification, coordination and cooperation of governance subjects are obvious. Government supervision and enterprise autonomy are the two major forces. Trapped in the financial technology governance theory and governance system is imperfect. Based on the strong supervision of Chinese financial industry, it is recommended that the government establish a sound and unified regulatory framework system, establish a sound financial information security system, handle the relationship between the past and future governance systems, promote collaborative governance, promote the construction of a data standardization system, and strengthen the development of regulatory technology. Strengthen the supervision of illegal financial services, improve the FinTech evaluation mechanism, and speed up legislation in the field of FinTech.

Keywords: Financial Technology; Financial Security; Regulatory Technology

B . 4   Practice and Exploration of FinTech Ethics Construction

Tang Liang et al. / 039

Abstract: In recent years, there are increasing prominent of ethical anomies related to FinTech, such as data and algorithms issue, which has attracted great attention from the state and regulatory authorities. In the field of finance, "The Development Program of FinTech (2022−2025)" issued by the People's Bank of China regards ethical construction and implementation as an important task for the development of FinTech in the new era, which is gradually becoming an industry-wide consensus, and an increasing number of financial institutions begin to implement FinTech ethical research and governance work. Firstly, this paper introduces the background and connotation of Fintech ethics and proposes its development basis and governance principles. Then, it sorts out domestic and foreign laws, regulations, the exploration and effect of domestic governance work in this area. Next, the excellent practice cases in data security and consumer rights protection of China Everbright Bank, Ping An Bank and other financial institutions have been analyzed. Moreover, it puts forward suggestions from the following six aspects, top-level design, system construction, regulatory measures, institutional self-discipline, regulatory technology, publicity and guidance for the development of FinTech ethic construction.

Keywords: FinTech Ethics; Data Security; Consumer Rights Protection

B . 5   Financial Data Element Sharing and Comprehensive

Application   *Teng Zhu et al.* / 052

Abstract: The value of the financial industry relying on big data applications has gradually become prominent, and financial data elements will become the key support and important driving force for the digital transformation of the financial industry. This paper describes the industry status and characteristics of orderly sharing and comprehensive application of data elements in recent years, and introduces in detail the current mainstream privacy-preserving computing technologies, including cryptographically secure technologies such as multi-party secure computing, statistically secure technologies such as federated learning, and hardware-based trusted execution environment. Through the excellent cases and achievements of data fusion, such as financial anti-fraud applications, applications for joint exploration of the total assets of high-net-worth clients of the group, applications for supervision of education and training funds, joint risk control practices for government and financial data sharing. This report expounds the use of data and technical means to strengthen the comprehensive application of data in the field of finance and public services, and enable the high-quality development of financial business. This report also analyzes the three difficulties and countermeasures encountered in the current sharing and application of financial data elements, including "dare not", "unwilling" and "unable" sharing, looks forward to the next development direction of the application of financial data elements.

Keywords: Orderly Sharing of Data; Comprehensive Application of Data; Privacy-preserving Computing; Data Fusion

B.6 Financial Industry Data Element Governance and Security
Protection   *Shen Beijin et al.* / 065

Abstract: The Fourth Plenary Session of the 19th Central Committee of the Communist Party of China proposed the first time that data should be considered as a factor of production in the distribution process; the national "14th Five-Year Plan" outline proposed digital economy and digitalization as a driving force of development; the People's Bank of China's "FinTech Development Outline (2022–2025)" pointed out the need of strengthening the application of financial data as factor of production. As a data-intensive industry, the level of data application in financial industry will determine whether it can leap forward in overall operation and core competitiveness, while the level of data application relies on capacity building in data governance and security protection. This report combines the requirements of national laws and regulations, industry supervision, and system of standards over data quality, standards and security, to introduce the development and practice of data resource governance and security protection in the financial industry in recent years, and summarizes the challenges we faced for internal application and external circulation of data, so to put forward useful suggestions for the construction of data governance and security system by comprehensively usage of various means including privacy computing, data middle platform, long-lasting data governance methods, and improvement of data transaction pricing rules, thus providing examples and references for the overall development of the industry.

Keywords: Data Resource; Data Governance; Data Security; Data Circulation

III Infrastructure and Technology

B.7 Construction Practice of Green High Availability Data

Center in Financial Industry   *Gong Huiqin et al.* / 081

Abstract: Under the implementation of the national digital economy strategy and the realization of the dual carbon goal, high availability and green, low-carbon and sustainable development are important directions for the construction and operation of financial data centers. Based on external policy analysis of "digital base of new infrastructure, dual carbon and digital transformation", this paper combines the practice of banking enterprises in the whole life cycle of "research, construction and operation" in data centers in recent years. The key elements and best practices of green high availability data center in finance industry are described. Integrated business needs and national hub node layout, coordinated all kinds of resources, green carbon reduction in the energy side. Dynamic construction and capacity expansion on demand, flexible adaptation to business, efficient power supply, natural cooling, green carbon reduction in mechanical and electrical side; Adopt high computing power, low energy consumption IT equipment and technology, from the IT equipment source side green carbon reduction; Establish digital operation management system, use digital to empower efficient, use intelligence to create green; Combine the hardware life cycle of the infrastructure, upgrade the infrastructure cycle, and continue to improve.

Keywords: Green High Availability; Data Center; Financial Industry

B.8   Rchitecture Research of Security Ubiquitous Financial

Network   *Wu Zhongyang et al.* / 091

Abstract: The financial services industry is going digital and intelligent; fresh new intelligent financial applications are increasingly abundant; and the financial information system is transforming to a distributed architecture. All of these have posed higher requirements for secure and ubiquitous financial network infrastructure. Meanwhile, technologies such as 5G, IPv6 Enhanced, IoT, and cloud computing are being put into large-scale commercial use in the financial services industry. In this document, we explain to you the problems and challenges faced by financial networks in IPv6 large-scale deployment and evolution, ubiquitous access and control of numerous endpoints, and financial network security hardening. Then, the latest development and application innovations in key network fields such as WAN, data center network, campus network, and network security are comprehensively discussed. Furthermore, typical financial network practice cases of financial institutions are expounded. Finally, we forecast the development direction and trend of financial networks.

Keywords: Financial Network; Security and Ubiquitous; Software-Defined Networking; Network Security

B.9   Practice of Advanced and Efficient Computing Power System

Li Zhihua, *Li Hualong*, *Guan Ji and Xu Wenxin* / 110

Abstract: In the 2022 "Government Work Report", it is proposed to promote the development of digital economy and the digital transformation of industries. Computing power is the driving force for the development of the digital economy, and the cornerstone for the smooth digital transformation of the industry, the full release and utilization of data elements, and the innovation and prosperity of industrial applications. To develop the digital economy, we should give priority to the construction of computing power. The development of high-quality digital economy needs the support of advanced and efficient computing power system. This paper expounds two kinds of classical computing power systems: computing power system with data center as the carrier and edge computing near the data generation end, and discusses the value and scenarios of quantum technology in the field of computing. It introduces the development and practice of typical technologies in the computing power system of data center, including cloud computing, heterogeneous computing, liquid cooling solution, and their effects and values on the processing capacity, intelligence, energy and space conservation, resource utilization and other aspects of the financial service system. Besides, it presents the significance of edge computing and its effect on improving the efficiency of cloud-edge computing system and serving specific financial service scenarios. The paper also introduces the value of quantum technology on breaking through the above classical computing power constraints and algorithm bottlenecks, improving the processing capacity and computing efficiency of financial computing power system, as well as exploring the applicable financial scenarios and practices.

Keywords: Cloud Computing; Heterogeneous Computing; Liquid Cooling; Edge Computing; Quantum Computing

B. 10　Progress and Application of Key Technologies in FinTech

Wang Jiansu et al. / 127

Abstract: The "FinTech Development Plan (2022－2025)" clearly points out that FinTech should persist in the development principles of "Digital-driving, Wisdom for the people, Green and low-carbon, Fairness and inclusiveness". Taking this as a guide, this paper gives an overall description of the development trends of key technologies in FinTech including Cloud-computing, Big data, Artificial Intelligence, Blockchain and Privacy-preserving Computation, analyzes the application scenarios and value of the technology in promoting the digitalization, agility and intelligence of financial business, and illustrates typical application cases in clearing, payment, commercial paper exchange, risk control and regulation, marketing services, trade financing, etc. On this basis, this paper analyzes the technical characteristics of emerging FinTech fields such as Quantum Computing, Industrial Internet and AR/VR, and their application scenes in the financial industry, and takes the leading practice as a typical application example to set forth the application mode and value.

Keywords: Cloud Computing; Big Data; Artificial Intelligence; Blockchain; Privacy-Preserving Computation; Emerging Field

Ⅳ Operation Service

B.11 Exploring the Construction of Financial Agile Innovation

System *Ren Yan, Li Wei, Lin Guanfeng and He Lin* / 154

Abstract: In order to improve the adaptability of financial institutions to internal and external drastic changes, improve the innovation ability of business products, and strengthen competitive advantages, this paper analyzes the framework and connotation of organizational agility, business agility and technical agility from the positioning and development of agile system, and focuses on the analysis of difficult problems in combination with the analysis of practical cases, so as to smooth internal and external communication channels for financial institutions, enhance cross departmental and cross institutional collaboration, improve the agile response ability to market and demand, and the support ability of technology to business innovation. So it finally provides reference for the digital transformation and upgrading of financial institutions to build an agile innovation system.

Keywords: Agile Organization; Innovation Mechanism; Agile Development; Digital Collaboration

B.12　The Practical Exploration of Financial Integration Operation

　　Middle Platform　　　　　　　　　　　*Fan Xiulai et al. ∕* 172

　　Abstract：This article focuses on the internal and external changes faced by financial institutions in digital transformation, and the difficulties in business, data, technology, operation, organization, and talent. This article deeply analyzes the origin, positioning and value of promoting digital transformation. According to the *FinTech Development Plan* (2022 – 2025), this article proposes the overall framework, capability system and practical cases for the integrated operation of the middle platform. Based on practice, this article focuses on analyzing the key success factors in the process of building an integrated operation of the middle platform, including organizational guarantee, incentive mechanism, talent team building, and innovation of operating models, etc., to provide a reference for accelerating the digital transformation of financial institutions and achieving high-quality development.

　　Keywords：Business Middle Platform; Data Middle Platform; Technology Middle Platform; Digital Transformation

B.13　Practice of Digital Intelligence in Financial Risk Control

　　and Marketing　　　　　　　*Lu Jun, Zhao Yiwei, Liu Hongjian,*

　　　　　　　　　　　　　　　　　　　　　and Dong Jiwei ∕ 185

　　Abstract：In recent years, innovative technologies centered on AI and big data are accelerating their in-depth integration with financial businesses, empowering many fields such as risk control and marketing, and promoting the wave of digital and intelligent development. The digital-to-intelligence business transformation of the financial industry is the strategy for the development of the national digital economy and an important requirement for financial institutions to build digital capabilities. Focusing on the practice of digital intelligence in the field of risk control and marketing, this paper introduces the development and technological evolution of digital intelligence in financial risk control and marketing. Taking knowledge graph, stream computing, distributed computing, multi-data fusion, etc. As examples, this paper show the practice of innovative technologies, such as artificial intelligence and big data in the scenes of risk anti-fraud, credit card application, marketing anti-fraud, credit risk control and so on, and analyzes the problems and challenges of data security, data fraud, data silos and long-tail users faced by the current practices. This paper summarizes the development trend of financial digital intelligence in the field of risk control and marketing, and puts forward development suggestions from multiple dimensions such as strategic planning and new technology application.

Keywords: Digital and Intelligent Risk Control; Marketing Anti-Fraud; Knowledge Graph; Multi-data Fusion

B.14 Exploration of Financial Service Process Wisdom Reengineering Practice *Li Hongchun, Cui Lei* / 200

Abstract: Intelligent reengineering of financial service process is an important path for the transformation and upgrading of financial digitalization. Focusing on reshaping intelligent and efficient financial service process, building diversified service channels, building a green and inclusive financial system, and strengthening barrier-free service, this paper analyzes the current state and effectiveness of intelligent reengineering of service process in the financial industry. Combined with practical case analysis, it further expounds the key measures of "intelligent reengineering", including supervision and guidance, system improvement, scene enrichment and talent selection, and puts forward the trend ideas and prospects for further deepening "intelligent reengineering".

Keywords: Intelligent Reengineering; Diversified Channels; Green and Inclusive; Barrier-free Service

B.15　Exploration on the Construction of Diversified Channels
of Financial Services　　　　　　　　　　　*Zu Lijun et al.* / 214

Abstract：Building diversified and integrated service channels is the key task
listed in the "FinTech Development Plan（2022－2025）". This report first
reviews the current development of the construction of diversified channels of
financial services and points out three major problems and challenges in the process
of channel construction. First, the capacity to integrate financial services into scenarios
is insufficient and the open financial infrastructure needs to be strengthened. Second,
the innovative application of emerging technologies in constructing service channels
is inadequate and lacks industrial regulations and guidelines. Third, the layout of
various channels in key areas of people's livelihood needs to be improved in order
to optimize the service quality and efficiency. This report then proposes solutions to
these problems by analyzing the excellent cases of financial institutions in building
diversified channels. Finally, this report provides two suggestions for future
development. First, promoting the construction of financial infrastructure and
platforms at the industry level, actively constructing more diversified financial
channels, and strive to create to a fair, open and unified financial information
service market nationwide. Second, further strengthening the standardized use of
emerging technologies in the construction of financial service channels,
encouraging the pilot programme, and publishing excellent cases. This report has
provided possible solutions for the financial industry to build more diversified,
convenient, efficient, and safe service channels, as well as the "boundaryless"
omni-channel financial service capability.

Keywords：Channel Construction；Open Banking；Financial Inclusion；
5G

B.16 Implement new Development Concepts Carry out Practical

Explorations of Digital Financial Services

Wang Paihan et al. / 226

Abstract: Digital technology is accelerating the financial revolution. New financial products, services and business models constructed with advanced technology are called digital financial services. This paper firstly introduces the current situation of the development of digital financial services. Then we focus on summarizing the practical explorations and outstanding cases of applying digital technology in the fields of small-micro finance, rural finance, supply chain finance and green finance. Furthermore, we try to analyze the problems and challenges that digital financial services are faced with, such as the lack of business mode, incompatibility of organization and human resources, compliance risk of new technologies application, and lack of accurate services for the real economy. At last, we look forward to the development trends of digital financial services from the perspectives of digital-driven and intelligent reconstruction, steady and safe development, wisdom for the people and bottleneck breakthrough, green development and support for carbon neutrality target.

Keywords: Digital Finance; Green Finance; Financial Services

B.17 Construction Practice Exploration of Financial Barrier-free

Service *Duan Litian et al.* / 238

Abstract: In recent years, the party and the government have been concerned about the needs of the disabled, the elderly, and people in remote areas while promoting high-quality economic development. The 19th National Congress of the Communist Party of China proposed that new progress should be made continuously in "support for the elderly and support for the weak" to ensure that all people have a greater sense of achievement in joint construction and shared development. Frequently visited in people's daily lives, the financial industry actively promotes the online and offline barrier-free transformation and upgrades of financial services, accumulating rich experience in online banking applications, e-CNY, banking outlets, etc. This report introduces the policy environment for barrier-free development, comprehensively analyzes the pain points faced by barrier-free groups in financial scenarios, summarizes the practical experience of barrier-free development in the financial industry, and puts forward relevant suggestions for future barrier-free financial services.

Keywords: Financial Barrier-free; Online Banking Applications; Bank Outlets; e-CNY

V Regulatory Rule of Law

B.18 Regulatory Technology Development Research and

Application Practice

Du Yan, Yang Yuming, Liu Yuanlong and Yang Ziyan / 247

Abstract: Financial technology has not only promoted the innovative development of the financial industry, but also brought changes in financial risks and financial supervision, promoted the gradual convergence of various financial risks in potential forms, and increased the vulnerability of the entire financial industry, which has brought many problems to prevent financial risks in China and increased the difficulty of prevention. In view of this, regulatory technology came into being. Based on this, this paper first comprehensively clarifies the relationship between various subjects of regulatory science and technology, comprehensively analyzes how to build a system and mechanism conducive to the development of regulatory science and technology, how to avoid financial institutions using technical means to avoid supervision and even regulatory arbitrage, and how to establish a cost sharing mechanism of regulatory science and technology in line with the actual situation of our country, and puts forward the following suggestions:

First, through the rapid construction of regulatory rule system to achieve standardized management; Second, strengthen all kinds of data governance to achieve refined development and management; Third, change the way of cooperation to promote the coordinated development of government, industry, University, research and application; Fourth, provide rich scenes for the supervision of scientific and technological applications to consolidate the application results.

Keywords: Regulatory Technology; Financial Technology; Data Governance

B. 19 Exploration on the Construction Path of SupTech Capability

Xi Hui, He Guanhua, Zhang Mingxin and Yang Yuming / 258

Abstract: Nowadays, the application of the next-generation information technology in the financial industry continues to deepen, drives profound changes in the financial industry, makes mixed financial operations and cross-business integration more common, which also leads to more complex, concealed, disseminated, sudden and destructive financial risks, and brings critical challenges to traditional financial supervision. To solve such complex financial risks, regulatory authorities are actively exploring the use of technological power to empower financial supervision, using "Suptech" to identify and detect risk sources and improve the accuracy and timeliness of financial supervision. Although there exist domestic and foreign research and application related to Suptech, they are still far from the requirements of "professionalism, unity and penetration" expected by the regulatory authorities. This research firstly introduces the definition and concept of Suptech, and explores its global development status. After that, based on the best practices of the improvement strategies and plans of Suptech worldwide, a capability framework for Suptech is proposed, which covers the three capacity layers of Suptech, including technology layer, data layer, and application layer. In the end, based on the opportunities and challenges of Suptech development needs in China, a series of policy suggestions are given to facilitate the construction of Suptech, and promote the further development in width and depth.

Keywords: Suptech; Financial Supervision; FinTech

B . 20 Regulations and Standards System of FinTech *Li Li et al. / 274*

Abstract: With the development of FinTech, supporting regulations and standards are constantly being improved. In order to implement the requirements of personal information protection, data compliance and network security, more detailed regulations have been formulated. Corresponding laws and regulations have been issued for mobile Internet application information services, anti-money laundering and customer identification, payment and settlement, information technology outsourcing of financial institutions, Internet finance, digital assets, and financial technology product certification. In terms of financial technology standards, financial data, financial network security, financial information systems, cloud computing, big data technology, artificial intelligence, blockchain, and distributed ledger technology have all become the focus of construction. The technical standard support system for FinTech innovation has been continuously improved, and the FinTech monitoring and certification system has become increasingly standardized.

Keywords: Network Security; Data Compliance; Fintech Innovation

B . 21 On The Experiment and Exploration of Talent Development Initiatives in the Emerging Area of FinTech

Wu Yingying, Rao Qian and Li Kai / 287

Abstract: FinTech talents play important roles in the current economic growth of cities and nations. They are not only the constructors for financial industry development, but also the key assets in global economic competition. In order to avoid potential economic threats, FinTech talent cultivation is the top priority for each country. In this research, we introduce and analyze the new challenges of talent cultivation and certification in China's Fintech industry. Meanwhile, we investigate the FinTech talent training programs from top-notch financial countries such as United States, British, Singapore, Swiss, Israel, and some programs from Beijing, Shanghai, Greater Bay Area. Based on the investigation and analysis, this research proposes a new program including standardization, professionalization, infrastructure building and international cooperation in talent cultivation and certification, which would benefit Chinese FinTech talents, and improve their ability when facing new challenges.

Keywords: FinTech; Talents Cultivation Model; Talents Governance Structure; Professional Certification; School-based Curriculum

Ⅵ Appendix

皮 书

智库成果出版与传播平台

❖ 皮书定义 ❖

皮书是对中国与世界发展状况和热点问题进行年度监测，以专业的角度、专家的视野和实证研究方法，针对某一领域或区域现状与发展态势展开分析和预测，具备前沿性、原创性、实证性、连续性、时效性等特点的公开出版物，由一系列权威研究报告组成。

❖ 皮书作者 ❖

皮书系列报告作者以国内外一流研究机构、知名高校等重点智库的研究人员为主，多为相关领域一流专家学者，他们的观点代表了当下学界对中国与世界的现实和未来最高水平的解读与分析。截至 2021 年底，皮书研创机构逾千家，报告作者累计超过 10 万人。

❖ 皮书荣誉 ❖

皮书作为中国社会科学院基础理论研究与应用对策研究融合发展的代表性成果，不仅是哲学社会科学工作者服务中国特色社会主义现代化建设的重要成果，更是助力中国特色新型智库建设、构建中国特色哲学社会科学"三大体系"的重要平台。皮书系列先后被列入"十二五""十三五""十四五"时期国家重点出版物出版专项规划项目；2013~2022 年，重点皮书列入中国社会科学院国家哲学社会科学创新工程项目。

皮书网

（网址：www.pishu.cn）

发布皮书研创资讯，传播皮书精彩内容
引领皮书出版潮流，打造皮书服务平台

栏目设置

◆ **关于皮书**

何谓皮书、皮书分类、皮书大事记、
皮书荣誉、皮书出版第一人、皮书编辑部

◆ **最新资讯**

通知公告、新闻动态、媒体聚焦、
网站专题、视频直播、下载专区

◆ **皮书研创**

皮书规范、皮书选题、皮书出版、
皮书研究、研创团队

◆ **皮书评奖评价**

指标体系、皮书评价、皮书评奖

◆ **皮书研究院理事会**

理事会章程、理事单位、个人理事、高级
研究员、理事会秘书处、入会指南

所获荣誉

◆ 2008 年、2011 年、2014 年，皮书网均
在全国新闻出版业网站荣誉评选中获得
"最具商业价值网站"称号；
◆ 2012 年，获得"出版业网站百强"称号。

网库合一

2014年，皮书网与皮书数据库端口合
一，实现资源共享，搭建智库成果融合创
新平台。

皮书网

"皮书说"
微信公众号

皮书微博

S 基本子库
SUB DATABASE

中国社会发展数据库（下设 12 个专题子库）

紧扣人口、政治、外交、法律、教育、医疗卫生、资源环境等 12 个社会发展领域的前沿和热点，全面整合专业著作、智库报告、学术资讯、调研数据等类型资源，帮助用户追踪中国社会发展动态、研究社会发展战略与政策、了解社会热点问题、分析社会发展趋势。

中国经济发展数据库（下设 12 专题子库）

内容涵盖宏观经济、产业经济、工业经济、农业经济、财政金融、房地产经济、城市经济、商业贸易等 12 个重点经济领域，为把握经济运行态势、洞察经济发展规律、研判经济发展趋势、进行经济调控决策提供参考和依据。

中国行业发展数据库（下设 17 个专题子库）

以中国国民经济行业分类为依据，覆盖金融业、旅游业、交通运输业、能源矿产业、制造业等 100 多个行业，跟踪分析国民经济相关行业市场运行状况和政策导向，汇集行业发展前沿资讯，为投资、从业及各种经济决策提供理论支撑和实践指导。

中国区域发展数据库（下设 4 个专题子库）

对中国特定区域内的经济、社会、文化等领域现状与发展情况进行深度分析和预测，涉及省级行政区、城市群、城市、农村等不同维度，研究层级至县及县以下行政区，为学者研究地方经济社会宏观态势、经验模式、发展案例提供支撑，为地方政府决策提供参考。

中国文化传媒数据库（下设 18 个专题子库）

内容覆盖文化产业、新闻传播、电影娱乐、文学艺术、群众文化、图书情报等 18 个重点研究领域，聚焦文化传媒领域发展前沿、热点话题、行业实践，服务用户的教学科研、文化投资、企业规划等需要。

世界经济与国际关系数据库（下设 6 个专题子库）

整合世界经济、国际政治、世界文化与科技、全球性问题、国际组织与国际法、区域研究 6 大领域研究成果，对世界经济形势、国际形势进行连续性深度分析，对年度热点问题进行专题解读，为研判全球发展趋势提供事实和数据支持。

法律声明